职业教育产教融合一体化精品教材

新能源汽车维修与定制化改装

主　编　殷振波　杨永贵　董志辉
副主编　耿黄政　郭　雄　李京雷　李春术
参　编　闫云敬　陈付纪　韦金孜　廖胡福
　　　　梁　湘　黄可深　王宁宁

电子工业出版社
Publishing House of Electronics Industry
北京·BEIJING

内 容 简 介

本书以上汽通用五菱汽车股份有限公司生产的五菱宏光 MINIEV 汽车为载体,采用基于任务导向的一体化教学模式编写而成。本书主要内容包括微型新能源汽车维修高压防护与救助、动力电池检测与维修、车载充电系统检测与维修、电机驱动系统检测与维修、高压配电系统检测与维修、高压互锁系统检测与维修、空调系统检测与维修,以及微型新能源汽车部件拆装、内饰加装、车衣施工、太阳膜(窗膜)施工、改色膜施工、电路改装等内容。各学习任务均以任务为导向并配有工作页,用于引导学生进行理论学习与实践操作。

本书可作为职业院校汽车维修类专业相关课程教材,也可作为汽车技术培训机构及汽车维修从业人员的参考用书。

未经许可,不得以任何方式复制或抄袭本书之部分或全部内容。
版权所有,侵权必究。

图书在版编目(CIP)数据

新能源汽车维修与定制化改装 / 殷振波,杨永贵,董志辉主编. -- 北京:电子工业出版社,2024. 7.
ISBN 978-7-121-48387-5

Ⅰ. U469.707

中国国家版本馆 CIP 数据核字第 202430J4J3 号

责任编辑:陈　虹
印　　刷:涿州市般润文化传播有限公司
装　　订:涿州市般润文化传播有限公司
出版发行:电子工业出版社
　　　　　北京市海淀区万寿路 173 信箱　邮编 100036
开　　本:787×1 092　1/16　印张:12　字数:426.4 千字　　插页:34
版　　次:2024 年 7 月第 1 版
印　　次:2024 年 7 月第 1 次印刷
定　　价:49.50 元

凡所购买电子工业出版社图书有缺损问题,请向购买书店调换。若书店售缺,请与本社发行部联系,联系及邮购电话:(010)88254888,88258888。
质量投诉请发邮件至 zlts@phei.com.cn,盗版侵权举报请发邮件至 dbqq@phei.com.cn。
本书咨询联系方式:(010)88254470,chitty@qq.com。

前　言

随着新能源汽车产业的日趋成熟，以及国家政策对新能源汽车发展的支持，新能源汽车越来越受到人们的追捧。新能源汽车包括混合动力电动汽车、纯电动汽车、燃料电池电动汽车及其他新能源（超级电容、飞轮等高效储能器）汽车等。纯电动汽车（简称电动汽车）是汽车技术、电子与计算机技术、电化学技术、能源与新材料技术聚合发展的结晶。与传统汽车相比，电动汽车具有污染小、噪声小和节省化石能源等优点，已逐渐成为新一代主要交通工具，目前在新能源汽车市场中占有率最高。

微型新能源汽车是指 A00 级别的电动汽车，其轴距一般小于 2.2m，它以五菱宏光 MINIEV 汽车为代表，以极高的性价比、灵活的操控性能等特点，占据了纯电动汽车的较大市场份额，成为许多家庭的第二辆汽车。随着微型新能源汽车数量的急剧增加，微型新能源汽车后市场对技能型人才的需求量不断增大，同时呈现两个鲜明的特点：一是由于微型新能源汽车结构与传统汽车结构不同，其对汽车后市场技能型人才的维护与修理技能要求有所不同，需要新型的检修类技术技能型人才；二是由于微型新能源汽车消费群体主要为年轻女性，她们对微型新能源汽车提出了美容与改装需求，需要定制化改装的相关人才。为此，柳州城市职业学院组织教师和企业人员成立了课程建设组，结合微型新能源汽车维护、修理、美容、改色等实际需求，参考和借鉴了国内外新能源汽车方面的研究成果，形成了以工作任务为引导、工作过程为主线的课程建设思路，并编写了本书，以满足微型新能源汽车后市场技能型人才培养需要。

由于编者水平和经验有限，书中难免存在缺点和疏漏之处，恳请广大读者批评指正。

目 录

项目 1 微型新能源汽车维修 ·· 1
    任务 1 微型新能源汽车维修高压防护与救助 ·· 1
    任务 2 动力电池检测与维修 ··· 20
    任务 3 车载充电系统检测与维修 ··· 42
    任务 4 电机驱动系统检测与维修 ··· 57
    任务 5 高压配电系统检测与维修 ··· 76
    任务 6 高压互锁系统检测与维修 ··· 84
    任务 7 空调系统检测与维修 ··· 93

项目 2 微型新能源汽车定制化改装 ··· 107
    任务 1 微型新能源汽车部件拆装 ·· 107
    任务 2 微型新能源汽车内饰加装 ·· 116
    任务 3 微型新能源汽车车衣施工 ·· 134
    任务 4 微型新能源汽车太阳膜（窗膜）施工 ······································ 145
    任务 5 微型新能源汽车改色膜施工 ·· 160
    任务 6 微型新能源汽车电路改装 ·· 179

项目 1 微型新能源汽车维修

新能源汽车是指采用非常规的车用燃料作为动力来源（或使用常规的车用燃料、采用新型车载动力装置），综合车辆的动力控制和驱动方面的先进技术，形成的技术原理先进、具有新技术、新结构的汽车。新能源汽车包括混合动力电动汽车（HEV）、纯电动汽车（BEV）、燃料电池电动汽车（FCEV）及其他新能源（超级电容、飞轮等高效储能器）汽车等。其中，以五菱宏光 MINIEV 汽车为代表的微型新能源汽车由于体积小、操控性好、价格低，广受市场的欢迎。本项目包含以下 7 个任务：

任务 1　微型新能源汽车维修高压防护与救助
任务 2　动力电池检测与维修
任务 3　车载充电系统检测与维修
任务 4　电机驱动系统检测与维修
任务 5　高压配电系统检测与维修
任务 6　高压互锁系统检测与维修
任务 7　空调系统检测与维修

任务 1　微型新能源汽车维修高压防护与救助

 学习目标

1．能描述电对人体造成的伤害的类型与特点。
2．能描述人体各部位的电阻。
3．能描述新能源汽车高压电的类型与存在时间。
4．能描述新能源汽车的高压安全措施。
5．能描述触电急救流程。

6．会正确穿戴绝缘帽、护目镜、绝缘服、绝缘手套和绝缘鞋。
7．能识别五菱宏光 MINIEV 汽车高压部件。
8．能熟练检查与使用绝缘工具和安全用具。

📖 任务分析

新能源汽车的工作电压远远超过了人体安全电压，维修人员在实施维修作业过程中存在一定的人身安全危险。为此，新能源汽车维修人员应熟知电对人体造成伤害的过程与机理，正确穿戴绝缘安全防护用具和使用绝缘工具，在保证人身与设备安全的情况下完成新能源汽车维修相关作业，并能在发生触电事故后采取适当的急救措施，以降低高压触电带来的伤害。

📖 任务准备

一、电对人体造成的伤害

电对人体造成的伤害主要来自电流。电流对人体造成的伤害有电击、电伤和电磁场生理伤害三种类型。

1．电击

电击是指电流以人体为通路，使身体的一部分或全身受到电的刺激或伤害，导致人体心脏、肺及神经系统的正常功能受到影响，致使人体的呼吸和心跳停止，从而危及生命。如果电流足够大也会导致烧伤，烧伤有可能在身体表面，也有可能在身体内部，对内脏造成伤害。电击者还容易因剧烈痉挛而摔倒，导致电流通过全身而造成摔伤、坠落等二次事故。影响电击对人体伤害程度的因素有：接触位置电压的高低、电流的大小、电流的持续时间、电流的路径（最坏的情况是通过心脏）、电流的频率（直流电或交流电）。其中，电流的大小是造成电击伤害的直接因素，通过人体的电流越大，致命的危险也越大。一般来说，流过人体 1mA 的工频电流会使人有不舒服的感觉；当流过人体的电流超过 5mA 时，称为"触电"，这时人会感到有些发麻，但还能够摆脱电流导体；当流过人体的电流为 50mA 时，人就会有生命危险。另外，交流电压在人体内产生交流电，会促使肌肉组织和心脏颤动。交流电压的频率越低，危险性越高。

2．电伤

电伤是指电流的热效应、化学效应和机械效应对人体造成的伤害，主要有电灼伤、皮肤金属化、电烙印、机械性损伤、电光眼等。

1）电灼伤

电灼伤一般有接触灼伤和电弧灼伤两种。接触灼伤是指在高压触电事故发生时，电流通过人体皮肤的进出口处造成的灼伤，灼伤处呈黄色或褐黑色并累及皮下组织、肌腱、肌肉、神经和血管，甚至使骨骼呈现碳化状态。电弧灼伤多数是由带负荷拉、合刀闸，及带地线合闸时产生的强烈电弧引起的，其情况与火焰烧伤相似，会使皮肤发红、起泡、烧焦组织并坏死。

2）皮肤金属化

皮肤金属化是由于高温电弧使周围金属熔化、蒸发并飞溅渗透到皮肤表层而形成的。皮肤金属化后，皮肤表面粗糙、坚硬。根据熔化的金属不同，呈现的颜色也不同，一般铅呈现灰黄色，紫铜呈现绿色，黄铜呈现蓝绿色，金属化后的皮肤经过一段时间后能自行脱落，不会有不良后果。

3）电烙印

电烙印发生在人体与带电体接触良好，但人体未被电击的情况下，在皮肤表面留下和接触带电体形状相似的肿块瘢痕，一般皮肤不会发炎或化脓。瘢痕处的皮肤失去原有弹性、色泽，表皮坏死，失去知觉。

4）机械性损伤

机械性损伤是指电流作用于人体时，由于中枢神经反射和肌肉强烈收缩等作用导致的肌体组织断裂、骨折等伤害。

5）电光眼

电光眼是指发生弧光放电时，红外线、可见光、紫外线对眼睛造成的伤害。

3．电磁场生理伤害

电磁场生理伤害是指在高频磁场的作用下，人会出现头晕、乏力、记忆力减退、失眠、多梦等症状。电磁场生理伤害主要表现为电磁辐射，它对人体的作用主要体现在热效应、非热效应和累积效应三个方面。

二、电器火灾

电气设备选用不当、线路年久失修、线路绝缘老化、用电量增加、线路超负荷运行、电器积尘和受潮、热源接近电器、电器接近易燃物和通风散热失效等原因会引起电器火灾。

三、人体电阻

通过人体电流的大小取决于人体电阻，以及人体所触及的电压高低。当人体电阻一定时，作用于人体的电压越高，通过人体的电流越大。人体各部位的电阻如图1-1-1所示。人体电阻随着条件的不同在很大范围内变化，但是一般不低于1kΩ。对于由高电压产生的高电流来说，人体内部的电阻相对很小，特别是身体中的血液，它本身就是很好的导体。最大的生命危险主要出现在电流经过心脏时。我国民用电网中的安全电压多采用36V，大体相当于人体允许电流30mA（人体电阻为1200Ω）的情况。

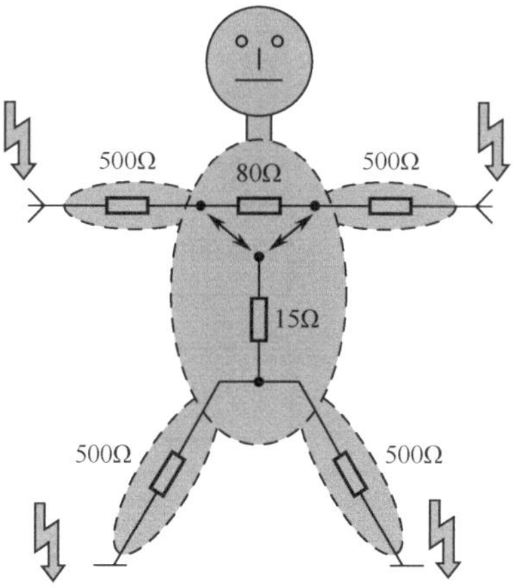

图1-1-1 人体各部位的电阻

四、新能源汽车高压电的类型

1．新能源汽车电压等级

依据国家标准GB 18384—2020《电动汽车安全要求》"第4部分 电压等级"，结合空气的湿度和人体在不同工作环境下的电阻，根据不同电压等级可能对人体产生的伤害和危险程度的不同，在新能源汽车中将车辆电压按照类型和数值分为两个安全级别，如表1-1-1所示。

表 1-1-1　新能源汽车电压等级

电压等级	最大工作电压 U/V	
	直流（DC）	交流（AC）
A	0<U≤60	0<U≤30
B	60<U≤1500	30<U≤1000

A 级是较为安全的电压等级，在直流中，最大工作电压应小于或等于 60V；在交流中，最大工作电压应小于或等于 30V，在该电压下的作业人员不需要采取特殊的防电保护措施。B 级电压会对人体产生伤害，被认为是高压，在该电压下的作业人员必须采取必要的防护设备进行保护。

2．新能源汽车高压类型

新能源汽车高压有直流高压和交流高压两种。直流高压主要分布在从动力电池到各驱动部件的位置。例如，动力电池与电机控制器之间是直流高压；动力电池与电动压缩机之间也是直流高压。交流高压主要分布在电机控制器与驱动电机之间，以及充电插座与车载充电机之间。

3．新能源汽车高压存在时间

如图 1-1-2 所示，新能源汽车高压存在时间分为持续存在、运行期间存在和充电期间存在三种状态。动力电池持续存在高压，即使在车辆停止运行期间，动力电池也存在高压，由于动力电池始终存储着电能，因此在满足动力电池的放电条件后，该部件将继续对外放电。运行期间存在高压的部件，是指当点火开关处于 ON、RUN 或其他运行状态时，存在高压的部件。只有在系统运行时，来自动力电池的高压才会加载到电动压缩机、PTC 加热器及 DC/DC 转换器等部件上。

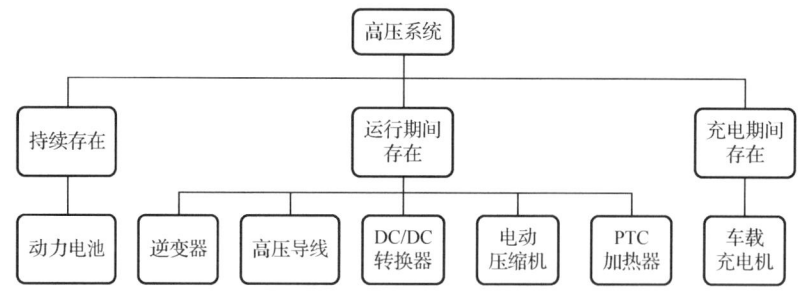

图 1-1-2　新能源汽车高压存在时间

五、新能源汽车的高压安全

1．新能源汽车高压系统

如图 1-1-3 所示，新能源汽车高压部件有驱动电机、电机控制器、动力电池、充电插座、三合一控制器、电动压缩机、PTC 加热器等。

1）驱动电机

驱动电机是新能源汽车的高压动力系统，不但可以作为电动机使用，而且可以作为发电机使用，常用的有同步电机、直流电机和异步电机等类型，其中，三相同步交流电机应用最为广泛。

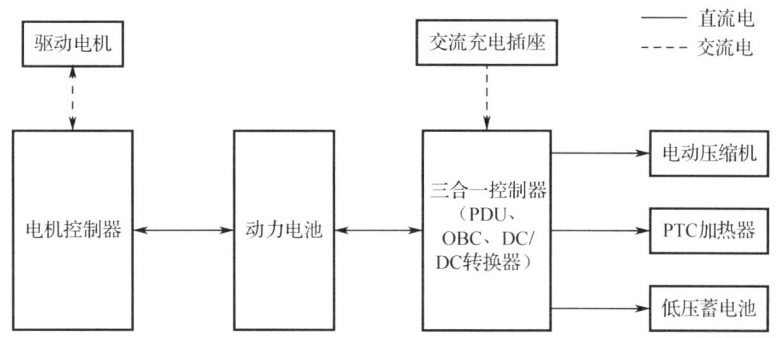

图 1-1-3　新能源汽车高压系统组成

2）电机控制器

电机控制器，简称 MCU，是控制动力电池与驱动电机之间能量传输的装置，由逆变器和控制器两部分组成。逆变器接收电池输送过来的直流电，将其逆变成三相交流电传输给驱动电机。控制器接收电机转速等信号并将其反馈给相应仪表，当发生制动或加速行为时，控制器控制变频器频率的升降，从而达到加速或减速的目的。

3）动力电池

动力电池，全称动力电池供电系统，是新能源汽车的储能部件与供电装置，由动力电池模组、电池管理系统、电池冷却系统、电池箱体及附件组成，其主体为动力电池模组，目前主要使用的是锂离子电池。

4）充电插座

充电插座分为交流充电插座和直流充电插座两种。其中，交流充电插座用来连接车载充电机与 220V 家用电源，为新能源汽车提供交流慢速充电；直流充电插座用来连接动力电池与直流充电桩，为新能源汽车提供直流快速充电。

5）三合一控制器

三合一控制器，简称 CDU，由高压配电盒（PDU）、车载充电机（OBC）和直流/直流（DC/DC）转换器组成。高压配电盒的作用是分配汽车高压电能。车载充电机的作用是根据电池管理系统提供的数据，动态调节充电电流或电压参数，保护汽车动力电池安全、自动充满电。DC/DC 转换器的作用是将动力电池的高压直流电转换为低压电器能够使用的 12V 低压直流电，并为低压蓄电池充电。

6）电动压缩机

电动压缩机是新能源汽车的制冷部件，用来向新能源汽车车厢内部提供冷风。

7）PTC 加热器

PTC 加热器是新能源汽车的加热部件，用来向新能源汽车车厢内部提供暖风。

2．新能源汽车的安全措施

1）高压警示标志

高压系统的所有部件均设有高压警示标志，并有相应防护等级的高压电缆和部件进行绝缘监测、报警或切断高压系统。

2）电气隔离

高压系统采用正负极独立回路，并与车身和低压隔离。

3）电缆

高压系统采用橙色的高压电缆，并且采取屏蔽措施，能够有效地绝缘并防止电磁辐射。

4）继动控制

高压系统的通断由低压系统触发和控制。

5）分断装置

维修保养时，断开维修保养开关或断开 12V 蓄电池的负极，以切断高压系统。

6）绝缘监测装置

绝缘监测装置对高压电缆和部件进行绝缘监测，在发现故障时报警或切断高压系统。

7）高压互锁系统

高压互锁系统遍布在高压部件中，监测高压部件、电缆、接插件、保护盖等的电气完整性。

8）撞击、涉水防护

电池箱体的作用是承载并保护动力电池及其内部的电气元器件。因此，电池箱体应具有较高的强度和刚度并能够防尘、防水，其防护等级为 IP67，可以在撞击、涉水等状况下防止高压电泄漏，保证乘车人员的安全。电池箱体加装了电池紧急开关和电池管理系统漏电保护装置。

9）转矩管理

（1）整车控制器负责计算整车的需求转矩，若计算出的需求转矩值大于某个标定值，则认为转矩输出存在安全风险，此时整车控制器会将车速限制在安全范围内。

（2）若整车控制器的需求转矩与电机的实际转矩的差值大于某个标定值，则认为电机的转矩控制存在风险，此时整车控制器会限制电机的转矩输出。若两者的差值一直过大，则应切断动力电池的动力输出。

10）充电管理

（1）只有挡位放在 P 挡时才允许充电。

（2）在充电过程中，需求转矩及实际转矩输出都应当为 0。

（3）当充电枪插上时，不允许闭合控制高压电输出的接触器。

（4）当充电回路绝缘电阻小于标准要求电阻时，应当停止充电并断开高压接触器。

3．新能源汽车维修安全注意事项

（1）穿戴绝缘安全防护用具，如绝缘手套（需准备防高压电工手套和防电池电解液酸碱性手套）、绝缘胶鞋、绝缘胶垫、绝缘外套和防护眼镜等，其耐压等级必须大于 1000V。

（2）操作规范，先断开连接，确定系统断电，防止高压系统再激活。

（3）操作注意事项

① 橙色的电缆都带有危及生命安全的高压电。

② 不能直接对高压部件喷水或采用高压清洗液冲洗。

③ 不能在高压连接线上使用机油、油脂、接触喷雾等。

④ 在高压带电部件附近作业前，必须先将高压系统断电。

⑤ 在焊接、使用材料切割工具或锋利工具作业之前，必须先将系统断电。

⑥ 所有断开的高压连接线必须采取防尘和防潮措施。

六、触电急救措施

当发生触电事故时，首先应在确保自身安全的前提下断开事故电路，然后进行针对性施救，具体流程如图 1-1-4 所示。

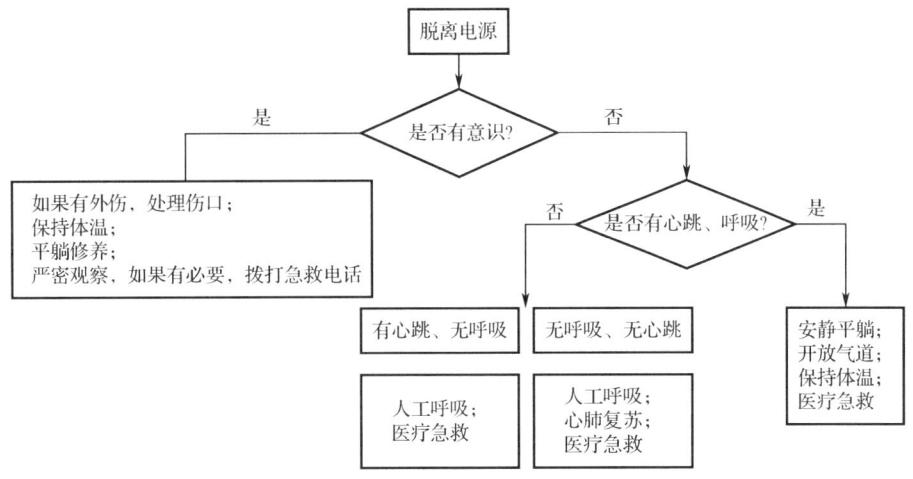

图 1-1-4 触电急救流程

1. 脱离电源

当电压低于 1000V 时，首先应通过断开开关、拔下插头或者取出熔断器来切断电源。如果不能立即采取以上措施，则施救者必须进行自我绝缘保护，不允许直接触碰触电者，应使用干木板、干衣服、干塑料袋或者厚的干报纸等非导体将触电者与带电体分开，如图 1-1-5 所示。

2. 拨打急救电话

为了在第一时间内救助伤者，应首先通过急救管理部门向急救服务站求救，并在急救人员到达之前采取基本急救措施。如图 1-1-6 所示，人体在触电后生还的概率在很大程度上取决于急救时间，因此触电后应立即采取急救措施。

图 1-1-5 脱离电源

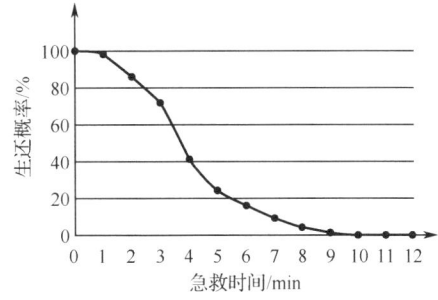

图 1-1-6 急救时间与生还概率的关系

当遇到紧急触电事故时，可按以下步骤进行故障报告。

（1）在哪里发生的。要明确地说明事故发生的具体地点，如果需要还应简要说明路径。
（2）发生了什么。应说明发生了哪类紧急事故，如电弧伤害、人体接入电路中等。
（3）伤了多少人。应说明事故中伤者的数目。

（4）哪种类型的伤害。应说明受到伤害的类型，如眼部遭电弧击伤、高压系统触电严重烧伤、昏迷不醒、心脏停止跳动等。

（5）等待回话。必须等待急救管理部门或者对此负责的部门的回话。

（6）采取急救措施。在拨打急救电话进行事故报告的同时，应对伤者采取基本的急救措施。首先进行意识检查，观察伤者是否有意识；然后检查伤者是否呼吸通畅。如果伤者已没有可以识别的生命迹象，则必须对其进行心肺复苏。

3．现场施救

1）人工呼吸

如图 1-1-7 所示，首先使伤者仰卧在平地上，一只手放伤者前额，并用拇指和食指捏住伤者鼻孔，另一只手握住伤者颔部使其头尽量后仰以保持气道开放状态，深吸一口气，向伤者口内连续吹气 2 次，每次吹气时间为 1~1.5s，吹气量在 1000ml 左右，直到伤者胸廓抬起，停止吹气。然后松开贴紧伤者的嘴，并放松捏住伤者鼻孔的手，将脸转向一旁，用耳听是否有气流呼出，再深吸一口新鲜空气为第二次吹气做准备，当伤者呼气完毕后，即开始下一次同样的吹气。如果伤者仍未恢复自主呼吸，则要进行持续吹气，成人吹气频率为 12 次/min，儿童吹气频率为 15 次/min，婴儿吹气频率为 20 次/min。

2）心肺复苏

如图 1-1-8 所示，确保伤者仰卧于平地上或用胸外按压板垫于其肩背下，急救者可采用跪式或踏脚凳等不同体位，将一只手的掌根放在伤者胸骨中下 1/3 交界处，将另一只手的掌根置于第一只手上，手指不接触胸壁。按压时双肘应伸直，垂直向下用力按压，成人按压频率为 100~120 次/min，下压深度为 5~6cm，每次按之后应让胸廓完全回弹。按压时间与放松时间各占 50%左右，放松时掌根部不能离开胸壁，以免按压点移位。

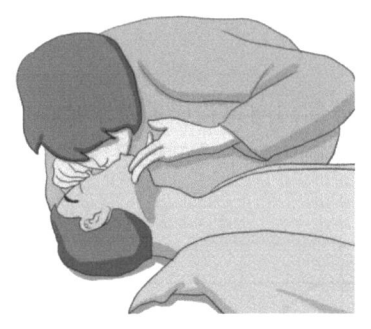
图 1-1-7　人工呼吸

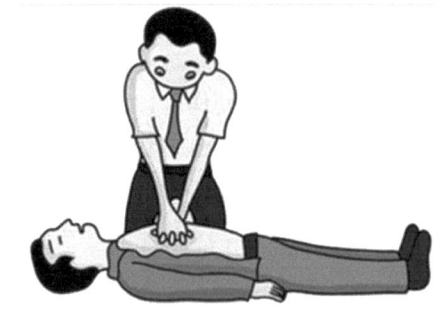
图 1-1-8　心肺复苏

 任务实施

一、绝缘安全防护用具的检查与穿戴

由于新能源汽车存在高于安全电压的危险，所以新能源汽车维修人员在进行维修操作时需借助一定的防护用具（见图 1-1-9），能够保护维修人员的安全。

1．绝缘帽

绝缘帽（见图 1-1-10）的作用是当维修人员在维修新能源汽车时，防止高压电通过头部接触导致触电事故的发生。

图 1-1-9　新能源汽车维修人员配备的绝缘安全防护用具

2．护目镜

护目镜（见图 1-1-11）可以保护眼睛免受有害因素损伤，分为防尘眼镜、防冲击眼镜、防化学眼镜和防光辐射眼镜等多种类型。在维修新能源汽车过程中，护目镜可以避免辐射光、电弧对眼睛造成伤害。在使用护目镜时应注意以下事项。

（1）应选择大小适宜的护目镜，以防作业时脱落或晃动，影响使用效果。

（2）擦拭镜片时应使用专用抹布，擦拭时应顺一个方向擦干净。

（3）勿将护目镜放置于潮湿环境中和直射阳光下，以免损伤镜片。

（4）双手摘镜，轻拿轻放，放置时镜片向上，不用时最好放入镜盒中保存。

（5）镜架螺钉松动时，应及时调整。

（6）护目镜用完后及时用清水冲洗，并用专用抹布擦拭干净，以延长护目镜使用寿命。

　　　　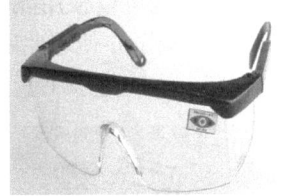

图 1-1-10　绝缘帽　　　　图 1-1-11　护目镜

3．绝缘服

绝缘服（见图 1-1-12）是用导电材料与纺织纤维混纺交织成布后再做成的服装。维修人员穿着绝缘服能有效地防护人体免受高压电场及电磁波的危害。维修人员在维修新能源汽车过程中穿着绝缘服的机会不多，一般在对高压蓄电池进行维修或处理时才需要穿着绝缘服。穿着绝缘服时应注意以下事项。

（1）检查绝缘服外观，确定绝缘服无破损。

（2）在使用绝缘服之前，首先要检查绝缘服的绝缘等级是否符合当前作业需要。

（3）检查绝缘服表面和内里，确定表面和内里干燥。

（4）如果绝缘服在使用前存在不符合以上任意一点要求的情况，则不得使用该绝缘服。

（5）绝缘服应选择合适的尺码，并且绝缘服的上衣需要别于裤子内。

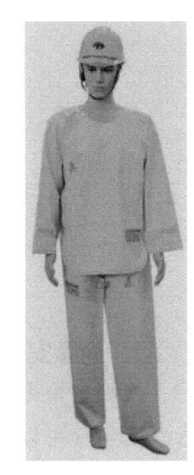

图 1-1-12　绝缘服

4．绝缘手套

绝缘手套（见图 1-1-13）是用绝缘性能良好的特种橡胶制成的，要求薄、柔软，有足够的绝缘强度和机械性能。绝缘手套可以使人的两只手与带电体绝缘，适用于"拆装"高压组件连接插头或触碰高压组件时使用，具有防电、防油、耐酸碱等特性。在使用绝缘手套时应注意以下事项。

图 1-1-13　绝缘手套

（1）绝缘手套在铭牌上标示有绝缘电压值，电压值越大，手套越厚，要根据实物的最大电压值选择绝缘手套。

（2）使用前必须进行充气检验，如果发现有任何裂纹、破损、漏气、老化发脆等现象，则不能继续使用，外观检查完毕后将手套从手套袖口处开始快速卷起，使手套的手指和手掌部分充气鼓起，掰开手套指缝，观察并细听有无漏气声。如果手套未膨胀鼓起，则说明存在漏气情况，此时需定位漏气位置。

（3）在对车辆进行作业时，应将衣袖口套入手套筒口内，以防发生意外。

（4）绝缘手套使用完毕后，应将内外污物擦洗干净，待干燥后，撒上滑石粉并放置平整，切勿放于地上。

（5）绝缘手套储存的环境要求：干燥通风，室温为-15～30℃，湿度为50%～80%，远离热源，离开地面和墙壁20cm以上，避免受酸、碱、油的影响及阳光直射。

（6）绝缘手套尺寸应与使用者的手部大小匹配。

（7）使用绝缘手套时，注意防止尖锐物体刺破手套。

（8）绝缘手套的绝缘性能可以使用兆欧表进行检测，检测方法如图 1-1-14 所示。将绝缘手套泡在水中，施加 500V 电压并使用兆欧表进行检测，如果绝缘电阻在 1MΩ 以上，则说明绝缘手套性能正常；否则，说明绝缘手套不能使用。

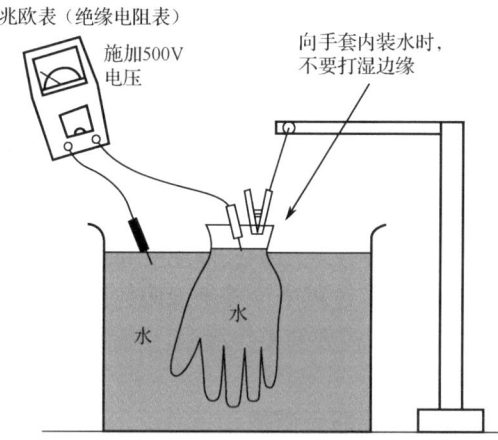

图 1-1-14　绝缘手套的绝缘性能检测方法

5．绝缘安全鞋

绝缘安全鞋的作用是使人体与地面绝缘，可用于防止跨步电压触电和接触触电。一方面，绝缘安全鞋可以防止电流通过人体与大地之间形成通路，对人体造成电击伤害，降低触电的可能性；另一方面，绝缘安全鞋可以防止试验电压范围内的跨步电压对人体产生伤害。如图 1-1-15 所示，绝缘安全鞋有绝缘鞋、绝缘短靴和绝缘长筒靴三种类型，在新能源汽车维修中主要使用绝缘鞋。在使用绝缘鞋时应注意以下事项。

（a）绝缘鞋

（b）绝缘短靴

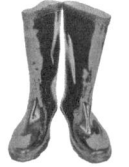
（c）绝缘长筒靴

图 1-1-15　绝缘安全鞋

（1）绝缘鞋具有不同的绝缘等级，在选取时应根据绝缘等级选取。
（2）绝缘鞋不能受潮。
（3）在使用绝缘鞋之前，应检查鞋子是否有明显破损，若发现有破损，则应立即停止使用。
（4）绝缘鞋不宜在雨天使用，也不宜水洗，否则容易发生断线、脱胶、泛盐霜的现象。
（5）存放绝缘鞋时，应保持整洁、干燥。
（6）当无法从地板上清除水、机油或其他物质时，必须穿绝缘鞋以防触电。

二、绝缘工具的识别与初始检查

1. 手摇兆欧表

兆欧表是一种简便、常用的用于测量高电阻的直读数式仪表，一般用于测量电路、电机绕组、电缆、电气设备等的绝缘电阻。万用表测量的一般为低压条件下的绝缘电阻，而兆欧表测量的一般为高压条件下的绝缘电阻。

手摇兆欧表又称为摇表，其刻度是以兆欧（MΩ）为单位的，输出功率大，短路电流值高，输出电压等级多。它由一个摇柄、刻度盘和三个接线柱（L—线路端、E—接地端、G—屏蔽端）组成，如图 1-1-16 所示。手摇兆欧表由手摇发电机产生高压并施加在被测物体上，通过测量流经被测物体的电流来测量其绝缘电阻。根据所测电压的不同，常用的手摇兆欧表有 500V、1000V、2500V 三种。无特殊规定时，若工作电压在 500V 及以下，则使用 500V 的手摇兆欧表测量；若工作电压在 500V 以上 3000V 以下，则使用 1000V 的手摇兆欧表测量；若工作电压在 3000V 及以上，则使用 2500V 的手摇兆欧表测量。

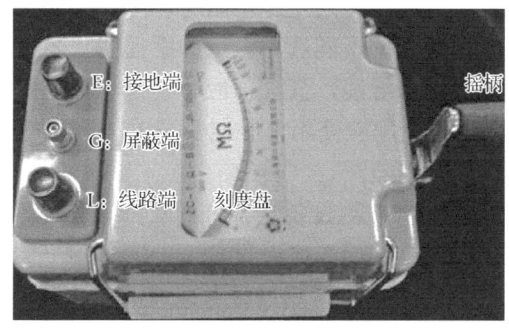

图 1-1-16　手摇兆欧表

1）手摇兆欧表使用前的检查
（1）检查手摇兆欧表连接线的绝缘层是否完好、有无破损。
（2）检查手摇兆欧表固定接线柱有无滑牙。

(3)进行开路试验：水平放置手摇兆欧表，并将连接线开路，以每分钟 120 转的速度摇动摇柄。在开路试验中，指针应指向无穷大（在开路试验过程中双手不能触碰线夹的导体部分，试验完成后，相互触碰线夹放电），如图 1-1-17 所示。

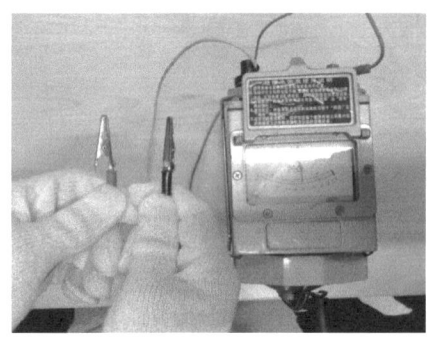 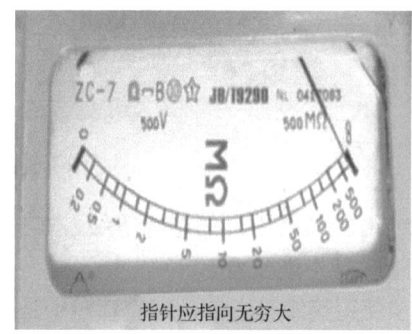

图 1-1-17　手摇兆欧表的开路试验

（4）进行短路试验：以每分钟 120 转的速度摇动摇柄，使 L 和 E 两个接线柱输出线瞬时短接。在短路试验中，指针应迅速指向零，如图 1-1-18 所示。在短路试验中，注意在摇动摇柄时不能让 L 和 E 短接时间过长，否则将损坏兆欧表。

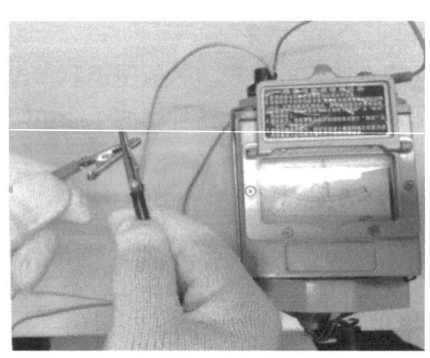 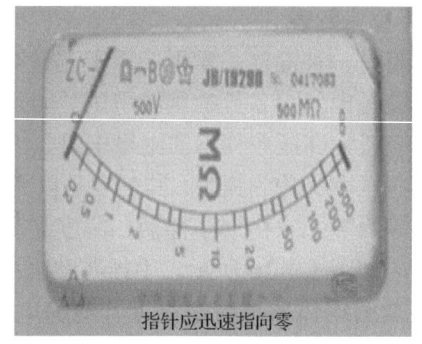

图 1-1-18　手摇兆欧表的短路试验

2）手摇兆欧表使用注意事项

（1）使用手摇兆欧表测量高压设备的绝缘电阻时，应由两人进行。

（2）应根据被测设备电压等级的不同选用合适的手摇兆欧表。

（3）测量用的导线应使用绝缘导线，其端部应有绝缘套。

（4）手摇兆欧表与被测设备之间应使用单股线分开单独连接，并保持线路表面清洁干燥，避免因线与线之间绝缘不良引起误差。

（5）测量绝缘电阻时，必须将被测设备从各方面断开，验明无电压，确实证明设备无人操作后方可进行。在测量过程中禁止他人接近设备。

（6）在测量绝缘电阻前后，必须将被测设备对地放电。被测设备必须与其他电源断开，以保护设备及人身安全。

（7）测量线路绝缘电阻时，应取得对方允许后方可进行。

（8）在有感应电压的线路（同杆架设的双回线路或单回线路与另一线路有平行段）上测量绝缘电阻时，必须将另一线路同时停电，方可进行。

（9）在带电设备附近测量绝缘电阻时，测量人员和手摇兆欧表安放位置必须选择适当，保持安全距离，以免手摇兆欧表引线或引线支持物触碰带电部分。移动引线时，必须注意监护，防止工作人员触电。

（10）摇测时，将手摇兆欧表置于水平位置，摇动摇柄时其端钮间不许短路。摇测电容器、电缆时，必须在摇动摇柄的情况下才能将接线拆开，否则，反充电将会损坏手摇兆欧表。

（11）摇动摇柄时，应由慢渐快，均匀加速到120r/min，并注意防止触电。摇动过程中，当指针指向零时，就不能再继续摇动，以防表内线圈发热损坏。

（12）为了防止被测设备表面泄漏电阻，使用手摇兆欧表时，应将被测设备的中间层（如电缆壳芯之间的内层绝缘物）接于保护环。

（13）禁止在雷电天气或在带高压导体的设备附近使用手摇兆欧表测量。

2．数字兆欧表

新能源汽车高压维修中使用的数字兆欧表根据所测电压的不同，常用的有直流高压250V、500V、1000V，以及交流高压750V。新能源汽车高压维修中使用的数字兆欧表也称为绝缘测试仪，由主机、测量表笔、绝缘测试笔、鳄鱼夹等部件组成，如图1-1-19所示。绝缘测试仪一般由直流电压变换器将内置的电池电压转换为直流高压作为测试电压，这个测试电压施加于被测物体上，产生的电流经电流电压转换器转换为相应的电压值，送入模数转换器变为数字编码经微处理器计算处理，由显示器显示出相应的电阻值。

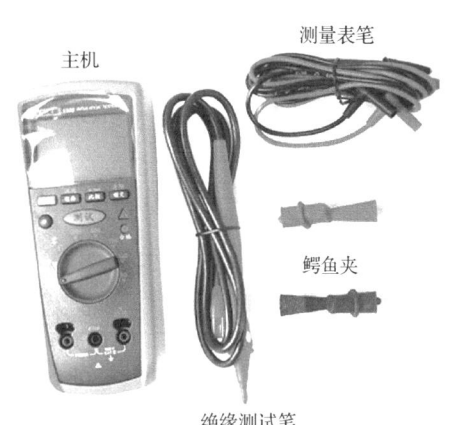

图1-1-19　绝缘测试仪

1）主机的结构

主机由旋转开关、按钮、指示灯、显示屏、壳体、护套等组成。

（1）旋转开关。选择旋转开关的任意测量功能挡均可启动绝缘测试仪，带有蓝色标识的挡位，可通过主机上的蓝色按钮进行调节，调节的结果（如量程、测量单位、组合键等）由显示屏显示。旋转开关外形及测量功能如图1-1-20所示。

开关位置	测量功能
⎓V	AC（交流）或DC（直流）电压，从0.1V至600.0V
零Ω	Ohms（欧姆），从0.01Ω至20.00kΩ
1000V 500V 250V 100V 50V	Ohms（欧姆），从0.01MΩ至10.0GΩ。利用50V、100V、250V、500V和1000V进行绝缘测试

（a）旋转开关外形　　　　　　　　（b）旋转开关测量功能

图1-1-20　旋转开关外形及测量功能

（2）按钮和指示灯。使用主机上的按钮可以激活相应的功能。主机上还有两个指示灯，当使用对应功能时，它们会点亮。按钮和指示灯分布及功能说明如图1-1-21所示。

（3）显示屏。显示屏中各指示符用来显示测量结果、测量信息及出错信息，显示屏外形、显示信息及指示符含义如图1-1-22所示。

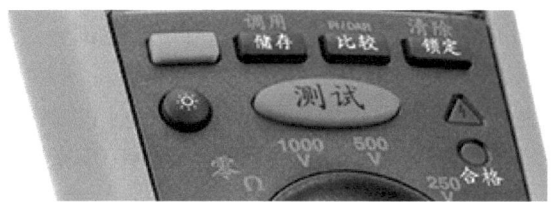

(a）按钮和指示灯分布

按钮/指示灯	说明
□	按蓝色按钮来选择其他测量功能挡
调用 储存	保存上一次绝缘电阻或接地耦合电阻测量结果
调用 储存	第二功能。检索保存在内存中的测量值
PI/DAR 比较	为绝缘测试设定通过/失败极限
PI/DAR 比较	第二功能。按此按钮来配置测试仪进行极化指数或介电吸收比测试。按测试按钮 测试 开始测试
清除 锁定	测试锁定。如果在按测试按钮之前按下此按钮，则在再次按下锁定或测试按钮解除锁定之前，测试将保持在活动状态
清除 锁定	第二功能。清除所有内存内容

(b）按钮和指示灯功能说明1

按钮/指示灯	说明
☼	打开或关闭背光灯。背光灯在2min后熄灭
测试	当旋转开关处于INSULATION（绝缘）位置时，启动绝缘测试，使测试仪供应（输出）高电压并测量绝缘电阻。当旋转开关处于Ohms（欧姆）位置时，启动电阻测试
⚡	危险电压警告。⚡符号表示在输入端检测到30V或更高电压（交流或直流取决于旋转开关的位置）。当旋转开关处于 V位置上显示屏显示OL时，以及在主显示位置上显示batt时，会出现该符号。当绝缘测试正在进行时，⚡符号也会出现
○	通过指示灯。指示绝缘电阻测量值大于所选的比较限值

(c）按钮和指示灯功能说明2

图 1-1-21 按钮和指示灯分布及功能说明

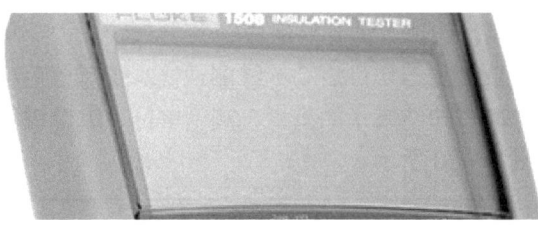

(a）显示屏外形

(b）显示屏显示信息

指示符	说明
锁定 🔒	表示绝缘测试或电阻测试被锁定
− >	负号和大于符号
⚡	危险电压警告
▬	电池低电量。指示何时应更换电池。当显示▬符号时，背光灯按钮被禁用以延长电池寿命。为了避免因读数出错导致触电或人身伤害，当显示电池低电量符号时，应尽快更换电池

(c）显示屏指示符含义1

指示符	说明
PI DAR	极化指数或介电吸收比测试被选中
∅零	导线零电阻功能启用
VAC, VDC, Ω, kΩ, MΩ, GΩ	测量单位
8888	主显示
测试	绝缘测试指示符。当施加绝缘测试电压时，显示该符号
V_DC	伏特（V）
1888	辅显示
比较	表示所选的通过/失败比较值
18储存号	储存位置

(d）显示屏指示符含义2

指示符	说明
batt	出现在主显示位置，表示电池电量过低，不足以可靠运行。更换电池之前测试仪不能使用，当主显示位置出现batt符号时，也会显示▬
>	表示超出量程范围的值
CALErr	校准数据无效。请校准测试仪

(e）显示屏指示符含义3

图 1-1-22 显示屏外形、显示信息及指示符含义

2）绝缘测试仪使用注意事项

（1）连接测试导线与电路或设备时，在连接带电的测试导线之前先连接公共（COM）测试导线；在拆下测试导线时，要先断开带电的测试导线，再断开公共测试导线。

（2）为了避免触电造成人身伤害，或损坏绝缘测试仪，在测试前，应断开电路电源并将所有高压电容器放电。

（3）电阻测量和绝缘测量功能只有在不通电的电路上才能进行，测量之前，需要确认被测电路处于断开状态。

（4）如果在按下测试按钮时，绝缘测试仪发出"哔哔"声，则测试将由于探头上存在电压而被禁止。

（5）当电阻超过最大显示量程时，绝缘测试仪显示">"或"\"。

（6）定期用湿布和温和的清洁剂清洁绝缘测试仪的外壳，不要使用腐蚀剂或溶剂。端子若弄脏或潮湿可能会影响读数。在使用绝缘测试仪之前先等待一段时间直到绝缘测试仪干燥。

（7）当显示屏出现电池低电量符号时应尽快更换电池。

3．绝缘拆装工具识别与初始检查

绝缘拆装工具通常由两层绝缘层构成。绝缘拆装工具内部的绝缘层大多数为黄色，而外部的绝缘层则为橘色。双重绝缘层的作用是为使用者提供安全预警：若绝缘拆装工具的绝缘部分受到磨损或破坏以致露出内部的黄色绝缘层，则必须废弃该绝缘拆装工具并更换新的、完好的绝缘拆装工具。常用的绝缘拆装工具中包含绝缘扳手、绝缘棘轮扳手、绝缘套筒和绝缘螺钉旋具、绝缘钳等，如图1-1-23所示。

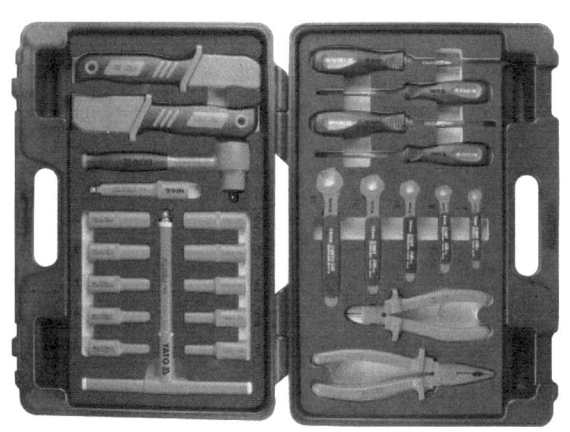

图1-1-23 绝缘拆装工具

三、新能源汽车高压作业安全用具识别与检查

新能源汽车高压作业安全用具是指在进行新能源汽车高压作业时应配置的保护人身安全和防止误入带电间隔，以及防止误操作的安全用具。新能源汽车高压作业安全用具主要有高压绝缘救援钩、高压绝缘垫、高压安全防护栏、安全标示牌等。

1．高压绝缘救援钩准备

高压绝缘救援钩（见图1-1-24），简称绝缘钩，由U形钩和绝缘杆两部分组成，适用于新能源汽车维修工作场所的救援工作。在需要两人配合作业的场景内，需要一人进行高压作业，另一人持绝缘钩进行保护，从而保证在发生触电事故时能第一时间将触电人员拖出危险区域。

绝缘钩的 U 形钩一般经过热处理，绝缘杆的标准长度为 1.5m 和 2.0m，绝缘杆材质为玻璃或木质。在使用之前，应确认绝缘钩的绝缘层是否有破损，使用过程中应注意 U 形钩接触人体的部位为腰部，过高或过低均会导致人员出现伤害。

图 1-1-24　高压绝缘救援钩

2．高压绝缘垫铺设与检查

高压绝缘垫（见图 1-1-25）用来铺设新能源汽车高压作业区域的地面，以将作业人员与地面隔离。在实施新能源汽车高压作业之前，应确认绝缘垫无破损、无油渍、铺贴良好。

3．高压安全防护栏安装

在新能源汽车维修作业中，高压安全防护栏（见图 1-1-26）常用于防止非相关人员进入高压作业区域。在正式实施新能源汽车维护与修理作业前，应将高压安全防护栏安放就位，防止其他人员闯入高压作业区域。

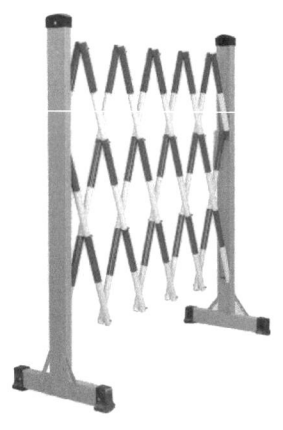

图 1-1-25　高压绝缘垫　　　　　　图 1-1-26　高压安全防护栏

4．安全标示牌使用

1）安全标示牌的分类

图 1-1-27　安全标示牌

常用的安全标示牌（见图 1-1-27）分为四类七种，具体如下。

（1）禁止类：如"禁止合闸，有人工作！"和"禁止合闸，线路有人工作！"。

（2）警告类：如"止步，高压危险！"和"禁止攀登，高压危险！"。

（3）准许类：如"在此工作！"和"由此上下！"。

（4）提醒类：如"已接地！"。

2）禁止类标示牌悬挂的场所

禁止类标示牌悬挂在一经合闸即可送电到施工设备或施工线路的断路器和隔离开关的操作手柄上。

3）警告类标示牌悬挂的场所

（1）禁止通行的过道或门上。

（2）工作地点邻近带电设备的围栏上。

（3）在室外构架上工作时，挂在工作地点邻近带电设备的横梁上。

（4）已装设的临时遮栏上。

（5）进行高压试验的地点附近。

4）准许类标示牌悬挂的场所

（1）室外和室内工作地点或施工设备上。

（2）供工作人员上、下的铁架、梯子上。

5）提醒类标示牌悬挂的场所

提醒类标示牌悬挂在已接地线的隔离开关的操作手柄上。

6）安全标示牌悬挂数量规定

（1）禁止类标示牌的悬挂数量应与参加工作的班组数相同。

（2）提醒类标示牌的悬挂数量应与装设接地线的组数相同。

（3）警告类和准许类标示牌的悬挂数量可视现场情况适量悬挂。

四、新能源汽车高压部件识别

1．高压警示标志识别

每个高压部件的壳体上都带有一个标志，如图 1-1-28 所示。由于高压导线长度较长，因此用橙色警告色标记出所有高压导线与高压安全插头，如图 1-1-29 所示。

图 1-1-28　高压警示标志

图 1-1-29　高压导线与高压安全插头
（扫码见彩图）

2．五菱宏光 MINIEV 汽车高压部件识别

1）动力电池

如图 1-1-30 所示，五菱宏光 MINIEV 汽车的动力电池位于汽车底部，是汽车的储能部件，用来为全车提供电能。

图 1-1-30　动力电池

2）驱动电机与电机控制器

如图 1-1-31 所示，五菱宏光 MINIEV 汽车的驱动电机与电机控制器安装在汽车底部（车辆尾端方向），是微型新能源汽车的动力部件，其作用是将动力电池的电能转换为机械能并按驾驶需求调节输出动力。

3）充电插座

如图 1-1-32 所示，五菱宏光 MINIEV 汽车的充电插座位于汽车前端，外面有盖子保护，在充电前按压盖子即可弹开，就可以连接充电线给汽车充电。

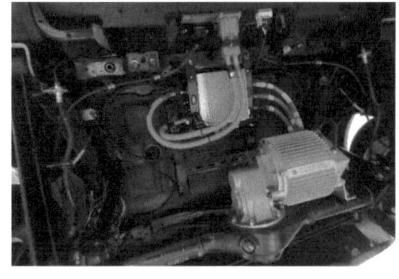 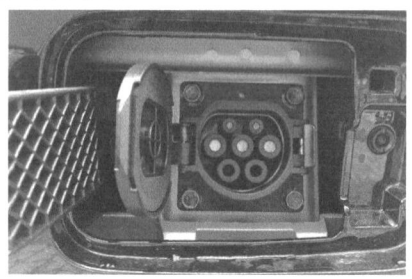

图 1-1-31　驱动电机与电机控制器　　　　图 1-1-32　充电插座

4）三合一控制器

如图 1-1-33 所示，五菱宏光 MINIEV 汽车的三合一控制器位于汽车前舱，其功能是分配汽车高压电能，保护汽车动力电池安全、自动充满电，将动力电池的高压直流电转换为低压电器能够使用的 12V 低压直流电，并为低压蓄电池充电。

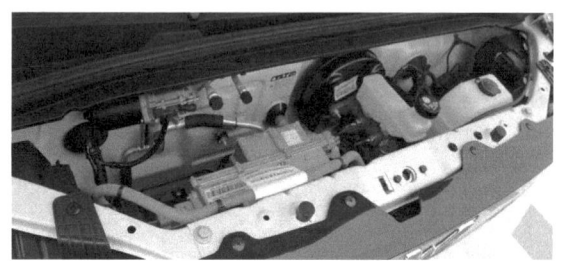

图 1-1-33　三合一控制器

5）电动压缩机与 PTC 加热器

五菱宏光 MINIEV 汽车的电动压缩机位于三合一控制器下方侧面，是汽车的制冷部件，其外形如图 1-1-34 所示。PTC 加热器位于车厢内部的仪表板下方，集成在空调系统内部，外观不可见，用来向汽车车厢内部提供暖风。

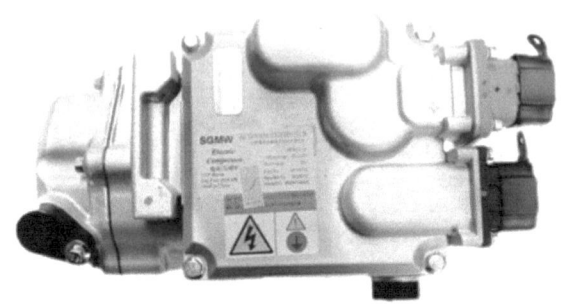

图 1-1-34　电动压缩机

 任务考评

本任务内容的考核与评分如表 1-1-2 所示。

表 1-1-2 考核与评分表

考核内容	考核要求	评分标准	配分	得分 自评	得分 互评	得分 教师评
1.车辆基本检查	（1）正确放置车轮挡块； （2）正确安装座椅套、方向盘套、手制动杆（俗称手刹）套、脚垫； （3）正确检查蓄电池电压	错误一处扣 5 分	20			
2.车辆基本信息检查	准确记录车辆基本信息	错误一处扣 5 分	10			
3.绝缘安全防护用具的检查与穿戴	（1）正确检查绝缘安全防护用具； （2）正确穿戴绝缘安全防护用具	错误一处扣 3 分	10			
4.绝缘工具的识别与初始检查	（1）正确检查与使用手摇兆欧表； （2）正确检查与使用绝缘测试仪； （3）正确检查与使用绝缘拆装工具	错误一处扣 2 分	10			
5.安全用具识别与检查	（1）正确检查与使用绝缘钩； （2）正确铺设与检查高压绝缘垫； （3）正确安装高压安全防护栏； （4）正确安放安全标示牌	错误一处扣 5 分	20			
6.高压部件识别	（1）准确识别高压警示标志； （2）准确识别动力电池； （3）准确识别驱动电机与电机控制器； （4）准确识别充电插座； （5）准确识别三合一控制器； （6）准确识别电动压缩机； （7）准确识别 PTC 加热器	错误一处扣 3 分	20			
7. 职业素养	（1）学习态度：积极主动参与学习； （2）团队合作：与小组成员一起分工合作，不影响学习进度； （3）现场管理：服从工位安排、执行实训室管理规定	不足之处扣 3 分	10			
8.安全文明生产	自觉遵守安全文明生产规程	违反一项规定扣 5 分				
合计	—	—	100			
操作时间	开始时间：	结束时间：		实际用时：		

任务2　动力电池检测与维修

学习目标

1. 能描述动力电池的组成与功能。
2. 能描述动力电池的要求与类型。
3. 能描述动力电池的常用术语与技术参数。
4. 能描述锂离子电池的种类、组成、工作原理与连接方式。
5. 能描述电池管理系统的组成与功能。
6. 能检查与维护动力电池。
7. 能拆装动力电池。
8. 能检测与维修五菱宏光MINIEV汽车不上电故障。

任务分析

动力电池，全称动力电池供电系统，俗称动力电池包，是由一个或一个以上电池模组及相应附件等构成的为新能源汽车整车提供电能的能量存储装置。动力电池是新能源汽车的"心脏"，"心脏"的好坏决定了车辆续驶里程的长短。准确地描述动力电池的类型、结构，正确地识别动力电池的各部件，精准地进行动力电池的基本检查、维护与检测，规范地拆装动力电池，是新能源汽车检修专业技能型人才不可或缺的知识与技能。

任务准备

一、动力电池的组成与功能

1．动力电池的组成

微型新能源汽车动力电池如图1-2-1所示。动力电池是一个总成，由电池模组、电池管理系统（BMS）、电池箱、热管理系统、高低压线束、保护外壳、其他结构件等组成。

1）电池模组

电池模组由许多集成在一起的电池单体（电芯）组成，是输出和存储电能的机构。

2）电池管理系统

电池管理系统由主控管理单元（BMU）、从控管理单元（CSC/BDU）及辅助元器件等组成。它通过对电压、电流、温度及电量等参数的采集，进而计算并控制电池模组的充放电过程，实现对动力电池的保护，保证动力电池能够在最佳的环境下，发挥最好的性能。

3）电池箱

电池箱是整个动力电池的载体，起到密封和保护动力电池内部元器件的作用。

4）热管理系统

热管理系统可以使动力电池工作在最佳工作温度。

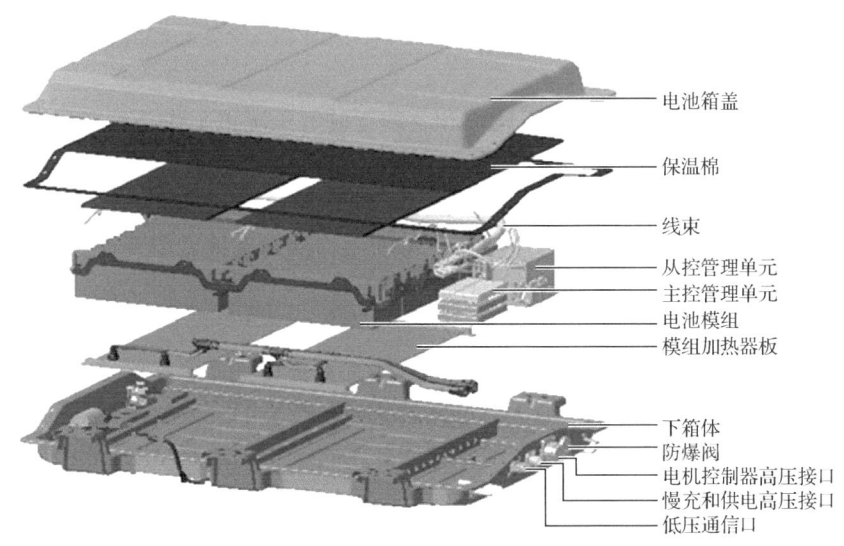

图 1-2-1 微型新能源汽车动力电池

2．动力电池的功能

1）为全车高压用电设备供电

如图 1-2-2 所示，动力电池直接或通过高压配电盒向全车的高压用电设备供电。

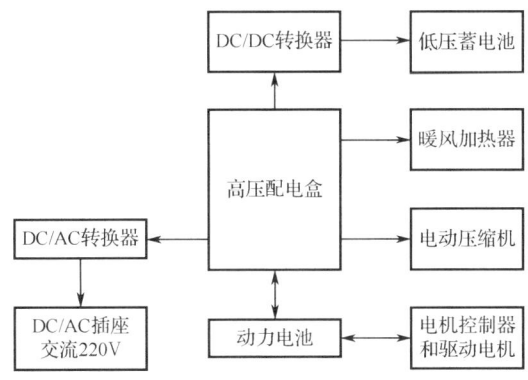

图 1-2-2 动力电池供电示意图

（1）动力电池通过高压配电盒给暖风加热器、电动压缩机、直流/交流（DC/AC）转换器、直流/直流（DC/DC）转换器供电。

（2）动力电池直接为电机控制器供电，作为驱动电机的动力源。

2）对动力电池的运行环境进行安全监测

当动力电池出现过电压、欠电压、过电流、过高温和过低温时，需要进行保护。同时还要进行 SOC 估算、充放电管理、均衡控制、故障报警等，这些措施的最终目的是提高电池的利用率，防止电池出现过充电或过放电，延长电池的使用寿命，保证用电安全。

二、微型新能源汽车对动力电池的要求

1．比能量高

为了提高微型新能源汽车的续驶里程，要求动力电池尽可能储存较多的能量，但是汽车太重又会影响续驶里程。另外，汽车用来安装动力电池的空间也有限，这就要求动力电池必

须具有较高的比能量。

2. 比功率高

微型新能源汽车需要在加速行驶、爬坡和负载行驶等工况下工作并且能和燃油汽车竞争，这就要求动力电池必须具有较高的比功率。

3. 循环寿命长

动力电池的循环寿命越长，动力电池在正常使用周期内支撑微型新能源汽车行驶的里程越长，有助于降低车辆在使用周期内的运行成本。

4. 均匀一致性好

微型新能源汽车的动力电池工作电压大多需要达到数百伏，这就要求上百个电池进行串联才能达到如此高的电压；另外，为了满足微型新能源汽车的容量要求，需要单个电池进行并联。而在动力电池的工作过程中，电池单体的技术状况将影响整个动力电池。因此，要求各电池单体的均匀一致性好。

三、动力电池的分类

按照工作原理不同，动力电池可分为化学电池、物理电池和生物电池三种类型。化学电池和物理电池已经在汽车中使用，而生物电池则被视为未来动力电池的重要发展方向之一。

1. 化学电池

化学电池是将化学能直接转换为电能的装置，是当前新能源汽车中使用最为广泛的电池之一，主要由电解质溶液、浸在溶液中的正极和负极组成。化学电池按照不同的分类方式可分为不同的类型。按工作性质不同，化学电池可分为原电池、蓄电池、燃料电池和储备电池；按电解质不同，化学电池可分为酸性电池、碱性电池、中性电池、有机电解质电池、非水无机电解质电池、固体电解质电池等；按特性不同，化学电池可分为高容量电池、密封电池、高功率电池、免维护电池、防爆电池等；按正负极材料不同，化学电池可分为锌系列电池、镍系列电池、铅系列电池、锂系列电池等。

1）原电池（一次电池）

原电池，又称为非蓄电池或干电池，利用两个电极之间金属性的不同而产生电势差，从而使电子流动产生电流。原电池能将化学能转换为电能，其电化学反应不能逆转，即不能重新储存电力，原电池常见类型如图 1-2-3 所示。

图 1-2-3　原电池常见类型

2）蓄电池（二次电池）

蓄电池是指在放电后可通过充电的方法使活性物质复原而继续使用的装置，这种电池的充放电次数可达上千次，主要包括铅酸电池、镍金属氢化物（NiMH）电池、锂离子电池等。目前微型新能源汽车通常使用的动力电池为锂离子电池，如图 1-2-4 所示。

图 1-2-4 锂离子电池

3）燃料电池（连接电池）

燃料电池是指参加反应的活性物质从电池外部连续不断地输入电池内部，电池就连续不断地工作，提供电能。如图 1-2-5 所示，燃料（氢气）和氧气分别进入燃料电池，电能就被生产出来。从外表上看，它和普通电池一样有正极、负极和电解质等，像一个蓄电池，但其实质上是一个"发电厂"，因能量转换效率高、无污染、寿命长、运行平稳等特点被公认为未来新能源领域的最佳能源。

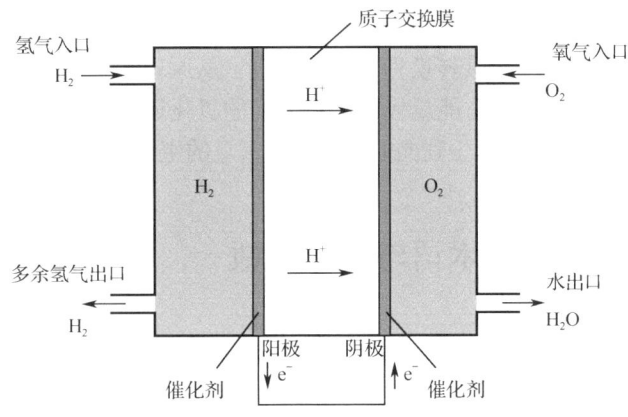

图 1-2-5 燃料电池工作原理

4）储备电池（激活电池）

储备电池的正负极与电解液在储存期间不直接接触，使用前注入电解液或者使用其他方法使电解液与正负极接触，此后电池进入待放电状态。常见的储备电池有镁电池、热电池等。

2. 物理电池

物理电池是指利用光、热、物理吸附等物理能量发电的装置，如太阳能电池、超级电容、飞轮电池等。

1）太阳能电池

太阳能电池是指通过光电效应或者光化学效应直接把光能转换成电能的装置。图 1-2-6 所示的太阳能电池是利用太阳光直接发电的光电半导体薄片，它只要被光照到，瞬间就可输出电压与电流。

2）超级电容

超级电容依靠双电层和氧化还原电容电荷储存电能，在其储能的期间不发生化学反应，因此被归为物理电池的范畴。超级电容有三大明显优势：第一，能反复充放电达数十万次，寿命长；第二，充放电时的功率密度极高，瞬间可放出大量电能；第三，室外温度在-40～65℃

时,能稳定、正常地工作。但是,能量密度低是制约超级电容发展的主要瓶颈。

3) 飞轮电池

飞轮电池主要由飞轮转子、电池轴承、电机定子和高真空室组成,如图 1-2-7 所示。飞轮转子是飞轮储能系统的核心部件,当飞轮转子以一定角速度旋转时,它就具有一定的动能,飞轮围绕电池轴承在定子磁场内旋转,将动能转换为电能。高真空室用来提供真空环境,降低飞轮旋转时的风阻损耗。

图 1-2-6 太阳能电池

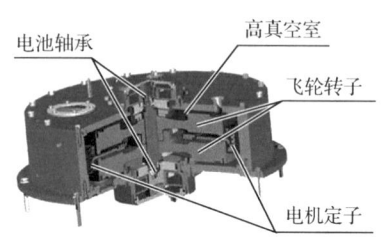

图 1-2-7 飞轮电池内部结构图

3. 生物电池

生物电池是指将生物质能直接转换为电能的装置。从原理上来讲,生物质能能够直接转换为电能主要是因为生物体内存在与能量代谢关系密切的氧化还原反应。这些氧化还原反应彼此影响,互相依存,形成网络,进行生物的能量代谢。常见的生物电池有微生物电池、酶电池、生物太阳能电池等。

四、动力电池的常用术语与技术参数

1. 动力电池的常用术语

1) 电池单体

电池单体也称为电芯,是指直接将化学能转换为电能的基本装置和基本单元,是构成动力电池的基本元器件,包括电极、隔膜、电解液和外壳等。电池单体在物理结构上是构成动力电池的最小单元,可作为一个单元替换。

2) 电池模组

电池模组由一个以上的电池单体并联或串联而成,并封装在一个物理上独立的电池壳体内,具有独立的正极和负极输出,可能包含监测电路与保护装置。

3) 电池管理系统

电池管理系统用于监测电池的状态(温度、电压、荷电状态等),可以为动力电池提供通信、安全、电池单体均衡及管理控制,并提供与应用设备间通信的系统。

4) 电池箱

电池箱用于盛装电池组、电池管理系统及相应辅助元器件,并包含机械连接、电气连接、防护等功能的总成。

5) 动力电池(动力电池包)

动力电池通常包括电池组、电池管理系统、电池箱及相应附件(冷却部件、连接电缆等),具有从外部获得电能并可对外输出电能的单元。电池单体、电池组和动力电池之间的关系如图 1-2-8 所示。

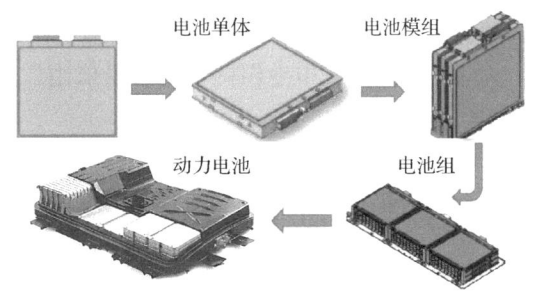

图 1-2-8 电池单体、电池组和动力电池之间的关系

6）正极与负极

电位较高的电极为正极,电位较低的电极为负极;放电时,外电路电流从正极流经负载流入负极,在电池内部电流从负极流入正极。

7）活性物质

活性物质是指正负极中参加成流反应的物质,它能通过化学反应产生电能。

8）内压

内压是指电池的内部气压,由密封电池在充放电过程中产生的气体所致,主要受电池材料、制造工艺、电池结构等因素影响。

2．动力电池的技术参数

1）电压

(1) 电动势:又称为标准电压或理论电压,是电池断路时正负极间的电位差。

(2) 端电压:当有电流流动时,电池正极与负极之间的电位差。

(3) 开路电压:电池没有负荷时,即未充放电时正负极两端的端电压,单位为 V。开路电压并不等于电池的电动势(电池的电动势是通过热力学函数自由能的变化计算而得到的,而电池的开路电压则是实际测量出来的),其数值与电池体系及荷电状态有关。例如,锂离子电池充电时的开路电压一般为 4.1～4.2V,充完电后的开路电压一般为 3.7～3.8V。

(4) 标称电压:电池 0.2C 放电时全过程的平均电压。

(5) 工作电压:电池在工作时(有负荷时)正负极两端的端电压,也叫作闭路电压,通常是一个电压范围。工作电压的值与电池体系、工作电流(倍率)、工作温度、充电条件有关。

(6) 额定电压:又称为公称电压,指在标准规定条件下,电池工作时应达到的电压。例如,锌锰干电池的额定电压为 1.5V,镉镍电池的额定电压为 1.2V,铅酸蓄电池的额定电压为 2V,锂离子电池的额定电压为 3.6V。

(7) 充电电压:外电路对电池充电的电压,一般充电电压要大于电池的开路电压。

(8) 充电终止电压:电池充满电时,极板上活性物质达到饱和状态,随着继续充电,电池电压不再升高,此时的电压称为充电终止电压。

(9) 放电终止电压:电池放电终止时的电压值。它受负载和使用要求等因素影响。当电池的电压下降到放电终止电压后,再继续使用电池放电,会缩短电池寿命。

(10) 电压效率:电池工作电压与电池电动势的比值。

2）容量

在一定的放电条件下,电池所能放出的电量称为容量,用 C 表示,单位为 A·h 或 mA·h。容量是电池性能的重要指标,电池的容量包括理论容量、实际容量和额定容量等。

(1) 理论容量:把活性物质的质量按法拉第定律计算得到的最高理论值。为了比较不同系列的理论容量,常用比容量,即单位体积或单位质量电池所能放出的理论电量,单位为 A·h/L（体积比容量）或 A·h/kg（质量比容量）。电池组的额定容量值由厂家根据实际情况确定,一般都低于电池单体的额定容量值。

（2）实际容量：电池在一定条件下放出的实际电量。它等于放电电流与放电时间的乘积,单位为 A·h,其值小于理论容量。电池的实际容量主要取决于活性物质的数量、质量和利用率等因素。

（3）额定容量：也叫作保证容量,是按国家或有关部门颁布的标准,保证电流在一定的放电条件下,应该放出的最小限度的电量。

（4）剩余容量：电池剩余的可再继续释放出来的电量。

3）内阻

电流流过电池内部受到的阻力称为内阻,它使电池电压降低。由于电池内阻的存在,电池放电时的端电压低于电动势和开路电压。电池内阻不是常数,其值越小越好,内阻大小主要受电池材料、制造工艺、电池结构等因素影响。内阻包括欧姆内阻和极化内阻。欧姆内阻由集流体、电极材料、电解液、隔膜电阻及各部分零件的接触电阻组成。极化内阻是指发生电化学反应时由极化引起的电阻,包括电化学极化和浓差极化引起的电阻。大电流放电和低温放电时,内阻对放电特性的影响尤为明显。

4）能量

能量是指在一定放电强度下,电池所能输出的电能,单位是 W·h 或 kW·h。

（1）理论能量：电池的理论容量与额定电压的乘积。它是在规定的放电条件下,电池所能输出的能量。

（2）实际能量：电池的实际容量与平均工作电压的乘积。它是在一定条件下,电池所能输出的能量。

（3）能量密度：又称为比能量,是指电池单位质量输出的电能,单位为 W·h/kg。电池的比能量反映了电池的质量水平,是评价动力电池是否满足预定续驶里程的重要指标。比能量有理论比能量和实际比能量之分,理论比能量是指 1kg 电池反应物质完全放电时理论上所能输出的能量；实际比能量是指 1kg 电池反应物质所能输出的实际能量。由于各种因素的影响,电池的实际比能量远小于理论比能量。

注意,电池单体和动力电池的比能量是不一样的。由于电池组合时总要有连接条、外部容器和内包装层等,故动力电池的比能量总是小于电池单体的比能量。

（4）负载能力：当电池的正负极两端连接在用电器上时,带动用电器工作时的输出功率。

5）荷电状态

荷电状态（SOC）是指电池在一定放电倍率下,剩余电量与相同条件下额定容量的比值。SOC 反映电池容量的变化。SOC=1 表示电池为充满状态。随着电池的放电,电池的电荷逐渐减少,此时电池的充电状态可用 SOC 百分数的相对量来表示电池中电荷的变化状态。一般电池放电高效率区为 50%～80% SOC。

6）功率

功率是指电池在一定放电条件下,单位时间内所能输出的能量的大小,单位为 W 或 kW。电池的功率决定了车辆的加速性能和爬坡能力。

（1）比功率：单位质量电池所能输出的功率,单位为 W/kg 或 kW/kg。

（2）功率密度：单位体积电池所能输出的功率,单位为 W/L 或 kW/L。

7）输出效率

动力电池充电时把电能转换为化学能并存储起来，放电时把电能释放出来，在这个可逆的电化学转换过程中，有一定的能量损耗。输出效率通常用电池的容量效率和能量效率来表示。

（1）容量效率：电池放电时输出的容量与充电时输入的容量之比。

（2）能量效率：电池放电时输出的能量与充电时输入的能量之比。

8）放电

（1）放电：电流从电池流经外部电路的过程，此时化学能转换为电能。

（2）放电特性：电池放电时所表现出来的特性，如放电曲线、放电容量、放电倍率、放电深度、持续放电时间等。

（3）放电曲线：电池放电时其电压随时间变化的曲线。

（4）放电容量：电池放电时释放出来的电荷量，一般用时间与电流的乘积表示，如 A·h 或 mA·h。

（5）放电倍率（放电率）：表示放电快慢的一种量度，是指电池在规定时间内放出其额定容量（C）时所需要的电流值，它在数值上等于电池额定容量的倍数。根据放电倍率的大小，可分为低倍率（<0.5C）、中倍率（0.5～3.5C）、高倍率（3.5～7C）、超高倍率（>7C）。

（6）放电深度（DOD）：表示电池放电程度的一种量度，为放电容量与额定容量的比值，单位为%。例如，80% DOD，是指电池放出额定容量的 80% 时停止放电。当电池的放电深度越深时，其充电寿命越短，会导致电池的使用寿命越短，因此在使用电池时应尽量避免深度放电。电池理论寿命与放电深度的关系如图 1-2-9 所示。

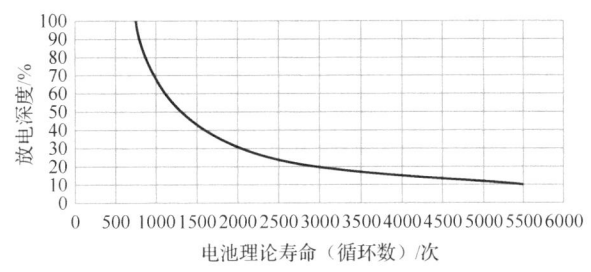

图 1-2-9　电池理论寿命与放电深度的关系

（7）持续放电时间：电池在一定的外部负荷下在规定的终止电压前所放电时间之和。

（8）自放电率：电池在存放期间容量的下降率，即电池无负荷时自身放电使容量损失的速度。自放电率用单位时间内容量降低的百分数表示。

（9）荷电保持能力：电池充满电保存一段时间后，以一定倍率放电，放电容量与实际容量的比值。

（10）过放电：在低于规定的终止电压时继续放电。此时容易发生漏液或电池的使用寿命受到影响。

9）充电

（1）充电：利用外部电源使电池的电压和容量上升的过程，此时电能转换为化学能。

（2）充电特性：电池充电时所表现出来的特性，如充电曲线、充电容量、充电倍率、充电深度、充电时间等。

（3）充电曲线：电池充电时其电压随时间变化的曲线。

（4）过充电：超过规定的充电终止电压而继续充电的过程，此时电池的使用寿命及安全性等会受到影响。

（5）恒流充电：在恒定的电流下，对电池充电的过程。一般设置充电终止电压，当电压达到该值时，充电过程结束。

（6）恒压充电：在恒定的电压下，对电池充电的过程。一般而言，该恒定的电压为充电终止电压。一般设置充电终止电流，当电流小于该值时，充电过程结束。

10）使用寿命

使用寿命是指电池在规定条件下的有效寿命期限。电池发生内部短路或损坏而不能使用时，以及容量达不到规范要求时，电池使用失效，这时电池的使用寿命终止。

（1）存储寿命：电池在没有负荷的一定条件下进行放置使性能劣化到规定程度时所能放置的时间。

（2）循环寿命：在一定条件下，将电池进行反复充放电，当容量等电池性能达到规定的要求以下时所能发生的充放电次数。

（3）日历寿命：电池在使用及搁置条件下使性能劣化到规定程度时所需要的时间。

11）记忆效应

电池的记忆效应是指未完全放电的电池在下一次充电时所能充电的百分比。产生记忆效应的原因是电池内物质发生结晶，降低了电池负极的活性。为了消除电池的记忆效应，充电之前必须先完全放电。

五、锂离子电池

锂离子电池是 20 世纪 90 年代发展起来的高容量可充电的电池。它是以两个能可逆地嵌入与脱嵌锂离子的化合物作为正负极的二次电池。它没有一般电池中的氧化还原反应，电池反应的容量可通过嵌入正极活性物质中锂的量确定，能存储更多的电能，且具有循环寿命长、自放电率小、电池无记忆效应和不污染环境等优点，是当前新能源汽车动力电池普遍采用的电池类型。

1. 锂离子电池的分类

（1）根据正极材料的不同，新能源汽车用锂离子电池可分为钴酸锂离子电池、锰酸锂离子电池、磷酸铁锂离子电池、钛酸锂离子电池和三元材料锂离子电池。

（2）根据电解质材料的不同，新能源汽车用锂离子电池可分为液态锂离子电池和聚合物锂离子电池，这两种锂离子电池的正负极材料是相同的，其不同之处在于液态锂离子电池的电解质是锂盐+碳酸酯，聚合物锂离子电池的电解质是固态聚合物或凝胶聚合物。

（3）根据外壳材料和外形的不同，新能源汽车用锂离子电池可分为圆柱形硬壳锂离子电池、方形硬壳锂离子电池、方形软包锂离子电池，如图 1-2-10 所示。目前，微型新能源汽车主要使用方形硬壳锂离子电池。各种类型的锂离子电池的性能比较如表 1-2-1 所示。

（a）圆柱形硬壳锂离子电池　　（b）方形硬壳锂离子电池　　（c）方形软包锂离子电池

图 1-2-10　新能源汽车用锂离子电池的分类

表 1-2-1 各种类型的锂离子电池的性能比较

项目	圆柱形硬壳锂离子电池	方形硬壳锂离子电池	方形软包锂离子电池
一致性	较好	好	一般
散热能力	一般	较好	较好
倍率特性	一般	较好	较好
组装难度	容易	较难	容易
回收再利用	难	容易	一般
优点	（1）生产工艺最成熟，一致性好； （2）成本低	（1）容易模块化、标准化； （2）易于固定，热管理系统简单	形式可以多样化，比能量高
缺点	（1）内阻大，电池单体内部不容易散热，寿命短； （2）管理系统复杂； （3）热管理系统复杂	（1）安全防爆阀的设计要求高，一般不能侧放或倒立； （2）比能量相对较低	（1）不容易固定，容易鼓包； （2）成本较高

2．锂离子电池的组成

新能源汽车用锂离子电池由正极、负极、隔膜、电解液、外壳等组成。锂离子电池的组成如图 1-2-11 所示。

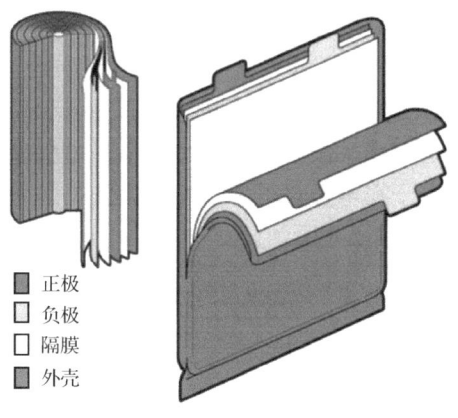

图 1-2-11 锂离子电池的组成

1）正极

锂离子电池正极材料要求比能量高、比功率大、自放电少、价格低廉、使用寿命长、安全性好等。目前锂离子电池的正极材料有钴酸锂、锰酸锂、磷酸铁锂、钛酸锂和三元材料，其性能比较如表 1-2-2 所示。

表 1-2-2 锂离子电池常用的正极材料及其性能对比

名称		钴酸锂	锰酸锂	三元材料		磷酸铁锂	钛酸锂
				镍钴锰酸锂	镍钴铝酸锂		
电压	标称值	3.60V	3.70V	3.60V	3.60V	3.20V	2.40V
	工作范围	3.0～4.2V	3.0～4.2V	3.0～4.2V	3.0～4.2V	2.5～3.65V	1.8～2.85V
比能量/（Wh/kg）		140～200	105	150～220	200～260	100～140	50～80

续表

充电	倍率	0.7~1C	0.7~1C	0.7~1C	0.7C	1C	1~5C
	终止电压	4.20V	4.20V	4.20V	4.20V	3.65V	2.85V
放电	倍率	1C	≤10C	1C	≤5C	≤10C	≤10C
	终止电压	2.50V	2.50V	2.50V	3.00V	2.50V	1.80V
循环寿命/次		500~1000	300~700	1000~2000	500	>2000	>9000
安全性		较好	较好	较好	较好	优秀	良好
工作温度范围		−20~55℃	−20~55℃	−20~55℃	−20~55℃	−20~60℃	−30~60℃
热失控温度		150℃（302℉）	250℃（482℉）	210℃（410℉）	150℃（302℉）	270℃（518℉）	一种最安全的锂离子电池
优点		快速充放电，比能量高，合成简单	工作电压高，功率特性优良，锰资源丰富，容易制备，安全性好，成本较低	高温稳定性高，抗电介质腐蚀性好		稳定性高，安全可靠，循环寿命长，高温性能优，低温−20℃可正常工作	循环性好，稳定性高，可快速充电
缺点		材料成本高，安全性差	循环寿命短，比能量低	充放电时材料晶格会发生畸变，循环性能差		导电性一般，振实密度低	放电电压平台低，比能量较低，价格昂贵
性价比		低	低	一般		高	低

2）负极

锂离子电池负极材料应满足的条件：①大量锂离子快速、可逆地嵌入和脱出；②锂离子嵌入、脱出的可逆性好；③在锂离子嵌入、脱出过程中，电极电位变化尽量小；④电极材料具有良好的表面结构；⑤锂离子在电极材料中具有较大的扩散系数，变化小。锂离子电池常用的负极材料及其性能对比如表1-2-3所示。

表1-2-3 锂离子电池常用的负极材料及其性能对比

材料名称	容量/(A·h/g)	加工性能	高温稳定性	缺点
石墨类碳材	360	易	优	容量较小
硅类合金	2500	难	优	嵌入锂体积变化大
锡类合金	800~900	易	不稳定	大倍率充放电性能差
金属锂	3860	易	不稳定	产生枝晶，不安全

3）电解液

电解液是实现锂离子在正负极迁移的媒介，对锂离子电池的容量、工作温度、循环效率及安全性都有重要影响。常用的电解质材料的比较如表1-2-4所示。

表1-2-4 常用的电解质材料的比较

电解质种类	简称	特点
高氯酸锂	$LiClO_4$	容易爆炸，主要在实验室用
四氟硼酸锂	$LiBF_4$	对水分不敏感，稳定性较高，但导电性及循环性差
六氟砷酸锂	$LiAsF_6$	性能好，不易分解，但价格昂贵，会引起砷中毒
六氟磷酸锂	$LiPF_6$	电导率高，但易水解和热稳定性较低

续表

电解质种类	简称	特点
三氟甲基磺酰胺锂	LiN（SO$_2$CF$_3$）	热稳定性高，循环性好，但电导率低
二草酸硼酸锂	LiBOB	热稳定性和电化学稳定性高，但在溶剂体系中溶解度低，电导率低

4）隔膜

隔膜是一种特殊的复合材料，功能是隔离正负极，阻止电子穿过，同时能够允许锂离子通过，从而完成电化学充放电过程中锂离子在正负极之间的快速传输。隔膜的性能及其对电池性能的影响如表1-2-5所示。

表1-2-5　隔膜的性能及其对电池性能的影响

序号	隔膜的性能	隔膜所起的作用	对电池性能的影响
1	隔离性	正负极颗粒的机械隔离	避免短路和微短路
2	电子绝缘性	阻止活性物质的迁移	避免自放电，延长电池的寿命
3	一定的孔径和孔隙率	锂离子有很好的透过性	低内阻和高离子传导率，可大电流放电
4	化学/电化学稳定性、耐湿性和耐腐蚀性	稳定地存在于溶剂和电解液中	电池的寿命长
5	电解液的浸润性	足够的吸液保湿能力	足够的离子导电性、高循环次数
6	力学性能和抗震能力	防止外力或者电极枝晶使隔膜破裂	电池的寿命长
7	自动关断保护性能	温度升高时自动闭孔	安全性好

5）外壳

外壳采用钢或铝材料制成，盖体组件应具有防爆断电的功能。

3．锂离子电池的工作原理

锂离子电池充放电原理示意图如图1-2-12所示，锂离子电池以碳材料为负极，以含锂的化合物为正极，没有金属锂存在，只有锂离子，锂离子电池主要依靠锂离子在正极和负极之间移动来工作。当电池充电时，电池的正极上有锂离子生成，生成的锂离子经过电解液运动到负极。而作为负极的碳呈层状结构，它有很多微孔，到达负极的锂离子嵌入碳层的微孔中，嵌入的锂离子越多，充电容量越大。同样，当电池放电时，也就是我们使用电池的过程，嵌在负极碳层中的锂离子脱出，又运动回正极。回正极的锂离子越多，放电容量越大。

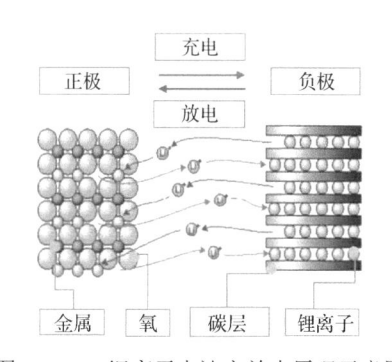

图1-2-12　锂离子电池充放电原理示意图

4．锂离子电池的连接方式

在新能源汽车中，单个锂离子电池不能满足电压与电流的需求，需要将多个锂离子电池通过串联和并联构成一个对外输出电能的电池模组。一个由并联的电池单体组合而成的电池模组，其额定电压与电池单体的额定电压相等，其容量等于电池单体容量与电池单体数量的乘积，如图1-2-13所示。一个由串联的电池单体组合而成的电池模组，其额定电压等于电池单体的额定电压的和，其容量与电池单体容量相等，如图1-2-14所示。动力电池的串、并联方式通常用 xxP xxS（xx 并 xx 串）来表示，如 4P5S 代表先把 4 个电池单体并联，然后把 5 组并联后的电池单体串联而形成的电池模组。五菱宏光 MINIEV 汽车的电池单体组成方式有两种，一种是 4P26S（4 并 26 串），成组后动力电池系统总电量为 9.2kWh，用以满足 120km 续驶里程的车型使用；另一种是 6P26S（6 并 26 串），成组后动力电池系统总电量为 13.8kWh，用以满足 170km 续驶里程的车型使用。

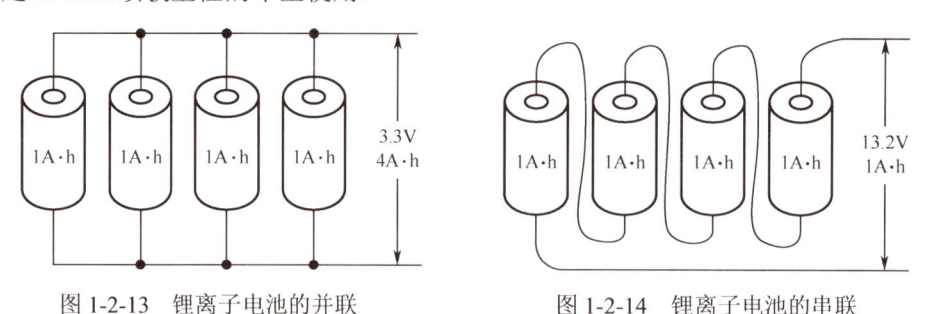

图 1-2-13　锂离子电池的并联　　　　　图 1-2-14　锂离子电池的串联

六、电池管理系统

1. 电池管理系统的功能

电池管理系统主要用于对动力电池参数进行实时监控、故障诊断、SOC 评估、续驶里程估算、短路保护、漏电监测、显示报警，以及充放电模式选择等，并通过 CAN 总线与车辆集成控制器或充电机进行信息交互，保障汽车高效、可靠、安全地运行，如图 1-2-15 所示。

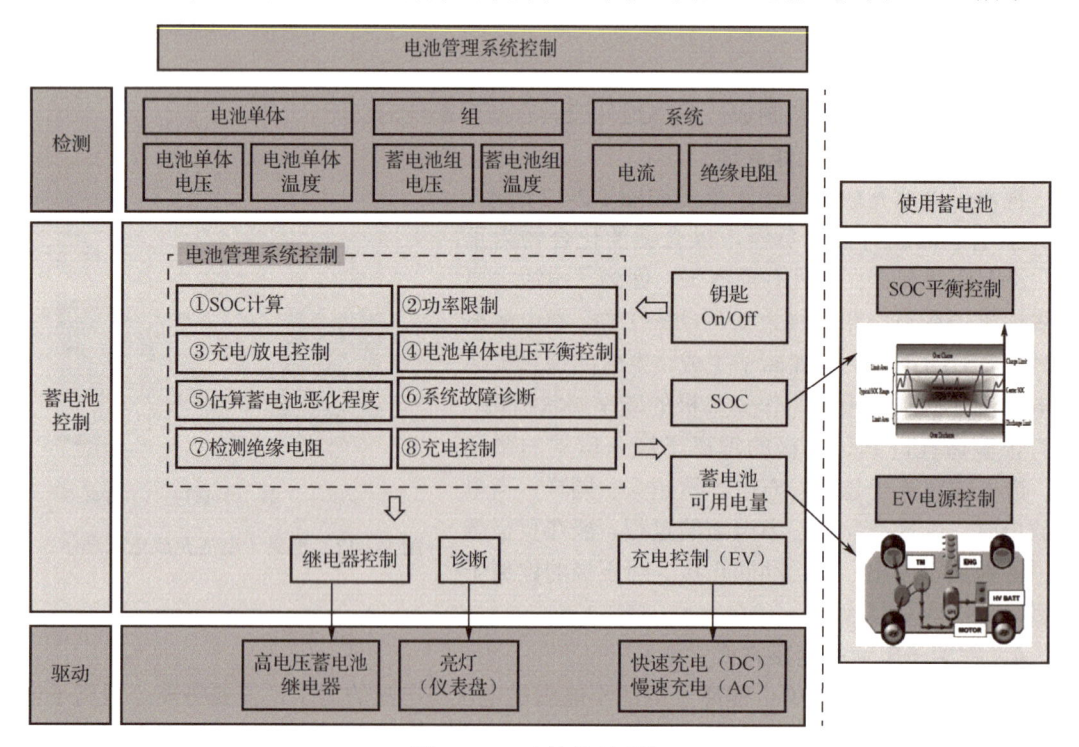

图 1-2-15　电池管理系统

1）电池状态监测

电池状态监测一般是指对电压、电流、温度三种物理量的监测，采集的数据有电池总电压、电池总电流、每个电池箱内电池测点温度，以及电池单体电压等，对这些参数进行实时、快速、准确的测量是电池管理系统正常运行的基础。

2）电池状态分析

电池状态分析包括荷电状态（SOC）评估及电池老化程度（SOH）评估两部分。

（1）SOC 评估。在新能源汽车使用过程中，电池管理系统随时对能耗进行计算并给出该动力电池的 SOC 值。SOC 可以用百分比来反映，也可以换算为等效时间或等效里程来表示，让驾驶员获得更为直观的信息（注意，SOC 为估算值，带有一定的误差）。

（2）SOH 评估。电池的 SOH 常用百分比来反映（电池经多次循环使用后所能装载的最大容量与出厂时所能装载的最大容量的比值）。SOH 受动力电池使用过程中的工作温度、放电电流大小等因素的影响，需要在使用过程中不断进行评估和更新，以确保驾驶员获得更为准确的信息。

3）电池安全保护

电池安全保护的具体功能包括监测电池的电压、电流、温度等是否超过限制。

（1）过电流保护。过电流保护是指在电池充电、放电过程中，如果工作电流超过了安全值，则应该采取相应的安全保护措施。

（2）过充过放保护。过充保护是指在电池的 SOC 为 100%的情况下，为了防止电池继续充电造成的电池损坏，而采取的切断电池的充电回路的保护措施。过放保护是指在电池的 SOC 为 0 的情况下，为了防止电池继续放电造成的电池损坏，而采取的切断电池的放电回路的保护措施。

（3）过热保护。过热保护是指当温度超过一定限制值时，对动力电池采取的保护性的措施。

4）能量控制管理

（1）电池充电控制管理。电池充电控制管理是指电池管理系统在电池充电过程中对充电电压、充电电流等参数进行实时优化控制，优化的目标包括充电时长、充电效率及充电的饱满程度等。

（2）电池放电控制管理。电池放电控制管理是指在电池的放电过程中根据电池的状态对放电电流大小进行控制。在电池管理系统中加入电池放电控制管理功能，可以使动力电池发挥更大的效能。

（3）电池均衡控制管理。电池均衡控制管理是指采取一定的措施以尽可能降低电池不一致性的负面影响，以达到优化动力电池整体放电效能，延长动力电池整体寿命的效果。就均衡的时机而言，电池的均衡可以分为充电均衡和放电均衡。就均衡的手段而言，电池的均衡可以分为能量耗散型均衡和能量转移型均衡。

5）电池信息管理

（1）电池信息显示。电池管理系统通常通过仪表将电池状态显示出来（电池剩余电量、警告等信息），告知驾驶员或维修人员。

（2）系统内外信息交互。电池管理系统在"内网"传递电池管理系统的内部信息，在"外网"与整车控制器、电机控制器等其他部件交互信息。

（3）电池历史信息存储。存储的信息包括故障代码、故障发生时车辆的状态数据等。

6）热管理

电池热管理系统（Battery Thermal Management System，BTMS）的功能是在电池温度较

高时进行有效散热，防止产生热失控事故；在电池温度较低时进行预热，提升电池温度，确保低温下的充电性能、放电性能和安全性；减小动力电池内的温度差异，抑制局部热区的形成，防止高温位置处电池过快衰减，从而延长动力电池整体寿命。

2. 电池管理系统的组成

电池管理系统由输入信号元件、控制模块和执行元件三部分组成。控制模块接收各传感器传来的监测信号，并通过CAN网络和其他模块进行通信，根据信号控制主正继电器、主负继电器、预充电继电器等执行元件，如图1-2-16所示。

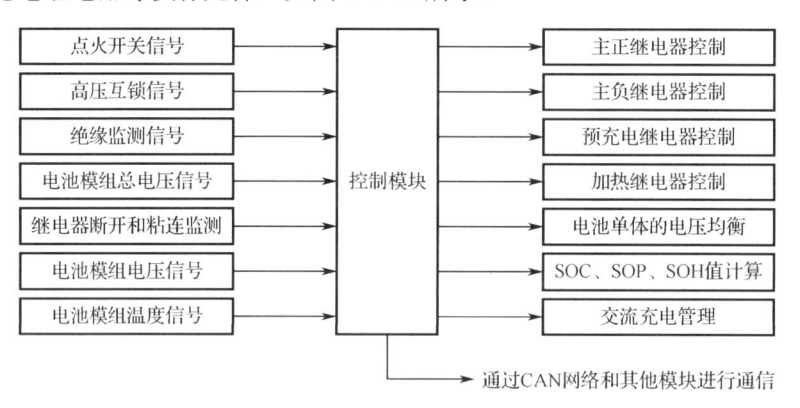

图 1-2-16 电池管理系统的组成

3. 电池管理系统的输入信号元件

电池管理系统的输入信号按位置分类，可分为外部信号和内部信号。其中，外部信号是通过CAN网络传输至电池管理系统的，如点火开关信号、高压互锁信号、绝缘监测信号；内部信号是通过内部电路及传感器监测而来的，如电池模组电压信号、电池模组温度信号、电池模组总电压信号等。动力电池内需要设置的传感器有温度传感器和电流传感器，温度传感器的作用是监测电池模组的温度信息，电流传感器的作用是监测动力电池的输出电流。

1）温度传感器

由于电池在充放电时会导致电池自身发热，如果温度过高可能会导致车辆自燃的重大事故，所以必须对动力电池温度进行监测。温度传感器（见图1-2-17）的数量根据电池模组的分布需要进行设置，分别监测不同电池模组的温度。

电池的温度传感器的传感元件一般采用热敏电阻，当温度发生变化时，其阻值会发生变化。如图 1-2-18 所示，对于每个温度传感器，电池管理系统的控制模块内

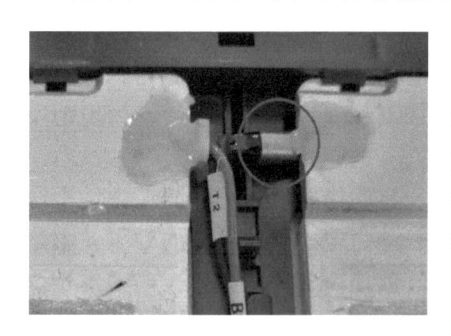

图 1-2-17 温度传感器

均设有 1 个上拉电阻，电阻上方接有 5V 电源，电阻为定值电阻，控制模块内的定值电阻与温度传感器的热敏电阻形成一个串联电路。当电池模组的温度发生变化时，温度传感器的阻值就会发生变化，根据串联分压的原理，温度传感器信号线的电压就会发生变化。电池管理系统的控制模块依据信号电压的高低，就可判断出电池模组温度的高低。

2）电流传感器

动力电池内使用的电流传感器根据测量原理的不同，主要有分流器和霍尔电流传感器两种。

(1)分流器。

分流器是根据直流电流通过电阻时两端产生电压的原理制作而成的。分流器实际上就是一个阻值很小的电阻。如图 1-2-19 所示,当有直流电流通过时,产生压降,直流电流表实际为电压表,一般这个电压表量程为 75mV、150mV、300mV,用电压表来测量这个电压,再将这个电压换算成电流,就完成了对大电流的测量。五菱宏光 MINIEV 汽车就是采用这种类型的电流传感器。

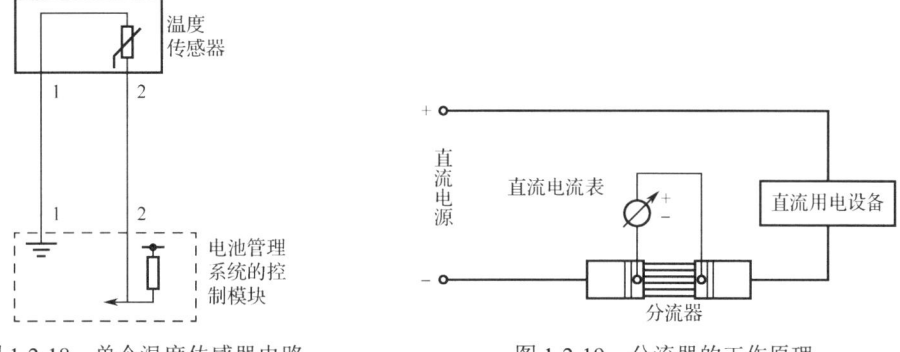

图 1-2-18 单个温度传感器电路

图 1-2-19 分流器的工作原理

(2)霍尔电流传感器。

霍尔电流传感器包括开环式霍尔电流传感器和闭环式霍尔电流传感器两种。开环式霍尔电流传感器采用的是霍尔直放式原理,如图 1-2-20 所示。闭环式霍尔电流传感器采用的是磁平衡原理,如图 1-2-21 所示。高精度的霍尔电流传感器大多属于闭环式霍尔电流传感器。

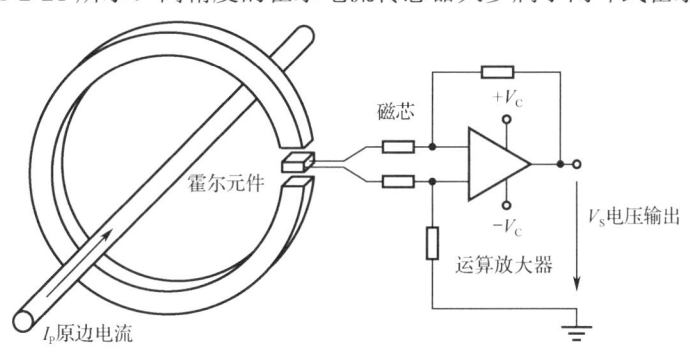

图 1-2-20 开环式霍尔电流传感器原理图

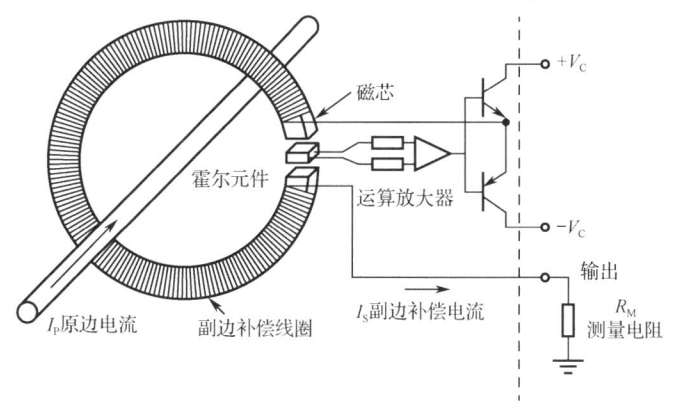

图 1-2-21 闭环式霍尔电流传感器原理图

4．电池管理系统的控制模块

电池管理系统的控制模块有分布式和集成式两种类型。分布式管理系统将主控管理单元和从控管理单元的功能独立分离，主控管理单元负责整个动力电池的管理，从控管理单元负责收集电池模组的温度、电压等信息，以及电池模组电压的均衡。集成式管理系统将主控管理单元和从控管理单元的功能集成在一起，五菱宏光MINIEV汽车采用的是集成式管理系统。

5．电池管理系统的执行元件

1）高压熔断器和高压继电器

（1）高压熔断器。

高压熔断器对高压电路起过载保护作用。当动力系统的高压线束短路时，动力电池会瞬间大电流放电，此时动力电池和高压线束的温度迅速升高，将导致动力电池和高压线束的燃烧，严重时还可能会引起电池爆炸。若电路中正确地安置了熔断器，那么熔断器就会在电流异常增大到一定程度时，自身熔断切断电流，从而起到保护电路安全运行的作用。高压熔断器好坏的判断可以通过万用表测量电阻或电压的方法，熔断器两端正常阻值应该接近0Ω，在通电情况下熔断器两端电压应该相同。如果熔断器异常，则更换熔断器或动力电池。在更换熔断器时，必须按照要求更换同规格的熔断器，否则可能会导致故障。

（2）高压继电器。

高压继电器是在直流电路中用来控制高电压、大电流的继电器，电池管理系统利用高压继电器对动力电池主高压电路进行控制，根据动力系统的需要接通或断开动力电池主高压电路，用于动力电池与整车用电系统的安全连接。它是新能源汽车不可或缺的核心关键零部件，具有动作快、体积小、灭弧安全性高、动作可靠性高、寿命长等特点。

2）维修开关

出于安全考虑，部分电动汽车在动力电池上安装了维修开关。在进行高压维修作业时，出于安全考虑，需要断开维修开关。维修开关的作用是接通或断开动力电池内部的高压线路的连接。维修开关串联在动力电池高压电路中，拆卸维修开关后，动力电池的内部电路处于断开状态。

3）预充电电阻

由于新能源汽车电机控制器的高压正负极之间设计有大容量的补偿电容，如果没有预充电电阻，那么在高压回路导通瞬间，补偿电容及相关线路会由于瞬间电流过大而发热甚至烧毁。预充电电阻由电阻芯、铝外壳、填充物及连接线组成，如图1-2-22所示。

如图1-2-23所示，当新能源汽车接到有效启动命令之后，电池管理系统首先控制预充电继电器工作，动力电池正极电流通过预充电电阻和预充电继电器触点输出高压电，接通预充电电路，进行高压电路预充电。预充电结束后，预充电继电器退出工作，主接触器开始工作，给高压用电设备正常供电。预充电的时间一般很短。

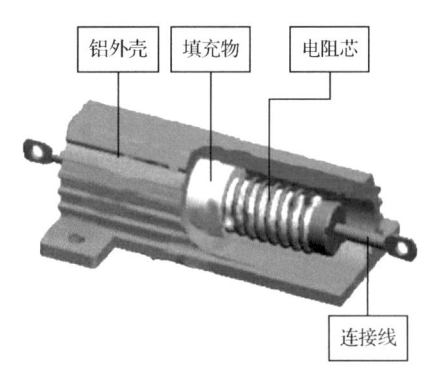

图1-2-22 预充电电阻的结构

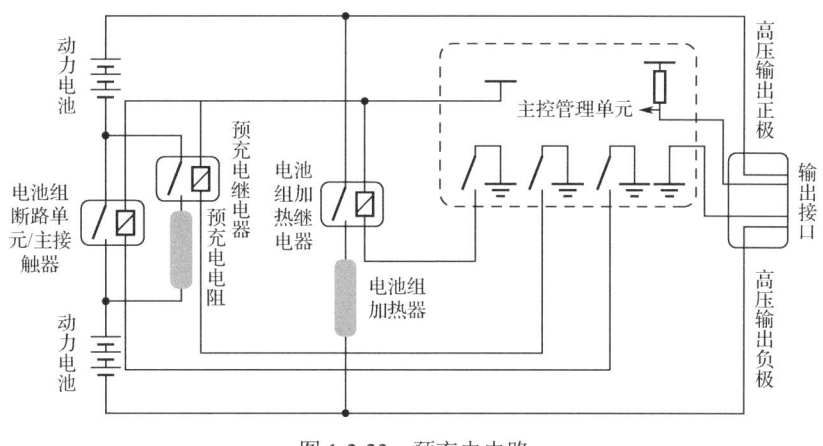

图 1-2-23　预充电电路

任务实施

一、五菱宏光 MINIEV 汽车动力电池检查与维护

1. 使用高压防护用具

如图 1-2-24 所示，按照新能源汽车高压防护要求使用绝缘安全防护用具，并根据场地防护要求放置场地防护用具，如图 1-2-25 所示。

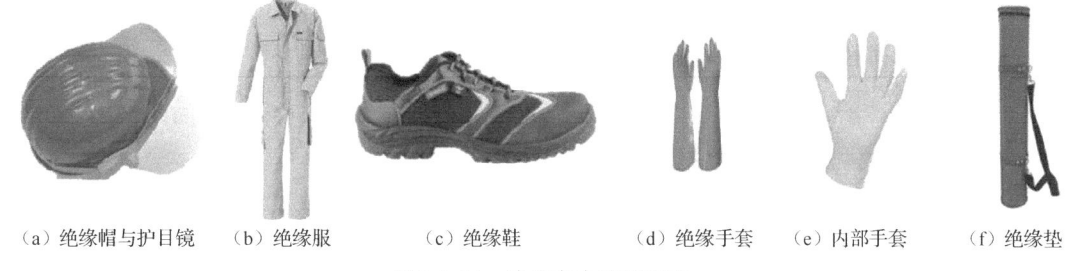

（a）绝缘帽与护目镜　（b）绝缘服　（c）绝缘鞋　（d）绝缘手套　（e）内部手套　（f）绝缘垫

图 1-2-24　绝缘安全防护用具

（a）"请勿靠近"警示牌　（b）"禁止烟火"警示牌　（c）"蓄电池危险"警示牌　（d）"高压电危险"警示牌　（e）隔离栏

图 1-2-25　场地防护用具

2. 初始检查

（1）使用诊断仪检查是否存在与动力电池相关的故障代码。
（2）检查动力电池壳体或托盘上是否有裂纹。
（3）检查动力电池壳体托盘是否变形。
（4）检查动力电池壳体是否存在由于温度作用导致的颜色变化和外壳的退火色。

（5）检查是否存在电解液溢出情况。

（6）检查信息和警告标签是否存在且清晰。

（7）检查动力电池是否有锈蚀损坏。

3．断电检查

（1）确认点火开关处于"LOCK"状态。

（2）断开12V蓄电池负极电缆。

（3）使用验电笔，检测车身金属部位是否带电。

（4）拆除与动力电池连接的高压连接器，观察高压连接器端子是否损坏，使用绝缘胶带封好电池接口。

（5）使用万用表确认与电池连接的高压线束正负极之间无电压。

（6）检测动力电池高压输出端对车身电阻是否小于1MΩ。

二、五菱宏光MINIEV汽车动力电池的工作原理

如图1-2-23所示，当动力电池需要向外供电时，预充电继电器接通，并在短时间内工作，正极电源通过预充电电阻主要为电机控制器内部的大容量电容充电，预充电结束后，电池组断路单元接通，为电机控制器及其他用电设备供电。电池组断路单元开始工作后，预充电继电器退出工作。

1．高压上电

五菱宏光MINIEV汽车高压上电过程如表1-2-6所示。

表1-2-6　五菱宏光MINIEV汽车高压上电过程

点火开关位置	整车控制器	电池管理系统	电机控制器	车身附件
OFF	暂未上电	暂未上电	暂未上电	暂未上电
ACC	暂未上电	暂未上电	暂未上电	暂未上电
ON				
高压上电开始	上电初始化	上电初始化	上电初始化	上电初始化
	初始化完成	初始化完成	初始化完成	初始化完成
	当检测到电机控制器初始化完成、电池管理系统初始化完成及ACC初始化完成后，发送高压上电指令给电池管理系统		电机控制器检测无任何故障	ACC检测无任何故障
		先闭合预充电继电器。当电池管理系统检测到动力电池电压达到要求后，先闭合电池组断路单元，再断开预充电继电器，当检测到动力电池电压正常后，在网络上更改主正继电器和预充电继电器的状态，并发送预充电完成报文		

续表

点火开关位置	整车控制器	电池管理系统	电机控制器	车身附件
	当监测到电池管理系统预充电完成、检测各分系统无故障,并且电机控制器上报的直流母线电压正常后,发送点亮 READY 灯的信号给仪表,使仪表点亮 READY 灯,同时发送保持当前状态指令。整车控制器延时一段时间后,发送使能信号给 DC/DC 转换器,DC/DC 转换器开始给车上的用电设备供电			
	当监测到刹车信号和挡位信号为 D 或者 R 时(刹车信号先于挡位信号),发送驱动电机使能指令和驱动电机目标转矩,驱动整车正常运行		驱动电机正常工作	等待启动指令
高压上电结束				

2. 高压下电

五菱宏光 MINIEV 汽车高压下电过程如表 1-2-7 所示。

表 1-2-7　五菱宏光 MINIEV 汽车高压下电过程

点火开关位置	整车控制器	电池管理系统	电机控制器	车身附件
ON-OFF				
高压下电开始	当监测到点火开关挡位从 ON 转到 ACC 或者 OFF 后,发送高压下电指令给电池管理系统	断开主正继电器。断开主负继电器。反馈断开继电器信号给整车控制器	电机控制器正常下电,驱动电机停止工作	ACC 正常下电,电动压缩机、空调暖风加热器停止工作
	当监测到电池管理系统的主正继电器、主负继电器和预充电继电器均为断开状态时,发送保持当前状态指令给电池管理系统			
		当电池管理系统接收到保持当前状态指令后,电池管理系统回复一帧保持当前状态指令后,停止发送任何报文,进入休眠模式		
	当整车控制器收到电池管理系统发送的保持当前状态指令后,整车控制器停止发送任何报文			
	休眠	休眠	已下电	已下电
高压下电结束				

三、五菱宏光 MINIEV 汽车动力电池故障检测与维修

1. 数据流分析

如图 1-2-26 所示，通过诊断仪的数据流可以确认动力电池基本信息（电压、电流、温度、SOC 等），还可以确认动力电池供电系统的主要信号（执行器状态、其他控制器状态）。

数据项	值	单位	区
电池包脉冲充电可用功率（10s）	31.00	kW	□
电池包总电压和	315.30	V	□
电池包充电截止电压	351.40	V	□
电池包最高单体电压	3286	mV	□
电池包最高单体电压位置	25	-	□
电池包最低单体电压	3284	mV	□
电池包最低单体电压位置	17	-	□
电池包平均单体电压	3285	mV	□
电池包最高温度位置	1	-	□
电池包最低温度位置	1	-	□
电池包平均单体电压状态	正常		□
电池包总电压状态	正常		□
电池包温度状态	正常		□
电池包SOC状态	正常		□
预约充电时间	0	min	□
电池包电源状态	电源连接		□
电池包保险状态	正常		□
激活放电请求	无请求		□
电池包充电电流状态	正常		□
电池包放电电流状态	正常		□
电池包绝缘状态	正常		□
电池包内部CAN总线故障	正常		□
电池包温度传感器故障	正常		□
电池包电流传感器故障	正常		□
电池包单体电压传感器故障	正常		□

数据项	值	单位	区
电池包故障等级	正常		□
电池包绝缘值	5750	kΩ	□
电池包内侧电压	316.90	V	□
电池包外侧电压	317.50	V	□
电池包慢充状态	不可充电		□
电池包主正继电器状态	连接		□
电池包主负继电器状态	连接		□
电池包预充继电器状态	断开		□
电池包高压互锁状态	连接		□
电池包总电流	0.00	A	□
电池包继续放电可用功率	43.56	kW	□
电池包脉冲放电可用功率（2s）	43.56	kW	□
电池包脉冲放电可用功率（10s）	43.56	kW	□
电池包平均温度	19.00	℃	□
电池包最高温度	19.00	℃	□
电池包最低温度	19.00	℃	□
电池包可用能量	15.00	kwh	□
电池包SOH	100	%	□
电池包SOC	49	%	□
电池包充放电次数	31	-	□
电池包剩余充电时间	2047	min	□
电池包继续充电可用功率	31.00	kW	□
电池包脉冲充电可用功率（2s）	31.00	kW	□

图 1-2-26　五菱宏光 MINIEV 汽车动力电池相关数据流

2. 五菱宏光 MINIEV 汽车整车无法高压上电故障检测

1）故障原因分析

（1）低压蓄电池电压过低。
（2）低压电源管理系统故障。
（3）刹车开关故障。
（4）整车控制器本身及其电源接地故障。
（5）动力电池故障。
（6）电机控制器及其他高压电器故障。
（7）CAN 网络通信故障。
（8）高压绝缘故障。
（9）高压互锁故障。
（10）防盗系统故障。

2）故障检测流程

（1）检查车辆的仪表是否正常显示，目视检查车辆的高低压导线是否正常连接，检查线束是否破损，检查低压蓄电池是否电压过低，检查动力电池是否严重亏电。

（2）使用诊断仪进行全车诊断，通过诊断结果判断全车模块是否能正常通信，是否有相关的故障代码。

（3）如果网络通信有故障，则首先检查网络故障。对于单个模块不能通信的故障，重点检查模块的电源、接地、与模块相关的网络分支，以及模块本身是否正常；对于多个模块不能通信的故障，重点检查网络线路是否断路、短路，以及某个模块内部是否存在异常，检查多个模块公用的电源、接地及线路是否存在异常。

（4）如果模块内部有与故障相关的故障代码，则查找维修手册，按照手册的故障引导进行诊断。

（5）对于某些输入信号元件和模块的供电线路，可以利用诊断仪的数据流功能进行检查，快速判断其是否正常；对于诊断仪不能判断的输入信号元件和模块的供电线路，可以利用万用表进行检查。

（6）对于某些执行元件，可以利用诊断仪的动作测试功能进行检查，快速地判断其是否出现故障，缩小故障范围。

3．动力电池拆卸

（1）整车高压下电。
（2）举升车辆。
（3）将电池拆卸升降平台放到合适的位置。
（4）拆下护板。
（5）依次拔掉高压和低压线束接插件。
（6）依次拆下动力电池安装螺栓及接地线螺栓。
（7）拆下动力电池。

📖 任务考评

本任务内容的考核与评分如表 1-2-8 所示。

表 1-2-8　考核与评分表

考核内容	考核要求	评分标准	配分	得分 自评	得分 互评	得分 教师评
1．车辆基本检查	（1）正确放置车轮挡块； （2）正确安装座椅套、方向盘套、手刹套、脚垫； （3）正确检查蓄电池电压	错误一处扣5分	20			
2．车辆基本信息检查	准确记录车辆基本信息	错误一处扣5分	10			
3．动力电池部件识别	（1）正确识别动力电池各部件； （2）准确描述各部件的工作原理； （3）准确描述动力电池各项参数的含义	错误一处扣3分	10			
4．动力电池检查与维护	（1）正确目视检查动力电池； （2）正确检测动力电池绝缘性能	错误一处扣2分	20			
5．动力电池故障检测与维修	（1）准确识读电路图； （2）准确读取故障代码； （3）准确观察数据流； （4）正确检测动力电池； （5）科学制定维修方案； （6）维修措施合理	错误一处扣3分	30			

续表

考核内容	考核要求	评分标准	配分	得分 自评	互评	教师评
6. 职业素养	（1）学习态度：积极主动参与学习； （2）团队合作：与小组成员一起分工合作，不影响学习进度； （3）现场管理：服从工位安排、执行实训室管理规定	不足之处扣3分	10			
7. 安全文明生产	自觉遵守安全文明生产规程	违反一项规定扣5分				
合计	—	—	100			
操作时间	开始时间：	结束时间：	实际用时：			

任务3　车载充电系统检测与维修

学习目标

1. 能描述新能源汽车的电能补充模式与新能源汽车充电系统常见术语。
2. 能描述新能源汽车的充电场景。
3. 能描述交流充电系统的组成与工作过程。
4. 能描述直流充电系统的组成与工作过程。
5. 能描述车载充电机的要求、工作原理与控制策略。
6. 能检查与维护五菱宏光 MINIEV 汽车充电系统。
7. 能检测与维修五菱宏光 MINIEV 汽车充电系统。

任务分析

随着新能源汽车的使用越来越广泛，充电需求越来越多，市场对车辆的充电安全性和便利性提出了越来越高的要求，便利、安全且快速地充电是市场对车辆的一致需求。新能源汽车的充电方式主要有两种：一是交流充电方式，即慢充；二是直流充电方式，即快充。两种充电方式的电气原理和控制方式各不相同。准确地描述充电系统的类型、结构，准确地识别充电系统的部件，精准地进行充电系统的基本检查、维护与检测，是新能源汽车后市场技能型人才不可或缺的知识与技能。

任务准备

一、新能源汽车的电能补充模式与新能源汽车充电系统常见术语

1. 新能源汽车的电能补充模式

新能源汽车的电能补充模式可以分为两种——充电模式和换电模式。在新能源汽车动力电池放电后，用直流电源连接动力电池，将电能转换为动力电池的化学能，使动力电池恢复

工作能力的过程，称为充电。动力电池充电时，其正极与充电电源正极相连，其负极与充电电源负极相连，充电电源电压必须高于动力电池电压。合适的充电方式不仅能够最大限度地发挥动力电池的容量极限，还可以延长动力电池的使用寿命。按照充电方式的不同，充电模式可分为交流慢速充电和直流快速充电两种模式。换电又称为机械充电，它通过直接更换已充满电的动力电池来达到补充电能的目的。

1）交流慢速充电模式

交流慢速充电，俗称慢充，即使用交流 220V 单相民用电，通过整流变换，将交流电变换为高压直流电给动力电池充电。慢充系统主要部件有供电设备（电缆保护盒、充电桩、充电线等）、车内高压线束、高压配电盒、车载充电机、动力电池等。该模式适用于车辆停运时间长（多为夜间）的充电，一般充电时间为 5～8h，最长可达 30h。交流慢速充电架构如图 1-3-1 所示。

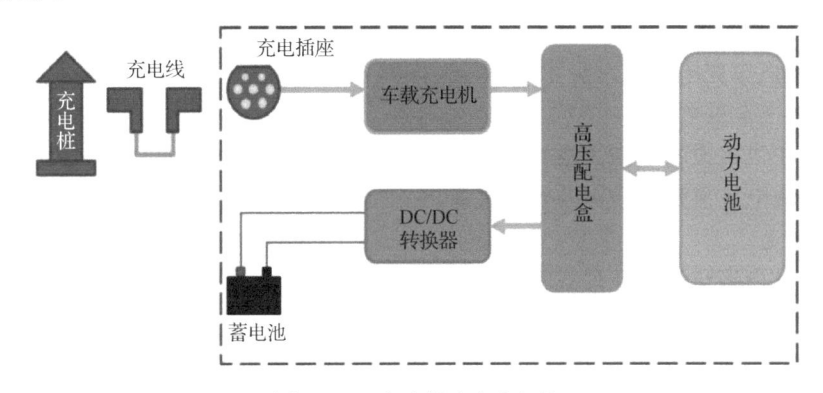

图 1-3-1　交流慢速充电架构

2）直流快速充电模式

直流快速充电，俗称快充，即使用工业 380V 三相电，通过功率变换，将直流高压大电流通过高压动力电缆直接向动力电池充电，在快充过程中电流显示值通常为 13.6～46.2A。快充系统主要部件包括充电桩（非车载充电机）、车内高压线束、高压配电盒及动力电池等。直流快速充电架构如图 1-3-2 所示。

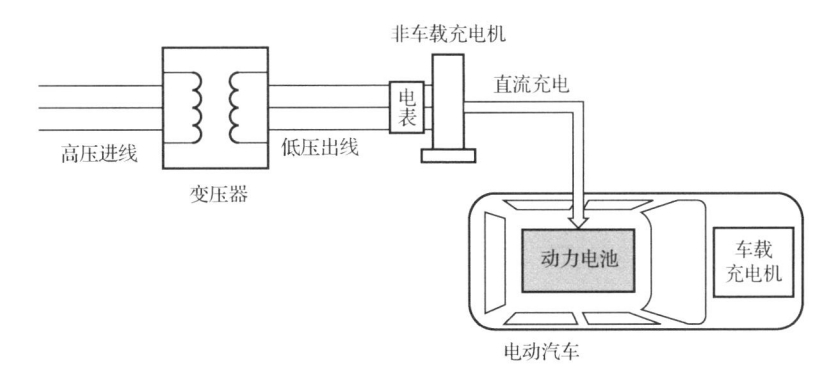

图 1-3-2　直流快速充电架构

3）换电模式

如图 1-3-3 所示，换电模式通过机械方式，快速地更换新能源汽车的动力电池以实现补能，换电过程不超过 5min。

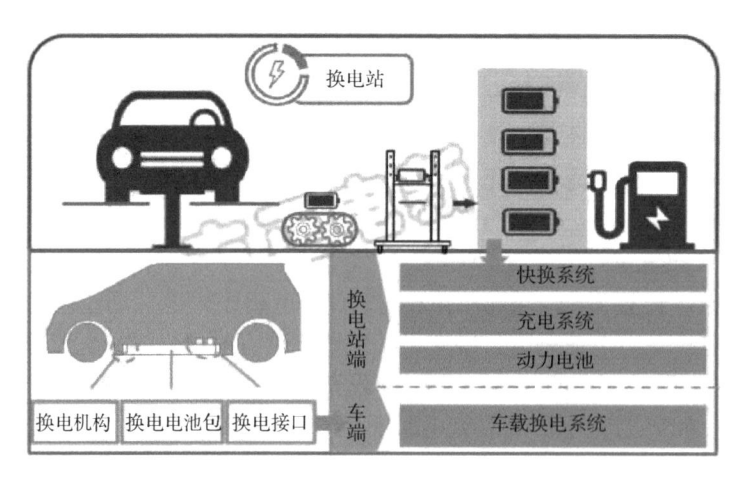

图 1-3-3　换电模式

2．新能源汽车充电系统常见术语

1）新能源汽车供电设备（EVSE）

新能源汽车供电设备是指为插电式混合动力汽车和纯电动汽车充电的外部充电设备，包含所有连接交流电且带充电插头的供电设备。

2）交流充电

交流充电是指将交流电经车载充电机整流成直流电后对动力电池充电的方法。

3）直流充电

直流充电是指通过直流电对动力电池充电的方法。

4）充电断路装置

充电断路装置（CCID）是指充电线路中的漏电保护装置。当检测到车辆有漏电现象时，CCID 会中断充电电缆和车辆之间的电流。

5）充电机

充电机是指将电气设备或其他电能供应设备输出的交流电转变成直流充电电流的设备。车载充电机安装在车辆上，非车载充电机则是 EVSE 的一部分。

6）充电插头

充电插头又称为充电枪，是插入汽车充电口对动力电池充电的装置。

7）充电口

充电口是指安装在纯电动汽车和插电式混合动力汽车上的电气插座，通常位于保护盖后面。充电口的技术标准必须要和插入车辆的充电插头的技术标准一致，才能进行充电。

8）充电电缆

充电电缆多指便携式充电装置，其一端插入车辆，另一端插入 220V 插座。

9）充电桩

充电桩是指一种将电能输送到插电式混合动力汽车和纯电动汽车的固定设备，通常安装在家庭车库、工作地点、停车场或公共区域。根据充电时间的长短，充电桩可分为直流充电桩和交流充电桩两种。

二、新能源汽车的充电场景

1. 新能源汽车接入电网（电源）的方式

（1）连接方式 A：在供电设备上安装插座，车辆通过自身配置的电缆组件连接到电网（电源），如图 1-3-4 所示。电缆组件直接连接在车辆上，是车辆的一部分（现在已很少采用）。

图 1-3-4　连接方式 A

（2）连接方式 B：在车辆上安装插座，车辆通过供电设备自身配置的电缆组件连接到电网（电源），如图 1-3-5 所示。电缆组件安装在供电设备上，是供电设备的一部分。

图 1-3-5　连接方式 B

（3）连接方式 C：在供电设备和车辆上都安装插座，车辆通过电缆组件连接到电网（电源），如图 1-3-6 所示。电缆组件是独立的一部分。

图 1-3-6　连接方式 C

2. 新能源汽车充电模式

新能源汽车充电模式分为以下 4 种。

（1）充电模式 1：采用插头、插座和充电电缆把汽车直接连接到交流电网（电源），如图 1-3-7 所示。充电系统使用标准的插座和插头，在能量传输过程中采用单相交流供电，电流不允许超过 8A，电压不允许超过 250V。由于存在安全隐患，此种充电模式已经被淘汰了。

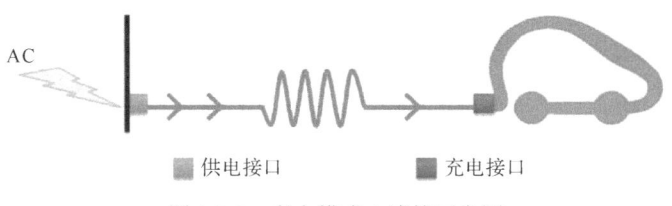

■ 供电接口　　■ 充电接口

图 1-3-7　充电模式 1 连接示意图

（2）充电模式 2：采用插头、插座和带有控制与保护装置的充电电缆把汽车直接连接到交流电网（电源），如图 1-3-8 所示。供电方式可以是单相交流供电，也可以是三相交流供电。

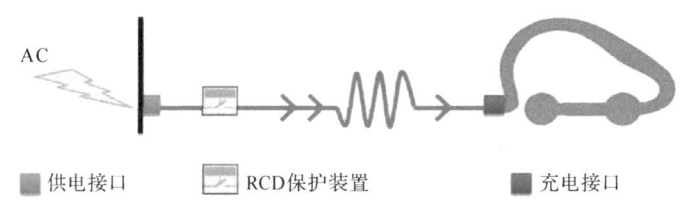

图 1-3-8　充电模式 2 连接示意图

（3）充电模式 3：采用专用供电设备，把汽车直接连接到交流电网（电源），如图 1-3-9 所示。供电电源可以是单相交流电源，也可以是三相交流电源。专用供电设备安装了控制引导装置，并且多数集成了人机交互系统、收费管理系统、本地和远程通信接口等完善的功能模块。

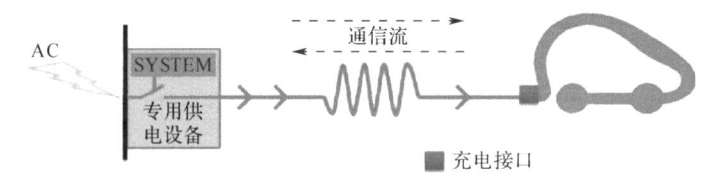

图 1-3-9　充电模式 3 连接示意图

（4）充电模式 4：采用直流供电设备，把汽车连接到交流/直流电网（电源），如图 1-3-10 所示。直流供电设备安装了控制引导装置，并且多数集成了人机交互系统、收费管理系统、本地和远程通信接口等完善的功能模块。

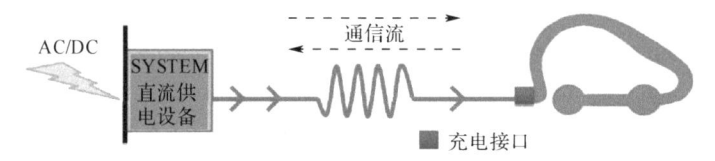

图 1-3-10　充电模式 4 连接示意图

3．新能源汽车常见的充电场景

虽然新能源汽车有 4 种充电模式与 3 种连接方式，理论上讲应该有 12 种充电场景。但在实际使用中，有些充电模式和连接方式不能兼容，还有些不推荐使用（如充电模式 1 不推荐使用，连接方式 A 很少使用），所以真正的充电场景只有以下 4 种。

（1）充电模式 2＋连接方式 B：车辆通过带有控制与保护装置的充电电缆直接与交流电网连接，采用单相交流供电，如图 1-3-11 所示。电源侧使用 16A 插座时，实际电流不能超过 13A；电源侧使用 10A 插座时，实际电流不能超过 8A。这种方式的充电速度很慢，普遍应用于城乡地区的新能源汽车充电。

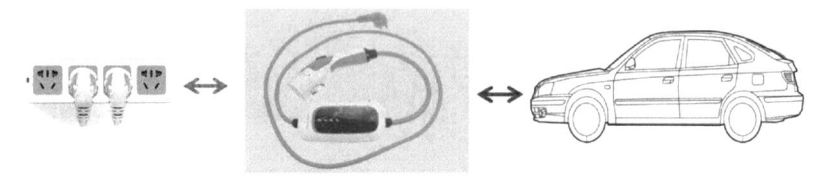

图 1-3-11　充电模式 2＋连接方式 B

（2）充电模式3＋连接方式B：车辆通过交流充电桩直接与交流电网连接，充电控制引导电路集成在充电桩内部，如图1-3-12所示。可以使用单相交流或者三相交流供电，单相交流供电时，最大电流不能超过32A；三相交流供电时，最大电流不能超过63A。当使用三相供电，电流超过32A充电时，只能选用这种方式。这种方式普遍应用于城市小区的新能源汽车充电。

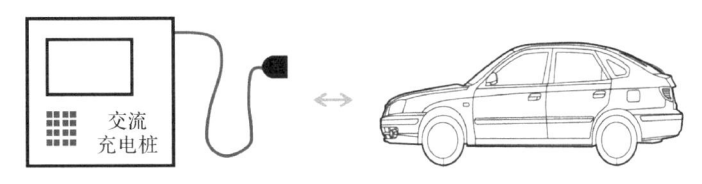

图1-3-12　充电模式3＋连接方式B

（3）充电模式3＋连接方式C：中间的充电电缆是活动的，电缆上面并没有集成缆上控制与保护装置，如图1-3-13所示。这种方式的充电控制引导电路也放在充电桩内部，只适用于充电电流小于32A的场景，充电速度较慢。这种方式的充电桩是不带充电枪的，需要自备双头充电枪，不太方便。

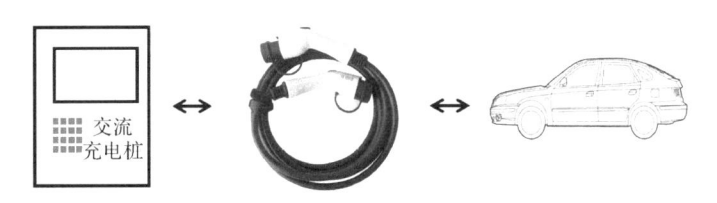

图1-3-13　充电模式3＋连接方式C

（4）充电模式4＋连接方式B：直流充电只能采用这种方式，在运营的充电站、公用充电桩可以看到，如图1-3-14所示。直流充电的充电速度很快，国标中要求充电电流最大可以达到250A，电压最高达到1000V。

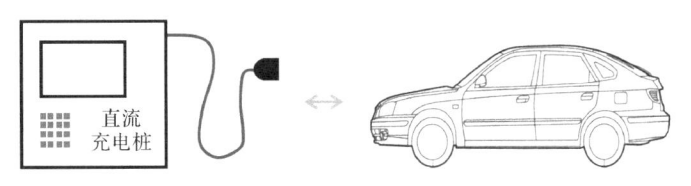

图1-3-14　充电模式4＋连接方式B

三、交流充电系统

1. 交流充电系统的组成

交流充电系统的部件主要有车载充电机、交流充电插座（交流充电插座线束）、充电线、交流充电桩或220V交流电源和车辆控制器（整车控制器、电池管理系统）等。交流电通过标准充电插头和充电插座进入车载充电机，车载充电机把交流电转换为直流电，给动力电池充电，完成基本的交流充电。交流充电插座和车载充电机固定在车辆上，交流充电桩固定在停车场。各部件的作用如下。

1）车载充电机

车载充电机（见图 1-3-15）是指固定安装在电动汽车上，将公共电网的电能转换为车载储能装置所要求的直流电，并给车载储能装置充电的装置。

2）交流充电插座

交流充电插座（见图 1-3-16）是标准件，是车辆连接外部电网的接口，其接口有 2 个信号回路、1 个接地回路、1 个中性线回路和 3 个相线回路，共 7 个接口，各接口定义如表 1-3-1 所示。

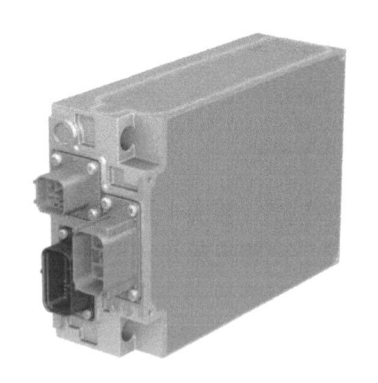

图 1-3-15　车载充电机　　　　图 1-3-16　交流充电插座

表 1-3-1　交流充电插座接口信息表

接口标识	名称	定义	作用
L1、L2、L3	相线	交流电源的相线	连接交流电源的相线
N	中性线	交流电源的中性线	连接交流电源的中性线
PE	地线	充电设备和车身的地线	当车辆发生漏电故障时，可以将漏电电流导向大地，从而避免电击事故的发生
CC	连接确认线	充电接口和供电接口连接状态识别信号	反映充电插头连接到车辆上的状态或者供电插头连接到充电设备上的状态
CP	控制引导线	充电桩与车辆之间的控制引导线	用于电动汽车和电动汽车供电设备之间信号传输或通信的电路

3）车辆控制器

车辆控制器实时监测车辆的状态，并发出控制指令给车载充电机，使其开始工作或停止工作，控制其工作电流和电压等，是控制车辆充电的大脑。

4）充电模式 2 充电线

充电模式 2 充电线是连接外部电网和车辆的充电线，直接给车载充电机提供 220V AC 电源，俗称便携式充电枪，由供电插头、缆上控制与保护装置，以及与车辆相连的充电插头组成，如图 1-3-17 所示。充电线上的功能盒可检测车辆和电网状态，连接或断开给车辆供电，具有一定的保护功能。根据标准，充电模式 2 充电线输入的充电电流限制在 13A 以内，输入电压为 220V AC，所以采用充电模式 2 充电线充电时，充电时间较长。便携式充电枪功能盒有 4 个标识，它们的含义如下。

（1）"🗲"（插头）标识代表电源连接。

（2）"⚡"（闪电）标识代表正在充电。

（3）"🔧"（扳手）标识代表出现故障。
（4）"✓"（对号）标识代表充电结束。

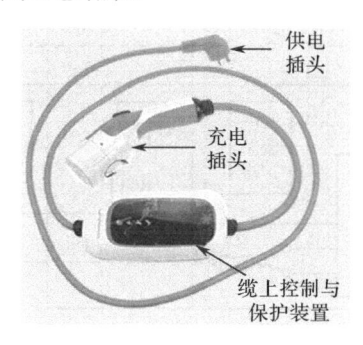

图 1-3-17　充电模式 2 充电线

5）交流充电桩

交流充电桩也是车辆连接外部交流电网的部件，具有监测车辆和电网状态、连接或断开给车辆供电的功能。根据安装位置的不同，交流充电桩可分为壁挂式交流充电桩和落地式交流充电桩，如图 1-3-18 所示。交流充电桩的供电电压有 220V 和 380V 两种，根据充电桩的输出功率而定。当交流充电桩的输出电流大于 32A 时，供电电压必须采用 380V AC。因此，采用交流充电桩充电时，充电功率较大，即充电时间会缩短。

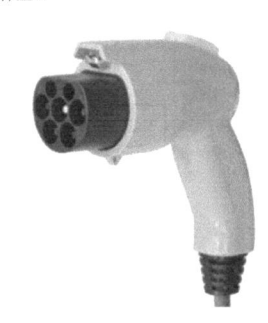

（a）壁挂式交流充电桩　　（b）落地式交流充电桩　　（c）交流充电枪

图 1-3-18　交流充电桩与交流充电枪

2. 交流充电系统的控制引导电路

使用便携式充电枪进行交流充电时，交流充电系统的控制引导电路如图 1-3-19 所示，使用交流充电桩进行交流充电时，交流充电系统的控制引导电路如图 1-3-20 所示。交流充电系统的控制引导电路由供电控制装置，接触器 K1 和 K2，电阻 R1、R2、R3、R4、RC，开关 S1、S2、S3，车载充电机，以及车辆控制器等组成。其中，车辆控制器可以集成在车载充电机或其他车载控制单元中。

电阻 R4、RC 安装在充电插头上。开关 S1 为供电设备内部开关，开关 S2 为车辆内部开关，开关 S3 为充电插头的内部常闭开关，与插头上用于触发机械锁止装置的下压按钮联动，按下按钮解除机械锁止功能的同时，使开关 S3 处于断开状态。

在充电接口和供电接口完全连接，并且配置了电子锁的接口被完全锁止后，若车载充电机自检测完成后无故障，并且电池组处于可充电状态，则开关 S2 闭合。

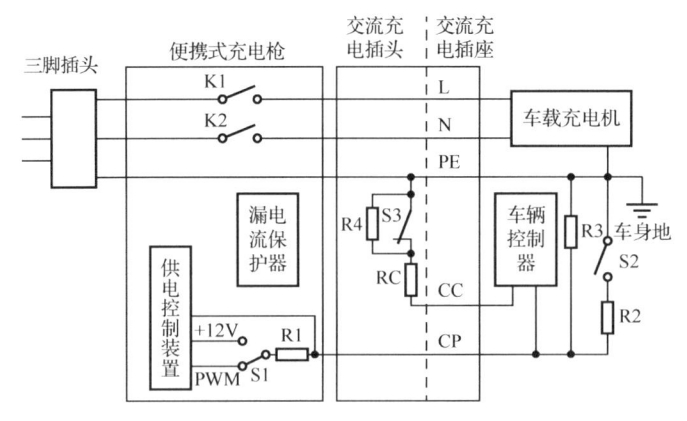

图 1-3-19 交流充电系统的控制引导电路（使用便携式充电枪时）

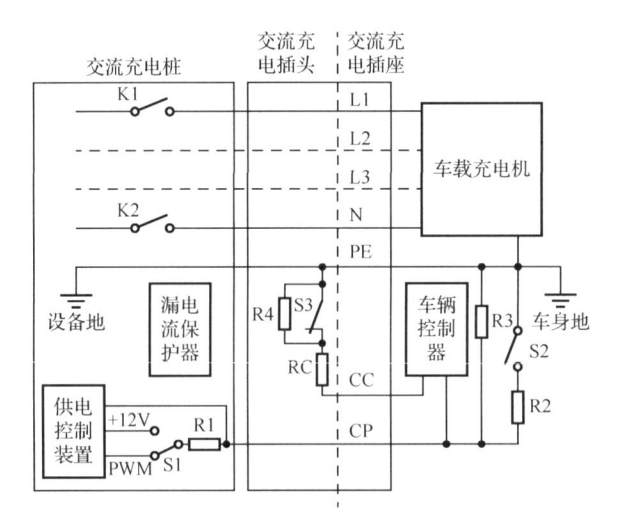

图 1-3-20 交流充电系统的控制引导电路（使用交流充电桩时）

3．交流充电系统的控制策略

（1）车载充电机检测 CC 和 CP 信号，车载充电机可根据 CC 信号判断充电线的容量，根据 CP 信号判断供电设备的供电能力。

（2）在车辆处于休眠或停车状态时，若充电插头插上充电插座，则车载充电机检测到 CC 或 CP 信号，自唤醒。

（3）车载充电机自唤醒后唤醒整车控制器和电池管理系统。

（4）整车控制器和电池管理系统被唤醒后，开始进入交流充电模式，并监测车辆状态，即监测车辆是否有故障、电池是否满电等。

（5）车载充电机反馈充电线状态和供电设备信息给电池管理系统。

（6）电池管理系统根据车载充电机反馈的信息和车辆的状态，发送开始充电或停止充电指令给车载充电机。

（7）供电控制装置通过 CP 信号判断车辆状态，连接或断开接触器 K1 和 K2，即连接或断开交流电的输入。

（8）车载充电机根据接收到的指令，开始工作或停止工作，给车辆充电或停止充电进入休眠状态。

四、直流充电系统

1. 直流充电系统的组成

直流充电系统的部件主要有直流充电插座（直流充电插座线束）、车辆控制器（整车控制器、电池管理系统）和直流充电桩等。其中，直流充电插座固定在车辆上，直接连接动力电池，直流充电桩固定在停车场，各部件的作用如下。

1）直流充电插座

直流充电插座（见图1-3-21）是标准件，是车辆连接外部电网的接口，它有1个CAN通信回路（2个接口）、1个低压辅助供电回路（2个接口）、2个信号回路、1个接地回路和1正1负的2个高压回路，共9个接口，各接口定义如表1-3-2所示。

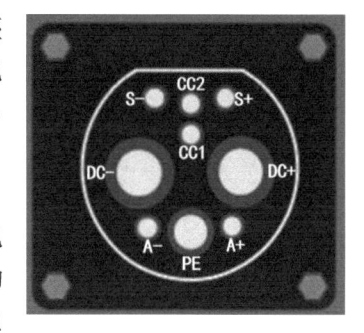

图1-3-21 直流充电插座

表1-3-2 直流充电插座接口信息表

接口标识	名称	定义	作用
S-	充电通信-	快充CAN-L	与电池管理系统及数据采集终端通信
S+	充电通信+	快充CAN-H	与电池管理系统及数据采集终端通信
CC1	充电连接确认	快充连接确认	充电桩检测快充口与车辆的连接状态
CC2	充电连接确认	快充连接确认	电池管理单元检测快充口与车辆的连接状态
DC-	高压负极	直流电源负极	充电桩为动力电池提供的直流高压负极
DC+	高压正极	直流电源正极	充电桩为动力电池提供的直流高压正极
A-	低压负极	低压辅助电源负极	充电桩为电动汽车提供的低压辅助电源的负极
A+	低压正极	低压辅助电源正极	充电桩为电动汽车提供的低压辅助电源的正极
PE	接地	保护接地	充电桩和车身地线

2）车辆控制器

车辆控制器实时监测车辆的状态，并发出控制指令给直流充电桩，使其开始工作或停止工作，控制其输出电流和电压等，是控制车辆充电的大脑。

3）直流充电桩

直流充电桩（见图1-3-22）是一个大功率的非车载充电机，把380V交流电转换为直流电后，通过充电插头和充电插座连接，直接给动力电池充电，其工作功率比较大，因此大大缩短了充电时间。

2. 直流充电系统的控制引导电路

图1-3-23所示为直流充电系统的控制引导电路，包括直流充电桩控制器，电阻R1、R2、R3、R4、R5，开关S，直流供电回路接触器K1和K2，低压辅助供电回路（电压：12×(1±5%)V，电流：10A）接触器K3和K4，充电回路接触器K5和K6，以及车辆控制器等。其中，车辆控制器可以集成在电池管理系统中，电阻R2和R3安装在充电插头中，电阻R4安装在充电插座中。开关S为充电插头的内部常闭开关，与充电插头上的下压按钮（用于触发机械锁止装置）联动，按下按钮解除机械锁止功能的同时，使开关S处于断开状态。在整个充电过程中，直流充电桩控制器应能监测接触器K1、K2、K3、K4的状态并控制其接通及关断。电动汽车车辆控制器应能监测接触器K5、K6的状态并控制其接通及关断。

（a）直流充电桩　　　　　　　　　　　　　（b）直流充电枪

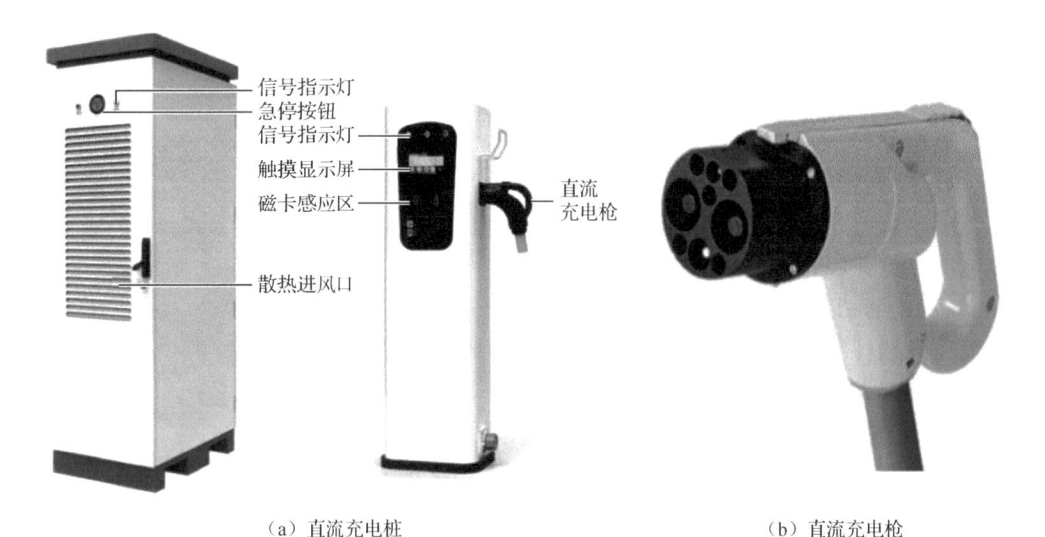

图 1-3-22　直流充电桩与直流充电枪

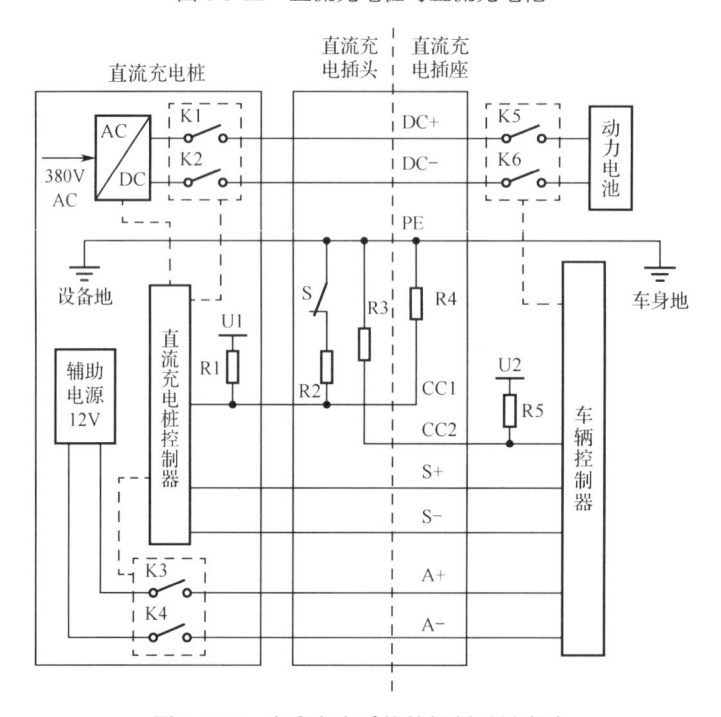

图 1-3-23　直流充电系统的控制引导电路

3．直流充电系统的控制策略

（1）电池管理系统检测 CC2 信号，并通过 S+和 S-信号与直流充电桩进行信息交互。

（2）在车辆处于休眠或停车状态时，若直流充电插头和直流充电插座插合时，则电池管理系统检测到 CC2 信号，自唤醒。

（3）电池管理系统自唤醒后唤醒整车控制器，车辆进入直流充电模式。

（4）直流充电桩通过检测 CC1 信号，判断充电插座和充电插头是否插合完全。

（5）电池管理系统和直流充电桩进行信息交互。

（6）电池管理系统根据直流充电桩反馈的信息和车辆状态进行判断，发送开始充电或停止充电指令给直流充电桩。

（7）直流充电桩根据 CC1 信号和电池管理系统反馈信息，执行充电或停止充电操作。

（8）当充电完成或停止充电后，整车进入休眠状态，减少能量的消耗。

五、车载充电机

1．车载充电机的要求

（1）与电网安全连接后，可以防范产品在失效情况下产生电气风险。

（2）在产品全生命周期内可靠运行，并可降低谐波对电网电源质量的影响。

（3）高能效，降低车辆充电费用。

（4）产品体积、结构满足整车系统集成要求。

（5）功率密度高，价格成本低。

2．车载充电机的工作流程

（1）交流供电。

（2）低压辅助上电唤醒整车控制器。

（3）电池管理系统检测充电需求。

（4）电池管理系统给车载充电机发送工作指令并闭合继电器。

（5）车载充电机开始工作，进行充电。

（6）电池管理系统检测充电完成后给车载充电机发送停止充电指令。

（7）车载充电机停止工作。

（8）动力电池断开继电器。

3．车载充电机的工作原理

车载充电机内部由主电路、控制电路、线束和标准件组成。如图 1-3-24 所示，220V 的正弦交流电通过慢充口进入车载充电机后，首先转换为直流电，其次直流电进行升压与转换成为恒压恒频交流电，再次通过变压器升压，最后经整流后成为满足动力电池充电需求的直流电。

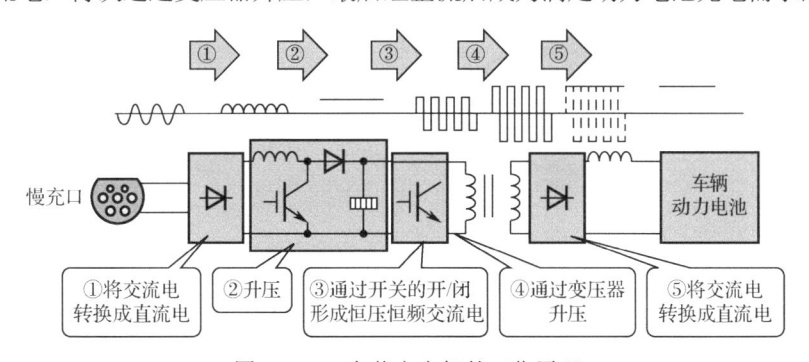

图 1-3-24　车载充电机的工作原理

4．车载充电机的充电控制策略

如图 1-3-25 所示，微型新能源汽车的车载充电机的充电控制策略通常为预充电→恒流充电→涓流（恒压）充电→充电结束。预充电过程不是每次充电时都会使用，当电池单体电压低于 2.7V 时，如果直接进入恒流充电模式，则会损害电池，此时自动开启预充电模式，电压升高至一定值以后转为恒流充电模式。恒流充电是指以恒定的电流充电至 70%～80%的电池电量，此时电压达到最高限制电压，然后转为涓流充电模式。涓流充电是指以 30%的时间充入 10%的电池电量，之后充电过程结束。

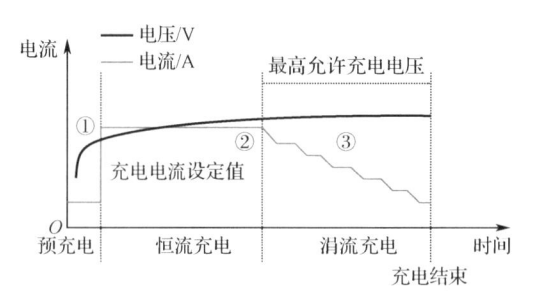

图 1-3-25　车载充电机的充电控制策略

任务实施

一、五菱宏光 MINIEV 汽车充电系统的检查与维护

1．充电口盖开关状态检查
按压充电口盖右端，观察充电口盖是否正常弹出；合上充电口盖，观察其是否正常闭合。

2．检查充电口
（1）观察充电口是否出现异物、裂纹、老化、变形、腐蚀等现象。
（2）使用绝缘电阻测试仪检测端子 L1、L2、L3、N 与车身之间的绝缘电阻，绝缘电阻应大于 1MΩ。

3．检查电子锁是否正常
如图 1-3-26 所示，五菱宏光 MINIEV 汽车充电口盖后方设置有电子锁，其主要功能是防盗，检查方法如下。

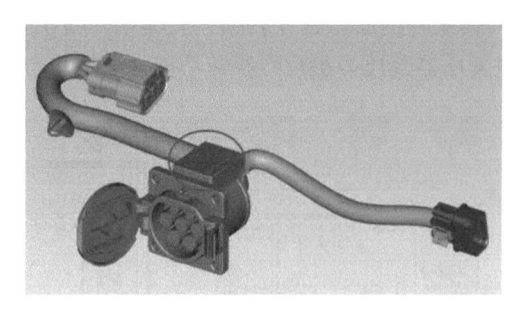

图 1-3-26　五菱宏光 MINIEV 汽车充电口盖电子锁

（1）将便携式充电枪连接充电口并锁上车门后，拔便携式充电枪，此时便携式充电枪应无法拔出。
（2）解锁车门后，再拔便携式充电枪，此时便携式充电枪应可以拔出。
（3）在不解锁车门的情况下，拉动解锁拉绳，此时便携式充电枪应可以拔出。

4．充电线及充电插头检查
（1）检查充电线外观有无裂纹、破损等情况。
（2）检查充电插头有无裂纹、破损等情况。
（3）检测充电线各端口之间的绝缘电阻，应大于 1MΩ。

5．充电测试

（1）确保手刹拉起，将便携式充电枪的供电插头连接到可靠接地的220V/16A交流电源上。

（2）按下便携式充电枪的开关，将充电插头插入充电插座，确保连接正常后，松开便携式充电枪的开关。

（3）观察便携式充电枪指示灯，应显示充电状态。

（4）观察仪表盘，应显示充电状态。

二、五菱宏光MINIEV汽车充电系统的故障检测与维修

1．五菱宏光MINIEV汽车充电系统常见故障现象

五菱宏光MINIEV汽车充电系统常见故障现象有无法充电（无法识别充电枪）和充不进电（已经识别充电枪，但充不进电）两种情况。

2．五菱宏光MINIEV汽车充电系统常见故障原因

五菱宏光MINIEV汽车充电系统常见故障原因有：电子手刹故障、交流电源故障、供电设备故障（交流充电桩或便携式充电枪）、低压电路故障、低压蓄电池电压过低、CC信号电路故障、CP信号电路故障、高压配电盒故障、CAN网络故障、整车控制器故障、动力电池供电系统故障、车载充电机故障、高压绝缘故障、高压互锁故障。

3．五菱宏光MINIEV汽车充电系统故障诊断流程

（1）观察相应数据流选项。如图1-3-27所示，观察充电系统相关数据流，并通过数据流分析故障原因。

数据项	值	单位
充电装置输入电压	4.10	V
充电装置输入电流	2.00	A
充电机高压端实时输出电压	314.50	V
充电机高压端实时输出电流	0.50	A
充电装置温度	32.00	℃
充电装置状态	待机	
热敏电阻1	0	Ω
热敏电阻1温度	19.00	℃
热敏电阻2	0	Ω
热敏电阻2温度	20.00	℃
充电连接信号阻值	0	Ω
充电连接引导占空比	0	%
电子锁状态	解锁	
电子锁控制	解锁	

图1-3-27　五菱宏光MINIEV汽车充电系统相关数据流

（2）检查手刹开关是否正常。可以通过仪表盘检查拉起手刹时仪表盘中手刹拉起指示灯是否亮起来判断。如果该指示灯能正常点亮，说明手刹开关正常。

（3）检查便携式充电枪或交流充电桩220V交流电源是否正常。可以通过便携式充电枪或者交流充电桩上的电源指示灯来判断，如果电源指示灯点亮，说明220V交流电源正常。也可以通过万用表测量电源插座电压来判断。特别注意，如果电源插座地线未接，充电也无法启动。

（4）检查便携式充电枪或交流充电桩是否正常。可以通过换一个交流充电桩或者便携式充电枪充电来判断。

（5）检查低压蓄电池电量是否过低。可以通过开大灯、按喇叭或测量蓄电池电压的方法来判断。

（6）检查CC信号线路是否正常。可以通过在车辆充电插座处测量CC端子与车身搭铁点

之间的电压来判断。

（7）检查 CP 信号线路是否正常。可以通过在车辆充电插座处测量 CP 端子与车身搭铁点之间的电压来判断。

（8）检查高压配电盒内熔断器或线路是否正常。可以通过检查测量高压配电盒内熔断器或线路是否正常来判断。

（9）检查 CAN 网络是否正常。可以通过诊断仪查看相关模块的通信情况来判断。

（10）检查整车控制器及电源接地电路是否正常。可以通过诊断仪查看其通信情况，并用万用表检查其电源和接地电路。

（11）检查动力电池供电系统是否正常。在打开点火开关的状态下观察仪表盘上的动力电池故障指示灯是否点亮，如果点亮，则通过诊断仪读取相应的故障代码，按照故障代码提示信息，进行相关的检查。

（12）检查高压系统绝缘性能是否正常。可以通过绝缘表测量高压线路和元件对车身的阻值来判断，也可以通过隔离相关部件的方法来判断。

（13）检查高压互锁是否正常。可以通过利用万用表测量电阻或电压的方法来判断。

任务考评

本任务内容的考核与评分如表 1-3-3 所示。

表 1-3-3 考核与评分表

考核内容	考核要求	评分标准	配分	得分 自评	得分 互评	得分 教师评
1. 车辆基本检查	（1）正确放置车轮挡块； （2）正确安装座椅套、方向盘套、手刹套、脚垫； （3）正确检查蓄电池电压	错误一处扣 5 分	20			
2. 车辆基本信息检查	准确记录车辆基本信息	错误一处扣 5 分	10			
3. 充电系统部件识别	（1）正确识别充电系统各部件； （2）准确描述各部件的功用； （3）准确描述充电系统电流流向	错误一处扣 3 分	10			
4. 充电系统的检查与维护	（1）正确检查充电口盖开关状态； （2）正确检查充电口； （3）正确检查电子锁是否正常； （4）正确检查充电线及充电插头； （5）正确进行充电测试	错误一处扣 2 分	20			
5. 充电系统的故障检测与维修	（1）准确识读电路图； （2）准确读取故障代码； （3）准确观察数据流； （4）正确检测相关元件； （5）科学制定维修方案； （6）维修措施合理	错误一处扣 3 分	30			

续表

考核内容	考核要求	评分标准	配分	得分 自评	得分 互评	得分 教师评
6. 职业素养	（1）学习态度：积极主动参与学习； （2）团队合作：与小组成员一起分工合作，不影响学习进度； （3）现场管理：服从工位安排、执行实训室管理规定	不足之处扣 3 分	10			
7. 安全文明生产	自觉遵守安全文明生产规程	违反一项规定扣 5 分				
合计	—	—	100			
操作时间	开始时间：	结束时间：		实际用时：		

任务 4　电机驱动系统检测与维修

学习目标

1. 能描述新能源汽车驱动系统的组成部件与作用。
2. 能描述新能源汽车驱动系统的工作原理。
3. 能描述驱动电机的类型、性能要求和技术参数。
4. 能描述直流电机、交流感应电机、永磁同步电机和开关磁阻电机的结构、工作原理及特点。
5. 能简述电机传感器的工作原理。
6. 能描述电机控制器的工作原理。
7. 能检查、维护与维修电机驱动系统。

任务分析

新能源汽车以电机代替传统汽车的内燃机，改由电机驱动并且不需要换挡变速装置，具有结构简单、操纵方便、噪声小、运行可靠等特点。电机驱动系统是新能源汽车行驶中的主要执行机构，驱动电机及其控制系统是新能源汽车的核心部件之一，其驱动特性决定了新能源汽车行驶的主要性能指标。准确地描述电机驱动系统的类型、结构，准确地识别电机驱动系统的部件，精准地进行电机驱动系统的基本检查、维护与维修，规范地拆装电机驱动系统，是新能源汽车检修专业技能型人才不可或缺的知识与技能。

任务准备

一、新能源汽车驱动系统的组成

新能源汽车驱动系统包括电机驱动系统、机械传动机构、冷却机构三个部分。

1. 电机驱动系统

电机驱动系统的主要作用是把动力电池的电能转换为机械能，产生驱动转矩，驱动车辆行驶并实现车辆的前进、后退、改变车速、停车、能量回收等功能。电机驱动系统主要由驱动电机、整车控制器（VCU）、电机控制器（MCU）、电机温度传感器、电机转速位置传感器（旋变传感器）、加速踏板位置传感器（APS）、制动踏板行程传感器、制动开关、挡位开关等构成。电机驱动系统的基本组成框图如图1-4-1所示。

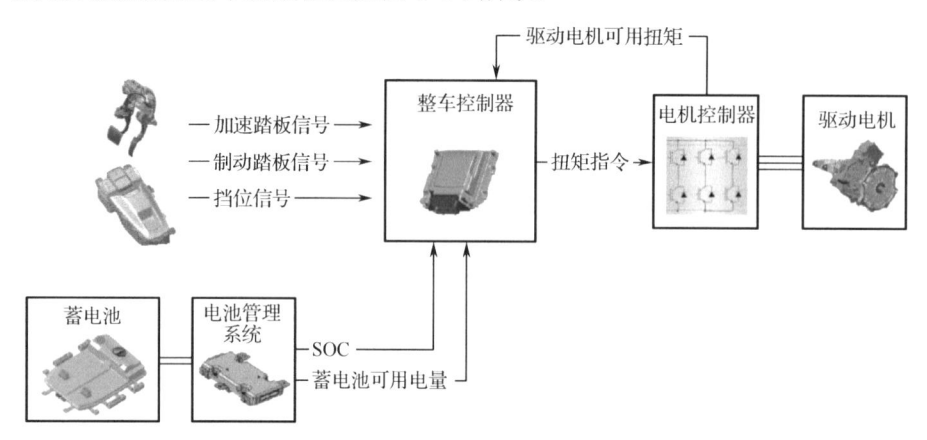

图1-4-1 电机驱动系统的基本组成框图

1）驱动电机

驱动电机是新能源汽车驱动系统的核心部件，它直接影响车辆动力性、经济性和舒适性。在新能源汽车上，驱动电机替代了传统汽车的发动机和发电机，它可以将动力电池系统的电能转换为机械能驱动新能源汽车行驶，也可以作为发电机将机械能转换为电能，并储存在动力电池内。它由定子、转子和壳体组成。

2）整车控制器

整车控制器根据加速踏板、制动踏板、挡位等信号通过CAN网络向电机控制器发送指令，实时调节驱动电机的转矩输出，以实现整车的怠速、加速、能量回收等功能。

3）电机控制器

电机控制器能对自身温度、驱动电机的运行温度和转子位置进行实时监测，并把相关信息传递给整车控制器，进而调节水泵和冷却风扇工作，使驱动电机保持在理想温度下工作。

4）电机温度传感器

电机温度传感器用来检测驱动电机的温度并将该信号传送给电机控制器。电机控制器根据收到的信号保护驱动电机，以避免电机过热而损坏。

5）旋变传感器

旋变传感器检测电机转子位置，经过电机控制器内旋变解码器解码后，电机控制器可获知电机当前转子位置，从而控制相应的IGBT（绝缘栅双极型晶体管）功率管导通，按顺序给定子的三个线圈通电，驱动电机旋转。

6）加速踏板位置传感器

加速踏板位置传感器集成在加速踏板上，其作用是检测加速踏板的行程，并将该信号传送给整车控制器，以反映驾驶员的驾驶意图。

7）制动踏板行程传感器和制动开关

制动踏板行程传感器和制动开关用来检测驾驶员踩下制动踏板的程度，并将该信号传送给整车控制器。

8）挡位开关

挡位开关用来向整车控制器发送挡位信息，微型新能源汽车挡位开关有"D（前进）"、"R（后退）"、"N（空挡）"、"P（驻车，部分车型配置）"和"充电"5个或其中一部分挡位。

2．机械传动机构

机械传动机构的作用是将驱动电机的驱动转矩传输给驱动轴，从而带动车轮行驶。由于驱动电机本身具有较好的调速特性，其变速机构可被大大简化，通常为放大驱动电机的输出转矩，仅采用一种固定的减速装置。由于驱动电机可以容易地实现正反向旋转，所以无须通过变速器中的倒挡齿轮组来实现倒车。

3．冷却机构

冷却机构的作用是带走驱动电机和电机控制器在驱动与回收能量的工作过程中由于损耗而形成的向外发散的热量，从而保证驱动电机和电机控制器在一个合理的温度范围内安全可靠地运行。

二、新能源汽车驱动系统的工作原理

新能源汽车驱动系统的工作状况可分为驱动车辆行驶、能量回收、热量管理与保护三种。

1．驱动车辆行驶

驾驶员选择 D 或 R 挡位并踩下加速踏板后，挡位信息和加速信息通过信号线传递给整车控制器，整车控制器把驾驶员的操作意图通过 CAN 总线传递给电机控制器。电机控制器将动力电池的高压直流电转换为驱动电机的高压三相交流电，使驱动电机产生力矩，并通过传动装置将驱动电机的旋转运动传递给车轮，驱动汽车行驶，如图 1-4-2 所示。

图 1-4-2　车辆行驶时驱动系统动力、电力传输示意图

注意，驱动电机有正转和反转两种方式，正转时向前行驶，反转时倒车。

2．能量回收

驱动系统不仅可以驱动车辆行驶，而且可以进行能量回收。当车辆在制动、缓慢减速时，整车控制器向电机控制器发出相应指令，电机控制器控制驱动电机使其处于发电状态，驱动电机利用车辆动能发电，通过电机控制器将三相交流电整流成直流电，回收能量并存入动力电池内，如图 1-4-3 所示。

图 1-4-3 能量回收时驱动系统动力、电力传输示意图

3．热量管理与保护

为避免驱动电机在工作过程中温度过高，部分新能源汽车采用了液冷系统，电机冷却循环水管中的冷却液可将多余的热量带走，使驱动电机保持在正常的工作温度范围内。如果驱动电机温度过高，整车控制器将采取限制驱动电机输出功率甚至使驱动电机停机的方式来保护驱动电机，以防驱动电机损坏。

三、驱动电机

1．驱动电机的类型

目前，新能源汽车的驱动电机的类型主要有直流电机（DCM）、交流感应电机（IM）、永磁同步电机（PM）、开关磁阻电机（SRM）4 类。其中，微型新能源汽车主要采用的是永磁同步电机。各驱动电机的性能比较如表 1-4-1 所示。

表 1-4-1 各驱动电机的性能比较

项目	直流电机	交流感应电机	永磁同步电机	开关磁阻电机
功率范围	大	大	小	很大
功率密度	低	中	高	较高
峰值效率	85%～89%	94%～95%	95%～97%	<90%
转速范围	较大	较大	大	很大
最高转速/（r/min）	6000	15000	10000	>15000
转矩/电流比	中	中	高	高
质量	大	中	小	小
外形尺寸	大	中	小	小
可靠性	一般	好	优秀	好
调速控制性能	最好	好	好	好
电机控制器成本	低	高	高	一般

2．微型新能源汽车对驱动电机基本性能的要求

微型新能源汽车所用的驱动电机与一般工业用电机不同，应具有调速范围大、启动转矩大、后备功率高、效率高的特性，此外，还要求可靠性好、耐高温及耐潮湿、结构简单、成本低、维护简单、适合大规模生产等。微型新能源汽车对驱动电机基本性能的具体要求如下。

（1）结构紧凑、尺寸小，满足微型新能源汽车整车空间布置要求。

（2）质量小，尽量减小整车的质量。

（3）可靠性好、失效模式可控，以保证乘车人的安全。

（4）能提供精确的力矩控制，动态性能较好。

（5）效率高，功率密度较高。要保证在较大的转速范围和转矩范围内都有很高的效率，以降低功率损耗，提高一次充电的续驶里程。

（6）成本低，以降低车辆生产的整体费用。

（7）调速范围大。驱动电机应包括恒定转矩区和恒定功率区。低速运行输出的恒定转矩大，以满足汽车快速启动、加速、负荷爬坡等要求；高速运行输出恒定功率，有较大的调速范围，以满足平坦的路面、超车等高速行驶的要求。

（8）瞬时功率大，过载能力强。要保证汽车具有4～5倍的过载能力，以满足短时间内加速行驶与最大爬坡的要求。

（9）环境适应性好。要适应汽车本身行驶的不同区域环境，即使在较恶劣的环境中也能够正常工作，具有良好的耐高温、耐潮湿性能。

（10）制动再生效率高。在汽车减速时，能够实现反馈制动，将能量回收并反馈回电池，使得汽车具有最佳能量利用率。

（11）结构简单，适合大批量生产，运行时噪声小，使用和维修方便。

3．驱动电机的技术参数

（1）基速。

基速是指电机的额定转速。当电机励磁绕组中通入额定的励磁电压或励磁电流时，且电机带的负载为额定值，这时电机转速为基速。

（2）额定功率。

额定功率是指电机在额定运行（额定电压、额定频率、额定负载）条件下，转轴上输出的机械功率。

（3）峰值功率。

峰值功率就是当负载突然变化时，电机短时间内能产生的最大功率。

（4）额定转矩。

额定转矩是指在额定条件下运行的电机在轴端输出的转矩。

（5）峰值转矩。

峰值转矩是电机输出的最大转矩，在转矩曲线上为最高点。

（6）防护等级。

防护等级采用国际电工委员会（IEC）推荐的IP××等级标准。IP是Ingress Protection Rating（或者International Protection Code）的缩写，它定义了一个界面对液态和固态微粒的防护能力。IP后面有2位数字，第1位数字是固态防护等级，范围是0～6，表示对从大颗粒异物到灰尘的防护，如表1-4-2所示；第2位数字是液态防护等级，范围是0～8，表示对从垂直水滴到水底压力情况下的防护，数字越大表示能力越强，如表1-4-3所示。电动汽车高压部件的防护等级通常为IP67。

表 1-4-2　IP 防尘等级

数字	防护范围	说明
0	无防护	对外界的人或物无特殊的防护
1	防止直径大于 50mm 的固体外物侵入	防止较大尺寸（直径大于 50mm）的外物侵入，如防止人体某部位（如手掌）意外接触到电器内部的零件
2	防止直径大于 12.5mm 的固体外物侵入	防止中等尺寸（直径大于 12.5mm）的外物侵入，如防止人的手指接触到电器内部的零件
3	防止直径大于 2.5mm 的固体外物侵入	防止直径或厚度大于 2.5mm 的工具、电线及类似的小型外物侵入而接触到电器内部的零件
4	防止直径大于 1.0mm 的固体外物侵入	防止直径或厚度大于 1.0mm 的工具、电线及类似的小型外物侵入而接触到电器内部的零件
5	防止有害灰尘堆积	完全防止外物侵入，虽然不能完全防止灰尘侵入，但灰尘的侵入量不会影响电器的正常工作
6	完全防止灰尘侵入	完全防止外物及灰尘侵入

表 1-4-3　IP 防水等级

数字	防护范围	说明
0	无防护	对水或湿气无特殊的防护
1	防止水滴浸入	垂直落下的水滴（如凝结水）不会对电器造成损坏
2	倾斜 15°时，仍可防止水滴浸入	当电器由垂直倾斜至 15°时，水滴不会对电器造成损坏
3	防止喷洒的水浸入	防雨或防止与垂直的夹角小于 60°的方向所喷洒的水浸入电器而造成损坏
4	防止飞溅的水浸入	防止各个方向飞溅的水浸入电器而造成损坏
5	防止喷射的水浸入	防止至少持续 3min 的低压喷水
6	防止大浪浸入	防止至少持续 3min 的大量喷水
7	防止浸水时水的浸入	在深度达 1m 的水中防止 30min 的浸泡影响
8	防止沉没时水的浸入	在深度超过 1m 的水中防止持续浸泡影响，准确的条件由制造商针对各设备指定

四、直流电机

直流电机是指可以把直流电能转换为机械能（直流电动机）或将机械能转换为直流电能（直流发电机）的旋转电机。它作为电动机运行时是直流电动机，将电能转换为机械能；作为发电机运行时是直流发电机，把机械能转换为电能。

1．直流电机的结构

直流电机由机座、风扇、前端盖、励磁绕组、电枢绕组、电刷、换向器、后端盖、电枢铁芯、磁极等部件组成，如图 1-4-4 所示。其中，静止部分叫作定子，转动部分叫作电枢或转子。

2．直流电机的工作原理

直流电机的定子磁场是一个固定磁场，转子绕组接通直流电源后，产生一个转子磁场。当定子磁场与转子磁场相互作用时，根据同性相斥、

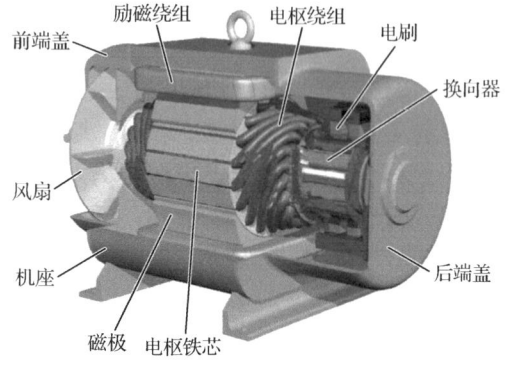

图 1-4-4　直流电机

异性相吸的电磁原理，转子绕组的一侧就会受到排斥，另一侧则会受到吸引，这样转子绕组就会在两个磁场的相互作用下开始转动。但是，由于定子磁场是固定不变的，转子绕组只能转半圈就会停止不动。如果此时采用换向器，将转子绕组中的电流方向改变，也就等同于改变了转子磁场的方向，在同性相斥、异性相吸的电磁原理作用下，转子绕组又会继续转半圈。再改变转子绕组中的电流方向，转子绕组又会转半圈。就这样周而复始，转子绕组中的电流方向总在改变，那么转子绕组就会连续旋转起来。直流电机效率低，其换向器和电刷需要定期维护，运行成本高，应用场合有限，可靠性差。直流电机的工作原理如图 1-4-5 所示。

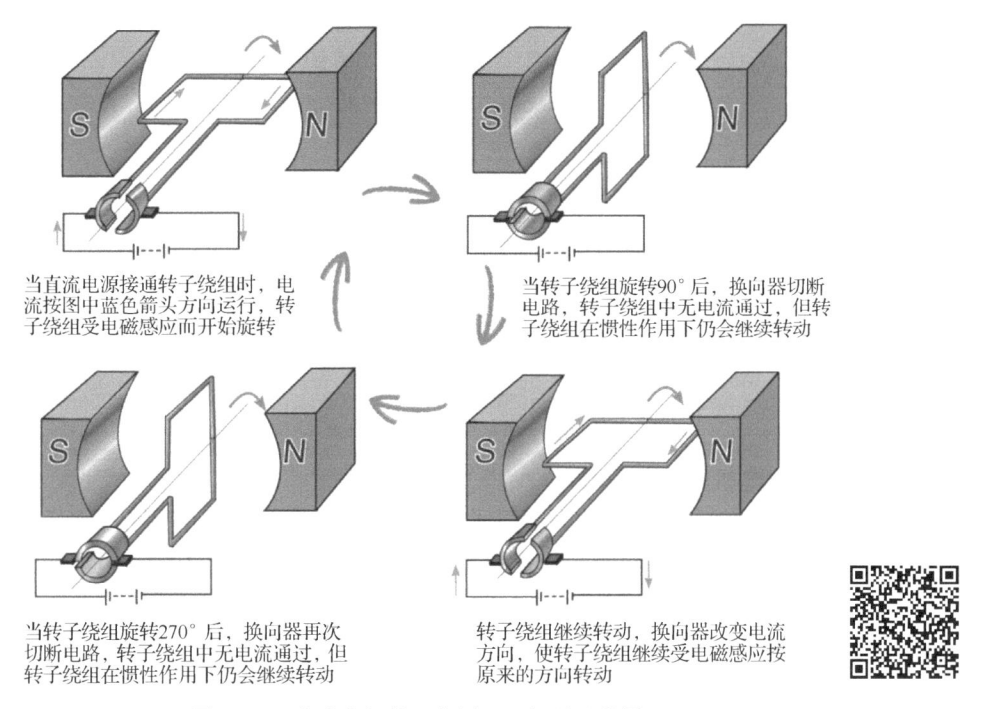

图 1-4-5　直流电机的工作原理（扫码见彩图）

3. 直流电机的特点

1）优点

直流电机的启动加速转矩大，电磁转矩控制性好，调速方便，控制装置简单，技术成熟，成本较低。

2）缺点

直流电机中存在机械换向器，当其在高速、大负荷状态下运行时，换向器表面常有火花出现，因此不宜设定太高的电机转速。长时间使用直流电机时，需要经常维护与更换换向器和电刷。因此，直流电机已经不被微型新能源汽车采用了。

五、交流感应电机

交流感应电机又称为异步电机，即将转子置于旋转磁场中，在旋转磁场的作用下，获得一个转动力矩使转子转动。

1. 交流感应电机的结构

交流感应电机主要由定子绕组、笼形转子、绕线转子、前后端盖及风扇等部件组成，如图 1-4-6 所示。

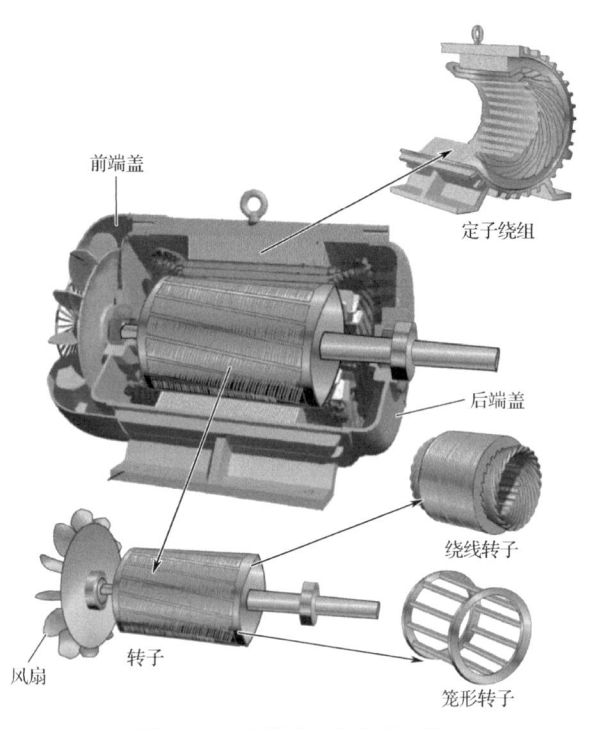

图 1-4-6　交流感应电机的结构

2．交流感应电机的工作原理

如图 1-4-7 所示，定子上缠绕的绕组通交流电后，由于交流电的特性，定子绕组产生了一个旋转的磁场。转子上的绕组是一个闭环导体，它处在定子的旋转磁场中不停地切割定子的磁感应线而产生感应电动势，从而使转子绕组中产生感应电流。转子绕组的感应电流与磁场相互作用，产生电磁转矩使转子旋转，并且电机旋转方向与旋转磁场方向相同。

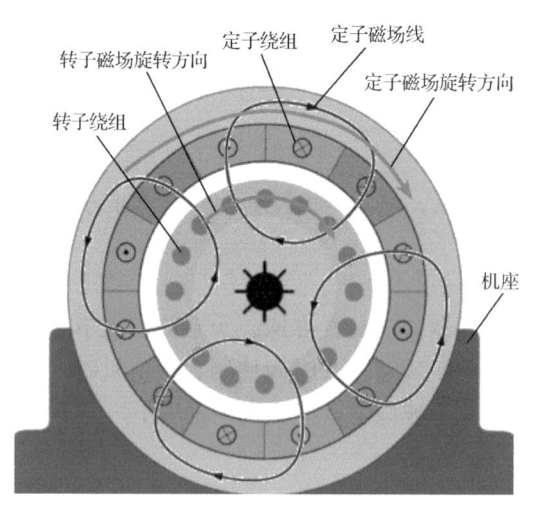

图 1-4-7　交流感应电机的工作原理

3．交流感应电机的特点

1）优点

（1）结构紧凑，坚固耐用。

（2）运行可靠，维护方便。

（3）价格低廉，体积小，质量小，环境适应性好。

（4）转矩脉动低，噪声小。

（5）功率密度低，可靠性好，无退磁现象。

（6）电机控制器短路时不会产生反电动势，也不会出现急刹车的可能性。

2）缺点

（1）功率因数小，运行时必须从电网吸收无功电流来建立磁场。

（2）控制复杂，易受电机参数及负载变化的影响。

（3）转子不易散热，调速性能差，调速范围小。

六、永磁同步电机

永磁同步电机使用永磁体代替了直流电机的磁场线圈和交流感应电机中定子的励磁体，电机转子的旋转速度与旋转磁场的旋转速度同步，所以称为永磁同步电机。

1．永磁同步电机的结构

永磁同步电机主要由端子盖、定子、永磁转子、壳体等部件组成，定子和转子之间存在气隙，防止转子转动时产生干涉。永磁同步电机最大的特点是它的定子结构与普通交流感应电机的非常相似，主要区别在于它的转子采用了由稀土材料制成的永磁体。根据在转子上安放永磁体位置的不同，永磁同步电机通常分为内嵌式、面贴式和插入式三种。永磁同步电机的结构如图1-4-8所示。

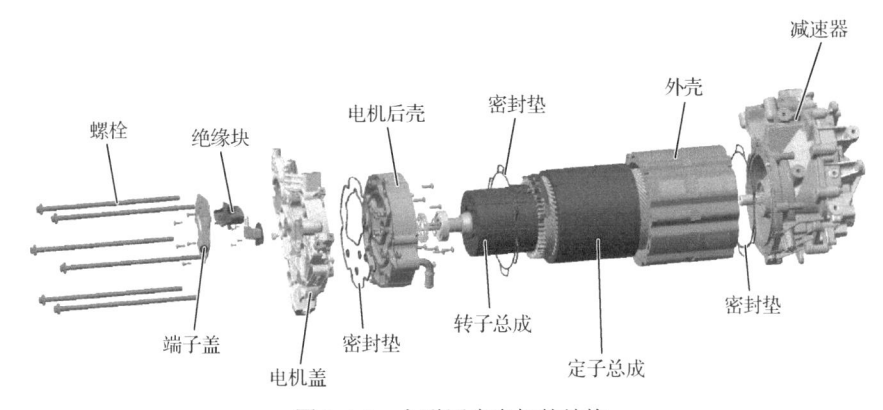

图1-4-8 永磁同步电机的结构

1）定子

定子由定子铁芯和定子绕组组成，用于产生旋转磁场。

（1）定子铁芯。

定子铁芯是电机磁路的一部分，在其上放置定子绕组。定子铁芯一般由0.35～0.5mm厚的表面具有绝缘层的硅钢片冲制、叠压而成，在铁芯的内圆冲有均匀分布的槽，用于嵌放定子绕组，如图1-4-9所示。

（2）定子绕组。

定子绕组内嵌在定子铁芯槽内，它是电机的电路部分，接入三相交流电后会产生旋转磁场。定子绕组由三个在空间互隔120°角度、对称排列的结构完全相同的绕组连接而成，三相绕

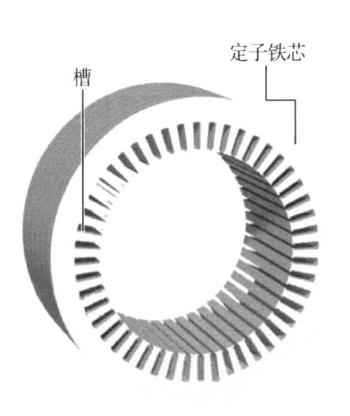

图1-4-9 定子铁芯

组有星形（Y形）连接和三角形（△形）连接两种接线方式，如图1-4-10所示。

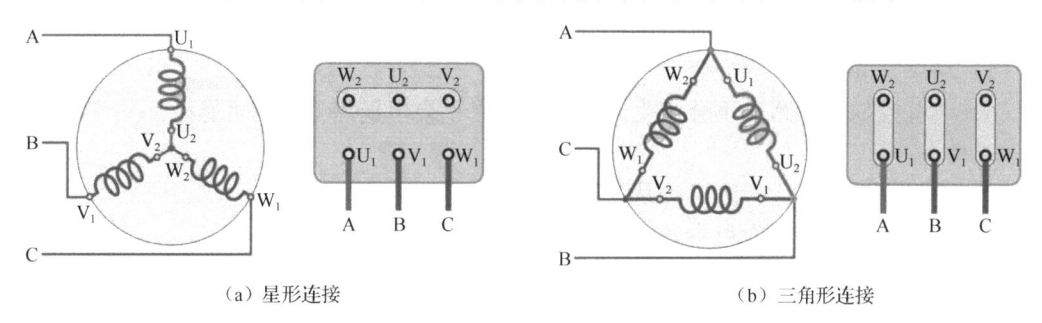

（a）星形连接　　　　　　　　　　　（b）三角形连接

图1-4-10　定子绕组的接线方式

2）永磁转子

永磁转子由转子铁芯、永磁体和转子轴组成。转子铁芯的材料与定子铁芯的材料相同，都是由导磁性良好的硅钢片冲制、叠压而成的。永磁体均匀地嵌入转子铁芯的凹槽中，在其两端通常设计有气隙或安装有隔磁材料，防止漏磁。转子上永磁体产生的磁场均匀分布在转子周围，在旋转磁场的作用下，产生转矩带动转子旋转。

2．永磁同步电机的工作原理

永磁同步电动机的工作原理是：电机控制器分别控制U相、V相和W相绕组，或者相邻绕组的通电、断电，在相应的绕组或相邻的绕组中产生磁场，永磁转子在磁场的作用下同步旋转，如图1-4-11所示。车辆减速时，永磁同步电机起到发电机的作用。永磁同步发电机的工作原理是：车辆减速时，驱动轮通过传动装置反拖永磁转子旋转，旋转的永磁转子磁场分别切割U、V、W三相定子绕组，产生三相交流电，如图1-4-12所示。

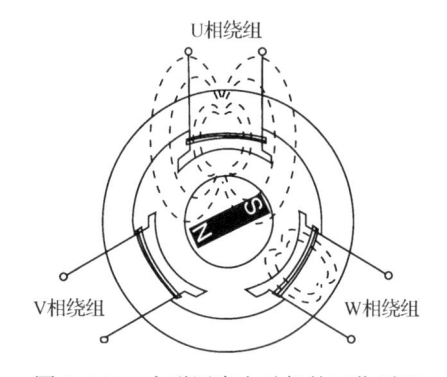

图1-4-11　永磁同步电动机的工作原理 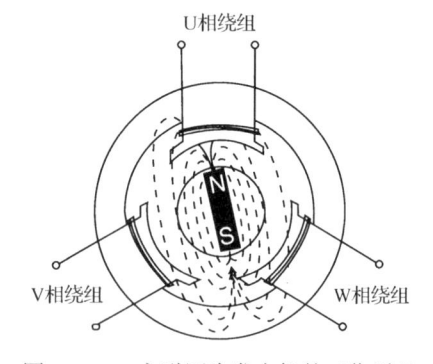　　　图1-4-12　永磁同步发电机的工作原理

3．永磁同步电机的特点

1）优点

（1）功率因数大，效率高，功率密度大，启动力矩大。

（2）结构简单，便于维护，使用寿命较长，可靠性好。

（3）调速性能好，精度高；具有良好的瞬时特性，转动惯量低，响应速度快。

（4）频率高，输出转矩大，极限转速和制动性能优于其他类型的电机。

（5）采用电子功率元件作为换向装置，驱动灵活，可控性强。

（6）形状和尺寸灵活多样，便于进行外形设计。

（7）电机的体积小、质量小。

2）缺点

（1）电机造价较高。

（2）在恒定功率模式下，操纵较为复杂，控制系统成本较高。

（3）弱磁能力差，调速范围有限。

（4）功率范围较小，受磁材料工艺的影响和限制，最大功率仅为几十千瓦。

（5）低速时额定电流较大，损耗大，效率较低。

（6）永磁材料在受到振动、高温和过载电流作用时，其导磁性能可能会下降或发生退磁现象，会降低永磁同步电机的性能，严重时还会损坏电机，在使用中必须严格控制，使其不发生过载。永磁材料磁场不可变，要想提高电机的功率，其体积会相应地增大。

（7）抗腐蚀性差，不易装配。

七、开关磁阻电机

磁阻是一个与电路中的电阻类似的概念。电流总是沿着电阻最小的路径前进；磁通总是沿着磁阻最小的路径前进。开关磁阻电机是一种连续运行的电气传动装置，其结构及工作原理与传统的交、直流电机有很大的区别。它不依靠定子、转子绕组电流所产生的磁场的相互作用（电磁原理）产生转矩，而是依靠"磁阻最小原理"产生转矩。

1. 开关磁阻电机的结构

如图1-4-13所示，开关磁阻电机的定子和转子均为凸极结构，定子和转子的齿数不等，转子的齿数一般比定子少2个。在定子齿上绕有线圈，两个位置相对的定子线圈相互串联形成一相绕组。转子由铁芯叠片而成，它上面没有线圈绕组。

2. 开关磁阻电机的工作原理

开关磁阻电机是基于磁通总是沿着磁阻最小的路径前进的原理制成的。开关磁阻电机的定子凸极上绕有集中绕组，转子凸极上没有绕组。其中，一相绕组（A相绕组）的连接情况如图1-4-14所示，当定子、转子凸极正对时，磁阻最小；当定子、转子凸极完全错开时，磁阻最大。当对B相绕组施加电流时，由于磁通总是沿着磁阻最小的路径前进，为减小磁路的磁阻，转子将沿顺时针方向旋转，直到转子凸极2与定子凸极B的中心线重合。当各电子开关依次控制A、B、C、D 4个定子绕组通电时，转子就会不断受电磁力的作用而连续旋转。如果定子绕组按D→A→B→C的顺序通电，则转子就会沿逆时针方向连续旋转。反之，如果定子绕组按B→A→D→C的顺序通电，则转子就会沿顺时针方向连续旋转。

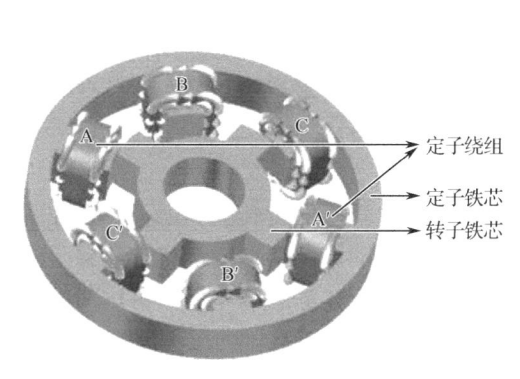

图1-4-13 开关磁阻电机的结构 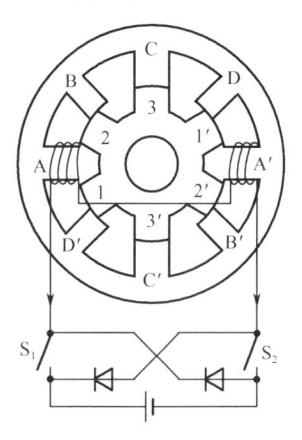　　　　图1-4-14 一相绕组（A相绕组）的连接情况

3．开关磁阻电机的特点
1）优点

（1）转子上没有滑环、绕组和永磁体等，只是在定子上有简单的集中绕组，绕组的端部较短，没有相间跨接线，结构简单，维护和修理容易。

（2）可靠性好，转速可达15000r/min，效率高达93%。

（3）损耗主要在定子，易于冷却。

（4）工艺性好，适用于高速运转，环境适应性强，电机转矩的方向与绕组电流的方向无关。

（5）适用于频繁启停，以及正反向转换运行。

（6）启动电流小，转矩大，可控参数多，调速性能好。

（7）具有较强的再生制动能力。

（8）定子和转子的材料均采用硅钢片，易于获取和回收利用。

2）缺点

（1）转矩波动大，需要位置检测器，系统具有非线性特性，磁场为跳跃式旋转磁场，控制系统复杂。

（2）对直流电源会产生很大的脉冲电流。

八、电机传感器

1．电机温度传感器

电机在工作时会发出热量，如果温度过高可能会导致电机损坏。电机温度传感器的作用是监测电机的温度，电机控制器根据该信息对电机进行控制以避免电机过热。电机温度传感器的传感元件一般采用热敏电阻，当温度变化时，其阻值会变化。电机控制器内部有一个上拉电阻，电阻上方接有5V电源，该电阻为定值电阻，模块内的定值电阻与电机温度传感器的热敏电阻形成一个串联电路，如图1-4-15所示。当电机的温度变化时，电机温度传感器的阻值就会变化，根据串联分压的原理，电机温度传感器信号线的电压也会变化。电机控制器根据信号电压的高低，就可判断电机温度的高低。

2．旋变传感器

旋变传感器安装在驱动电机内部，用来检测电机输出轴的旋转角度和速度。电机控制器利用旋变传感器产生的信号精确地控制电机的旋转方向和速度。

1）旋变传感器的结构

旋变传感器是一种输出电压随转子转角变化的传感元件，主要由传感器本体和传感器的信号靶轮组成。传感器本体有励磁绕组、正弦绕组和余弦绕组三个绕组。电机控制器按照一定频率在励磁绕组上加载交流电。正弦绕组和余弦绕组的作用是产生正弦、余弦变化的感应电压。旋变传感器的结构如图1-4-16所示。

2）工作原理

旋变传感器本质是一种利用气隙磁阻变化而输出变化信号的旋转变压器。电机控制器以一定频率的交流电压给励磁绕组供电后，依据电磁感应原理，利用气隙变化导致磁阻变化，从而使两组传感绕组随凸轮转角的变化而产生正弦和余弦变化的感应电压，将这两组电压经电机控制器解码后可获得电机输出轴的旋转角度和速度。旋变传感器的工作原理如图1-4-17所示。

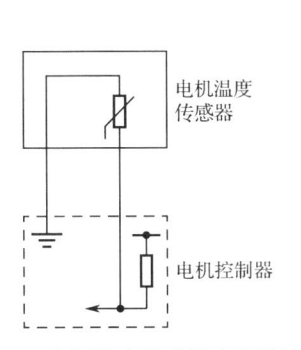

图 1-4-15　电机温度传感器电路连接示意图 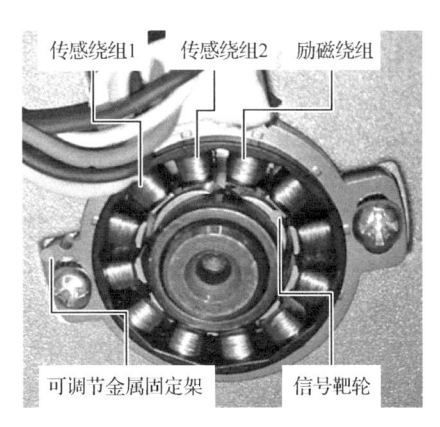　　图 1-4-16　旋变传感器的结构

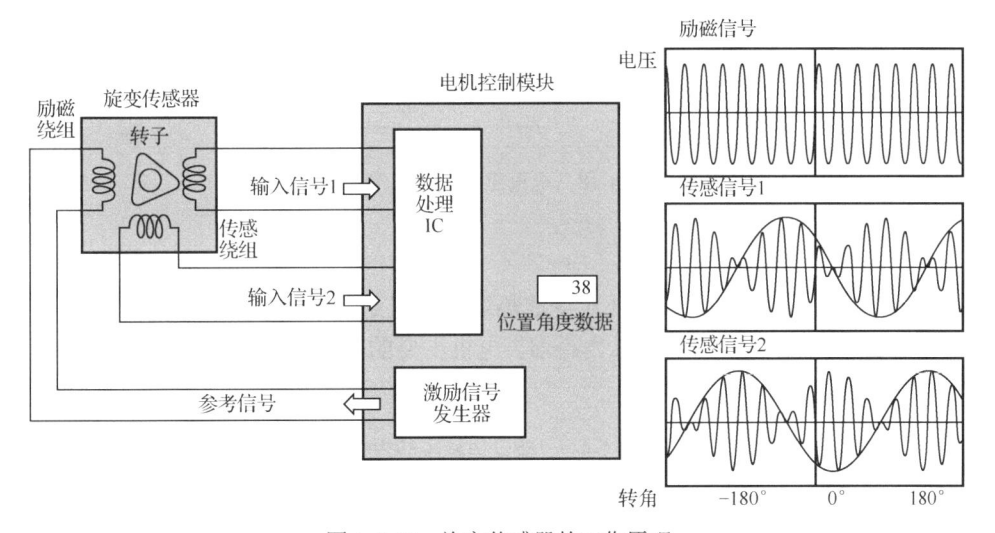

图 1-4-17　旋变传感器的工作原理

九、电机控制器

1. 电机控制器的结构

电机控制器以 IGBT 模块为核心，辅以驱动集成电路、主控集成电路，负责对电机进行驱动。IGBT 模块的作用是将高压直流电逆变为高压三相交流电。

2. 电机控制器的功能

电机控制器是电机驱动系统的控制中心，它接收整车控制器的指令对电机进行控制，有多重功能。

（1）控制汽车加速、减速与倒车。电机控制器将动力电池提供的直流电转换为交流电，并输出给驱动电机。通过电机的正转来实现整车加速、减速，通过电机的反转来实现倒车。

（2）通信和保护。电机控制器实时进行驱动电机的状态和故障检测，保护电机驱动系统和整车安全可靠运行。

（3）信号处理。电机控制器对所有的输入信号进行处理，并将电机驱动系统运行状态的信息通过 CAN 网络发送给整车控制器。

（4）故障诊断。电机控制器内含故障诊断电路。当诊断出异常时，它会激活一个错误代码，发送给整车控制器，同时会存储该故障代码和数据。

3．电机控制器的工作原理

如图 1-4-18 所示，电机控制器通过内部控制板和驱动板来控制 6 个 IGBT 元件，使直流电转换为三相交流电，驱动电机运转。同时电机控制器通过接收电机的旋变和温度信号来监控电机的工作状态。

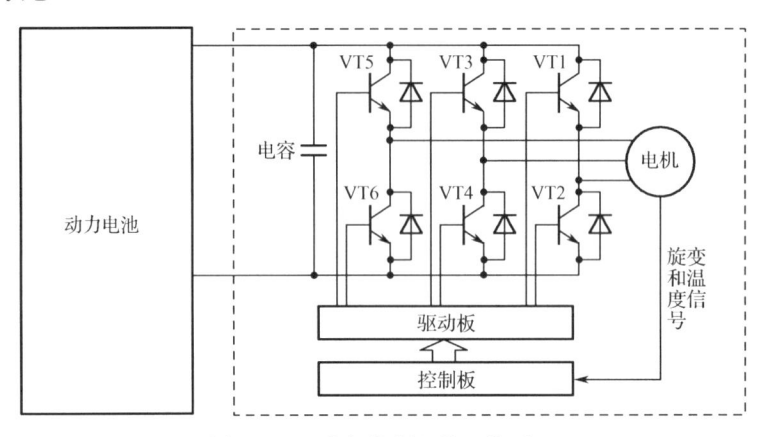

图 1-4-18　电机控制器的工作原理

十、驱动电机冷却方式

在电机工作时，总有一部分损耗转变成热量，电机必须通过机壳和周围介质不断地将热量散发出去，这个散发热量的过程称为冷却。电机主要的冷却方式有自然冷却、风冷和水冷，驱动电机冷却方式如表 1-4-4 所示。

表 1-4-4　驱动电机冷却方式

序号	类型	技术措施	优点	缺点
1	自然冷却	热量先通过电机铁芯传给机壳，再通过机壳表面传递给周围介质，其散热面积为机壳表面，为增加散热面积，机壳表面可加冷却筋	结构简单，不需要辅助设施就能实现	冷却效率低，仅适用于转速低、负载转矩小、发热量较小的电机
2	风冷	电机自带同轴风扇来形成内风路循环或外风路循环，通过风扇产生足够的风量，带走电机所产生的热量。散热介质为电机周围的空气，空气直接送入电机内，吸收热量后向周围环境排出	冷却效果好；可采用循环空气，冷却器避免产生腐蚀物和磨粒，有利于延长电机的使用寿命；结构相对简单，成本较低	在恶劣的工业环境（如高温、粉尘等）下无法使用，仅适用于清洁、无腐蚀、无粉尘环境下的电机
3	水冷	将冷却液通过管道和通路引入定子或转子空心导体内部，通过水泵驱动冷却液不断循环流动，带走电机转子和定子产生的热量，实现冷却电机的功能。为使散热器热量散发更充分，通常还在散热器后方设置风扇	冷却效果显著	需要良好的机械密封装置，结构复杂，存在渗漏隐患；水质需要处理，对电导率、硬度和 pH 值都有一定的要求

任务实施

一、五菱宏光 MINIEV 汽车电机驱动系统的维护

1. 五菱宏光 MINIEV 汽车后桥润滑油的检查与更换

1）后桥润滑油的规格

（1）润滑油油量需求：大修时用量为 1.1L，保养时用量为 1.0L。

（2）润滑油规格：API 等级 GL-5（SAE 75 W/90）。

（3）润滑油更换周期：24 个月或 20000km。

2）后桥润滑油的检查

（1）使用举升机举升车辆。

（2）清洁后桥加油螺塞周围，加油螺塞如图 1-4-19 所示。

（3）拆下加油螺塞。

（4）检查后桥齿轮油液面高度，齿轮油液面应不低于加油螺塞安装孔底部 6mm，如图 1-4-20 所示。

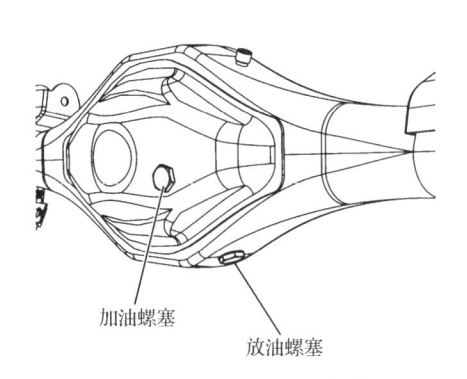

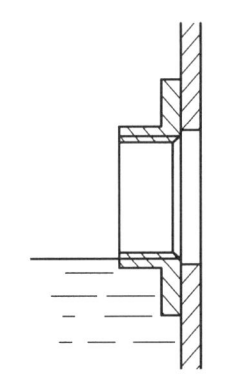

图 1-4-19　加油和放油螺塞　　　　图 1-4-20　后桥齿轮油液面高度

（5）如果油液不足，可以向后桥中加注合规格的齿轮油，直至液面到达标准位置。

（6）安装加油螺塞，并紧固至 50±10N·m。

（7）降下举升机。

3）后桥润滑油的更换

（1）使用举升机举升车辆。

（2）清洁后桥放油螺塞周围，放油螺塞如图 1-4-19 所示。

（3）拆下放油螺塞，并使用大容器接后桥流出的齿轮油。

（4）安装放油螺塞，并紧固至 60±10N·m。

（5）清洁后桥加油螺塞周围。

（6）拆下加油螺塞。

（7）向后桥中加注齿轮油，当齿轮油液面不低于加油螺塞安装孔底部 6mm 时停止加注齿轮油。

（8）安装加油螺塞，并紧固至 50±10N·m。

（9）降下举升机。

2. 五菱宏光MINIEV汽车驱动电机检查与维护

1）五菱宏光MINIEV汽车驱动电机与电机控制器的型号识别

五菱宏光MINIEV汽车驱动电机与电机控制器有多种型号，在维修中应注意识别，其型号与规格如表1-4-5所示。

表1-4-5 五菱宏光MINIEV汽车驱动电机与电机控制器的型号与规格

序号	项目	单位	指标
1	驱动电机型号	—	TZ155X020、TZ160X020、TZ160X029
2	类型	—	永磁同步电机
3	峰值功率	kW	20/29
4	峰值转矩	N·m	85/110
5	峰值转速	r/min	7500
6	驱动电机冷却方式	—	自然冷却
7	电机控制器型号	—	CT050/KTZ10X33020、HY050/KTZ10X33020、SG050/KTZ10X350SG、YBE050/KTZ12X40F029
8	控制方式	—	矢量控制方式
9	电机控制器冷却方式	—	自然冷却/风冷

2）五菱宏光MINIEV汽车驱动电机维护

五菱宏光MINIEV汽车驱动电机维护内容如表1-4-6所示。

表1-4-6 五菱宏光MINIEV汽车驱动电机维护内容

序号	维护类型	技术要求
1	日常维护	（1）检查驱动电机工作状况，驱动电机运行应平稳，且无异常振动和噪声； （2）检查系统外观及连接管路，表面应清洁，管路应无渗漏现象
2	一级维护	（1）检查驱动电机与电机控制器外壳表面，应无明显积尘、渗漏或裂纹； （2）清洁驱动电机与电机控制器外壳表面，并保持干燥； （3）检查高压线束，线束应无破损和老化现象，接线柱应无氧化腐蚀现象
3	二级维护	（1）检查驱动电机与电机控制器安装固定情况，紧固力矩应符合车辆维修保养手册的规定； （2）检查高压线束、接线柱等连接固定情况，线束及接线柱的连接应固定可靠、无松脱，紧固力矩应符合车辆维修保养手册的规定； （3）检查线束固定情况、接插件连接情况，线束应固定可靠无脱落，接插件应锁紧可靠

二、五菱宏光MINIEV汽车电机驱动系统检测与维修

1. 五菱宏光MINIEV汽车电机驱动系统电路分析

五菱宏光MINIEV汽车电机驱动系统电路如图1-4-21所示。驱动电机控制模块端子8连接低压电源正极，用来为电机控制器供电；端子15连接点火开关，用来检测点火开关信号；端子1和9连接CAN总线，用来向其他控制单元传递信息；端子B+和B-连接动力电池；端子W、V、U连接驱动电机的三相绕组，用来向电机提供三相交流电；端子3和10连接旋变传感器的正弦绕组，用来检测正弦绕组信号；端子4和11连接旋变传感器的余弦绕组，用来检测余弦绕组信号；端子18和19连接旋变传感器的励磁绕组，用来向励磁绕组供电；端子5和13连接电机温度传感器，用来检测电机的温度；端子16连接电机搭铁端子；端子17连接搭铁；端子6、7、20、21连接散热风扇，用来控制散热风扇的工作。

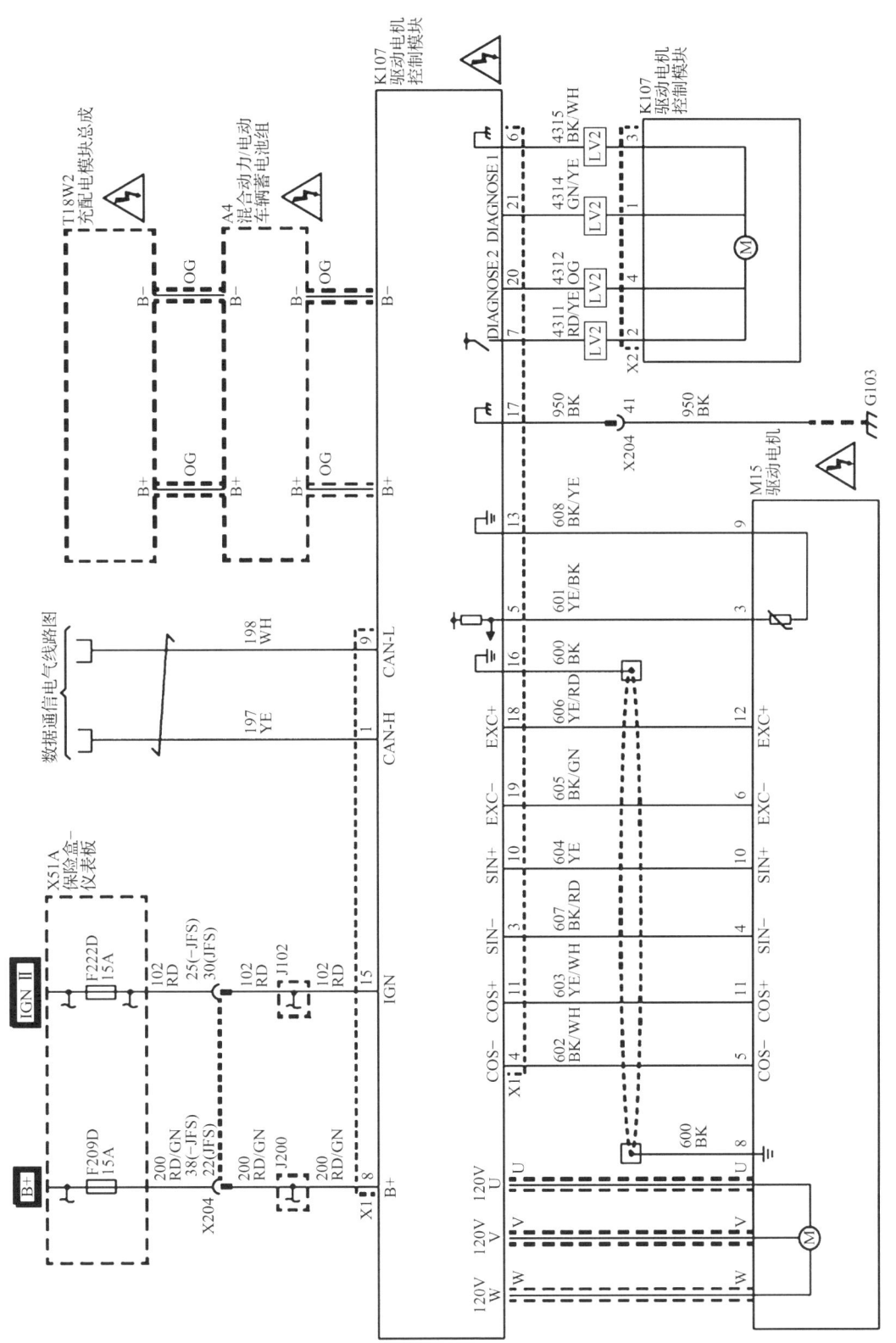

图 1-4-21 五菱宏光 MINIEV 汽车电机驱动系统电路

2. 诊断仪诊断

1）读取故障代码

电机驱动系统故障代码的类型与含义如下。

（1）与 CAN 系统相关，如 DTC U007300 表示 CAN 总线关闭（Bus Off）；DTC U260087 表示来自 IC 的报文$120 丢失（Timeout）。

（2）与低压电源相关，如 DTC P100016 表示铅酸蓄电池电压过低；DTC P100017 表示铅酸蓄电池电压过高。

（3）与电机控制器、驱动电机相关，如 DTC P190004 表示电机控制器内部 5V 电源过电压，DTC P190014 表示电机控制器 IGBT 温度传感器信号短路到电源；DTC P190015 表示电机控制器过温；DTC P19003F 表示电机控制器结温过高；DTC P19004C 表示驱动电机温度过高；DTC P19001F 表示驱动电机超速；DTC P19005C 表示驱动电机转速高；DTC P190025 表示旋变传感器开路故障等。

（4）与动力电池系统相关，如 DTC P190012 表示动力电池母线欠电压；DTC P19001A 表示动力电池母线过电压。

2）查看数据流

通过诊断仪的数据流可以判断电机驱动系统各种参数是否正常，还可以确认电机驱动系统执行器的状态及其他控制器的状态。五菱宏光 MINIEV 汽车电机驱动系统常见数据流选项如图 1-4-22 所示。

数据项	值	单位
动力电池电压	317	V
ECU电压	13.90	V
电机电流	0	A
电机转速	0	r/min
车速	0	km/h
行驶里程	9020.00	km
最大正转扭矩限制	149.75	N·m
最大反转扭矩限制	-150.00	N·m
电机目标转速	0	N·m
电机功率	0.00	kW
电机扭矩	0	N·m
直流母线电流	0	A
电机工作状态请求	未知枚举值	
电机控制模式请求	未知枚举值	
钥匙状态	未知枚举值	
电机工作状态	准备完毕	
故障严重度等级	正常	
电机当前温度	19.00	℃
电机控制器当前温度	19.00	℃
电机控制器节点温度	20.00	℃
电机扭矩请求有效性	无效	
主动放电请求	无请求	
电机降额工作状态	正常	
旋变当前状态	正常	
风扇运行状态	风扇使能	
风扇1工作状态	正常	
风扇2工作状态	正常	

图 1-4-22 五菱宏光 MINIEV 汽车电机驱动系统常见数据流选项

3. 电机驱动系统故障检测与维修

1）外观检查

（1）检查电机控制器低压线束端子和驱动电机低压线束端子是否有退针、进水或插接不到位等异常情况，若存在这些情况，则应更换低压线束。

（2）听驱动电机工作声音是否正常。若驱动电机发出高频较尖锐的声音，则是正常现象；若驱动电机发出不正常的噪声，则应更换驱动电机总成。

2）电机的检测

（1）检测三相绕组。使用毫欧表测量电机三相绕组之间的阻值是否小于 17mΩ，若大于 17mΩ，则应更换驱动电机总成。

（2）检测三相绕组绝缘性能。使用绝缘电阻检测仪测量三相电引入端子与电机壳体之间的阻值，阻值应大于驱动电机额定电压的 500 倍。若阻值过小，则应更换驱动电机总成。

（3）检测旋变传感器。测量驱动电机相应低压端子阻值是否正常，阻值正常范围：端子 4~端子 10 为 32.92~40.25Ω，端子 5~端子 11 为 38.07~48.55Ω，端子 6~端子 12 为 13.26~16.22Ω，若测量阻值不在上述范围内，则应更换驱动电机总成。

（4）检测旋变传感器绝缘性能。使用绝缘电阻检测仪测量每个绕组与电机壳体的阻值，阻值应大于 1MΩ。若阻值过小，则说明线圈存在短路故障，应更换驱动电机总成。

4. 电机驱动系统的拆装

1）驱动电机的拆装（要点）

（1）按照安全防护规范，断开高压和低压电源。

（2）将低压接插件的卡扣取下，拆低压接插件。

（3）对电机前端盖和后端盖进行拆装。

2）电机控制器的拆装

（1）按照安全防护规范，断开高压和低压电源。

（2）打开接线盖板：取下接线盖板上的 6 颗 M5 内梅花组合螺钉。

（3）安装高压接插件：将高压接插件插入对应安装孔，并用 5 颗 M6×20 平弹垫组合螺钉固定，扭力为 8±1N·m。

（4）固定接线端子：用 13mm 套筒拧紧 5 颗 M8 平弹垫组合螺钉，扭力为 11±1N·m。

（5）安装接线盖板：先以 1N·m 扭力预拧紧接线盖板的 M5 螺钉，再按同样顺序以 4±0.4N·m 扭力拧紧 M5 螺钉。

任务考评

本任务内容的考核与评分如表 1-4-7 所示。

表 1-4-7　考核与评分表

考核内容	考核要求	评分标准	配分	得分 自评	得分 互评	得分 教师评
1. 车辆基本检查	（1）正确放置车轮挡块； （2）正确安装座椅套、方向盘套、手刹套、脚垫； （3）正确检查蓄电池电压	错误一处扣 5 分	20			

续表

考核内容	考核要求	评分标准	配分	得分 自评	得分 互评	得分 教师评
2.车辆基本信息检查	准确记录车辆基本信息	错误一处扣5分	10			
3.电机驱动系统部件识别	(1)正确识别电机驱动系统各部件； (2)准确描述各部件的工作原理； (3)准确描述驱动电机各项参数的含义	错误一处扣3分	10			
4.电机驱动系统维护	(1)正确更换后桥润滑油； (2)正确维护驱动电机及电机控制器	错误一处扣2分	20			
5.电机驱动系统故障检测与维修	(1)准确识读电路图； (2)准确读取故障代码； (3)准确观察数据流； (4)正确检测驱动电机； (5)科学制定维修方案； (6)维修措施合理	错误一处扣3分	30			
6.职业素养	(1)学习态度：积极主动参与学习； (2)团队合作：与小组成员一起分工合作，不影响学习进度； (3)现场管理：服从工位安排、执行实训室管理规定	不足之处扣3分	10			
7.安全文明生产	自觉遵守安全文明生产规程	违反一项规定扣5分				
合计	—	—	100			
操作时间	开始时间：	结束时间：		实际用时：		

任务5 高压配电系统检测与维修

学习目标

1. 能描述高压配电系统的作用与组成。
2. 能描述高压配电盒的部件与功用。
3. 能描述低压蓄电池充电系统的组成与工作原理。
4. 能描述 DC/AC 系统的组成与工作原理。
5. 能检测与维修高压配电系统故障。

任务分析

高压配电盒又称为高压电控总成，简称 PDU，其主要作用是将动力电池的高压电分配给电机控制器、驱动电机、电动压缩机、PTC 加热器、DC/DC 转换器等高压用电设备，形成高压配电系统。高压配电系统发生故障可导致空调不工作、无法充电等故障。准确地描述高压配电系统的连接关系，精准地进行高压配电系统的检测与维修，是新能源汽车检修专业技能型人才不可或缺的知识与技能。

任务准备

一、高压配电系统

新能源汽车有相当数量的高压部件，如电机控制器、车载充电机、高压导线、充电插头、动力电池、驱动电机、充电插座、电动压缩机和 PTC 加热器等。这些高压部件分布在汽车的不同位置，每个高压部件工作时所需要的电流各不相同。为了有效地对高压系统的电能进行分配，并对各高压部件进行保护，新能源汽车在高压部分配备了高压配电盒，如图 1-5-1 所示。

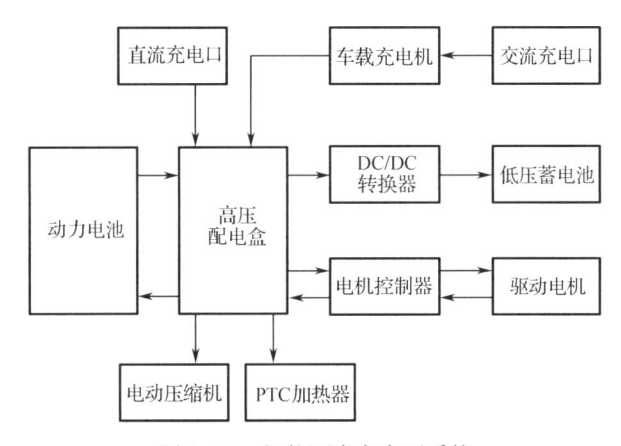

图 1-5-1　新能源汽车高压系统

高压配电系统如图 1-5-2 所示。

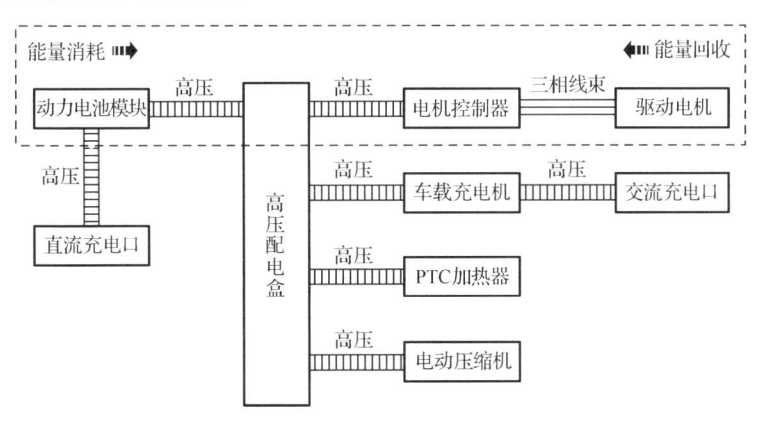

图 1-5-2　高压配电系统

随着新能源汽车技术的发展，许多新能源汽车将车载充电机、DC/DC 转换器和高压配电盒集成在一起，形成充配电模块总成（CDU）后再接入新能源汽车整车电气系统，如图 1-5-3 所示。

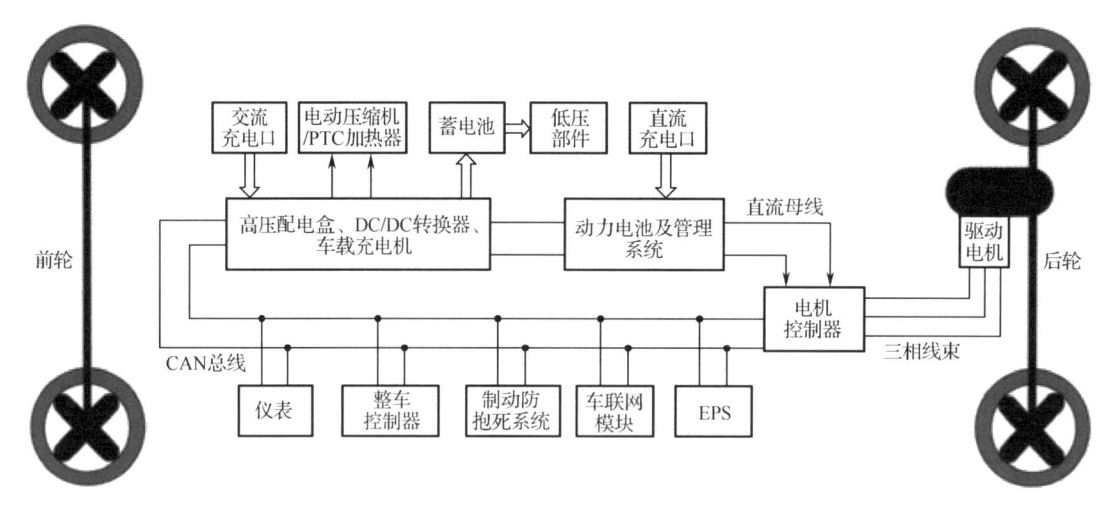

图 1-5-3 新能源汽车整车电气系统

二、高压配电盒的组成

图 1-5-4 所示为五菱宏光 MINIEV 汽车 CDU 中的高压配电部件，主要有高压熔断器、高压继电器、铜排等。

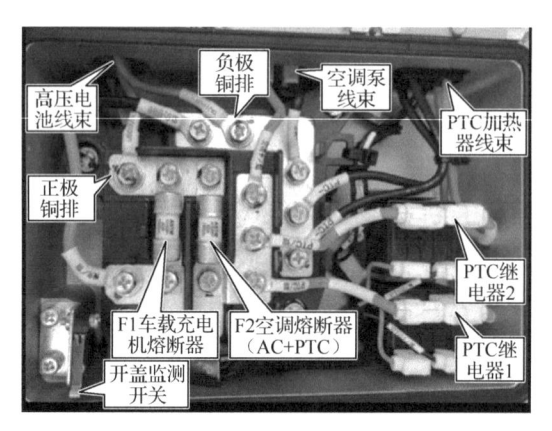

图 1-5-4 五菱宏光 MINIEV 汽车 CDU 中的高压配电部件

1. 高压熔断器

1）高压熔断器的分类

高压熔断器主要分为以下几种类型。

（1）英标熔断器。

英标熔断器壳体采用陶瓷材质，形状为圆柱管体，具有体积小、浪涌耐受性能强、性价比高、弧电压小、功耗低等特点。一般小于 100A 的高压熔断器推荐采用英标熔断器，其外形如图 1-5-5 所示。

（2）美标熔断器。

如图 1-5-6 所示，美标熔断器的两端触刀为一体式，熔体直接一次性焊接，可抗强冲击及振动，具备高阻燃、高绝缘性能，弧电压小，功耗低，此系列为电动汽车的优选。一

图 1-5-5 英标熔断器

· 78 ·

般大于 100A 的高压熔断器推荐采用美标熔断器以提高可靠性。

（3）欧标熔断器。

如图 1-5-7 所示，欧标熔断器壳体采用陶瓷材质，具有运行温度低、功率损耗小、焦耳积分值小等特点，适用于要求结构紧凑、性能优越、大功率应用场合，尤其在手动维修开关（MSD）中大量使用。

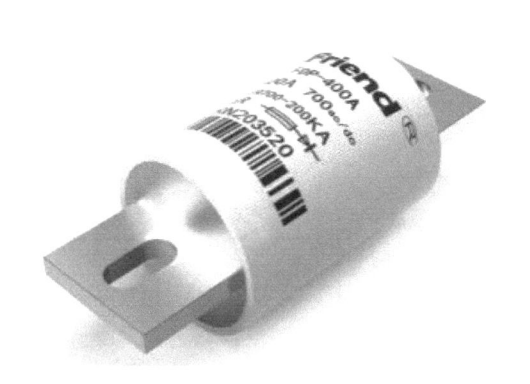

图 1-5-6　美标熔断器　　　　　　　图 1-5-7　欧标熔断器

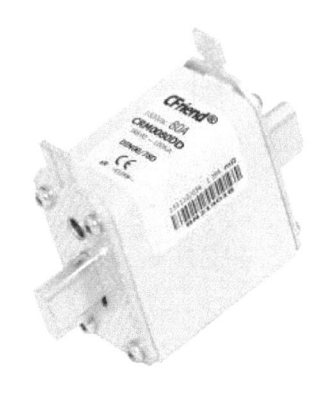

（4）法标熔断器。

法标熔断器具有循环性能强、体积小、构造独特等特点，模块化底座方便安装，结构紧凑，适用于占用空间小的高压配电盒、电池高压分配单元（BDU）、小型交流驱动器及其他小功率应用。

2）熔断器额定电流的选择

作为电路中的保护元件，当回路中出现故障时，熔断器工作分为"熔"+"断"两个过程，"熔"的过程与电流有关系，"断"的过程与电压有关系。熔断器的电压可以表述为：熔断器可以分断此电压所产生的电弧。电压有交流电压和直流电压的区别，在新能源汽车的是直流电压，因回路中电感在熔断器分断瞬间会产生感应电压，所以要考虑回路中的电感对电压灭弧的影响。新能源汽车用熔断器的电流选型公式如下：

$$熔断器额定电流\ I_n = I_{额}K/(K_tK_eK_vK_fK_aK_b)$$

式中，I_n 为熔断器额定电流；$I_{额}$ 为负载额定电流；K 为负载修正系数；K_t 为温度修正系数；K_e 为连接元件热传导系数；K_v 为风冷修正系数；K_f 为频率修正系数；K_a 为海拔修正系数；K_b 为熔断器壳体修正系数。

2．高压继电器

高压继电器也称为高压接触器，是在直流电路中使用小电流控制高电压、大电流的继电器，是新能源汽车控制各高压回路通断的关键部件，具有动作快、体积小、灭弧安全性高、动作可靠性高、寿命长久等特点。

1）高压继电器的结构

如图 1-5-8 所示，高压继电器主要由高压触点和低压线圈两部分组成，高压触点通过螺钉与高压电缆固定。由于高压继电器需具备带载切断功能，而带载切断过程中会产生高温高压电弧，对继电器触点造成损伤，导致触点粘连，严重时还会导致继电器爆炸，严重影响新能源汽车的安全。为降低电弧对继电器触点的伤害，车载高压直流继电器的触点一般都布置在密封腔体（也称为灭弧室）内。另外，密封腔体采用真空、氢气或其他混合气体作为绝缘介质，使触点工作在一个高压、密闭的稳定环境下，提高了高压继电器的触点接通与分断直流高压大负载的能力，保证了触点在高温、电弧的侵蚀下不易氧化。

2) 高压继电器的工作原理

如图1-5-9所示，当控制模块控制继电器工作时，给继电器线圈电路通小电流，线圈通电后产生磁场，在磁场的作用下高压触点吸合，高压电流经过继电器触点向外输出。

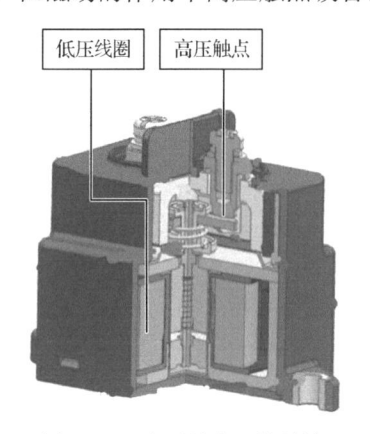

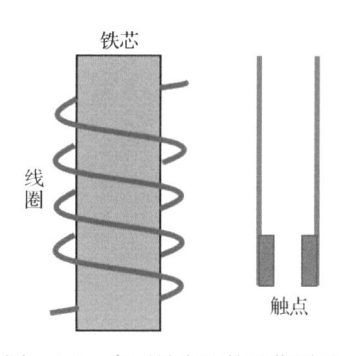

图1-5-8　高压继电器的结构　　　图1-5-9　高压继电器的工作原理

3) 高压继电器的关键特性

（1）工作电压。

高压继电器的电压等级，除了决定高压继电器绝缘耐压能力，还是高压继电器分断能力的一个关键指标。同样的短路电流，系统电压越高，分断的难度越大。另外，工作电压还直接决定着系统可能产生的最大短路电流的大小。

（2）工作电流。

对于工况中的冲击电流承载能力的评估，其最终的限制条件是温度。因此，载流能力的选择需要结合工作环境温度、最高温升要求一起考虑。

（3）分断能力。

分断能力在一定程度上是由拉弧距离决定的。在空间受限的情况下，分断能力的提高存在上限。

（4）短路耐受能力。

当系统出现短路的极大电流时，高压继电器不能出现起火、爆炸等风险状态。短路耐受能力主要与触头的通流能力，以及触点之间接触的紧密性有关。

（5）工作温度。

工作温度范围应大于或等于系统提供的环境温度范围。当环境温度过高时，高压继电器需要降容使用，以满足最高承受温度条件为准。

（6）环境湿度。

对于密封腔体类型的高压继电器，环境湿度的影响只体现在绝缘性能上；而对于非密封腔体类型的高压继电器，环境湿度对其影响较大，尤其在低温环境下。

（7）寿命。

寿命可以进一步细分为机械寿命和电气寿命。机械寿命是指从开始使用到损坏，高压继电器不带载，反复断开闭合的次数；电气寿命是指从开始使用到损坏，高压继电器带载（系统正常应用过程中可能出现的合理载荷）反复断开闭合的次数。对于寿命的需求，主要取决于系统的寿命和应用工况，以及具体设计的各场景的上下电策略。

3．铜排

铜排用来导电，其具有较强的机械性能，良好的导电性、导热性，优良的抗腐蚀性、电镀性、钎焊性，美观的金属光泽及良好的成形加工性能等特点。

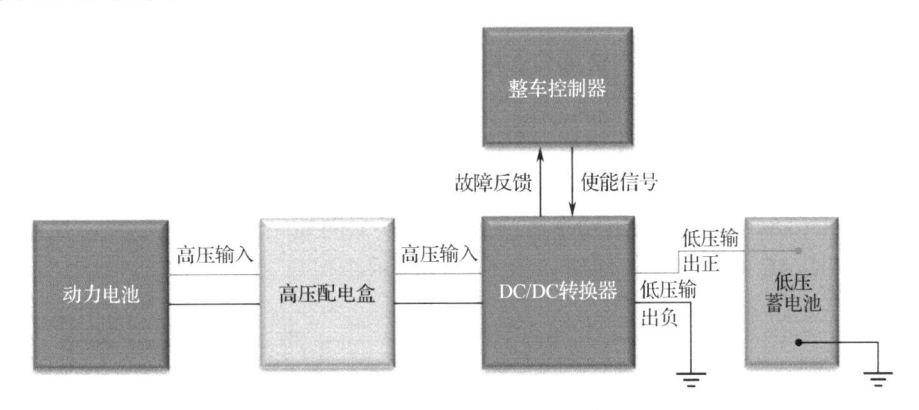

三、低压蓄电池充电系统

1．低压蓄电池充电系统的功能

低压蓄电池充电系统的功能是为全车低压用电设备供电，同时为低压蓄电池充电。在高压上电之前，纯电动汽车的用电设备由低压蓄电池供电，高压部分的控制模块也需要低压蓄电池提供工作电源，高压上电后，DC/DC 转换器开始工作，给全车低压用电设备供电的同时，还可以给低压蓄电池充电。

2．低压蓄电池充电系统的组成

低压蓄电池充电系统主要由 DC/DC 转换器、高压配电盒、低压蓄电池及动力电池等组成，如图 1-5-10 所示。

图 1-5-10 低压蓄电池充电系统

1）低压蓄电池

低压蓄电池的作用是在车辆启动时（DC/DC 转换器工作之前）给全车低压用电设备供电。当车辆启动后，由 DC/DC 转换器给全车低压用电设备供电，其外形如图 1-5-11 所示。

2）DC/DC 转换器

DC/DC 转换器，也称为直流/直流转换器，其作用是将动力电池的高压直流电转换为 14V 左右的低压直流电，给全车低压用电设备供电，同时给低压蓄电池充电。

3．低压蓄电池充电系统的工作原理

首先逆变器把高压直流电逆变为高压交流电，然后经过变压器转换为低压交流电，最后经过二极管整流转换为 14V 左右的低压直流电，给低压用电设备供电和低压蓄电池充电。低压蓄电池充电系统的工作原理如图 1-5-12 所示。

图 1-5-11 低压蓄电池的外形

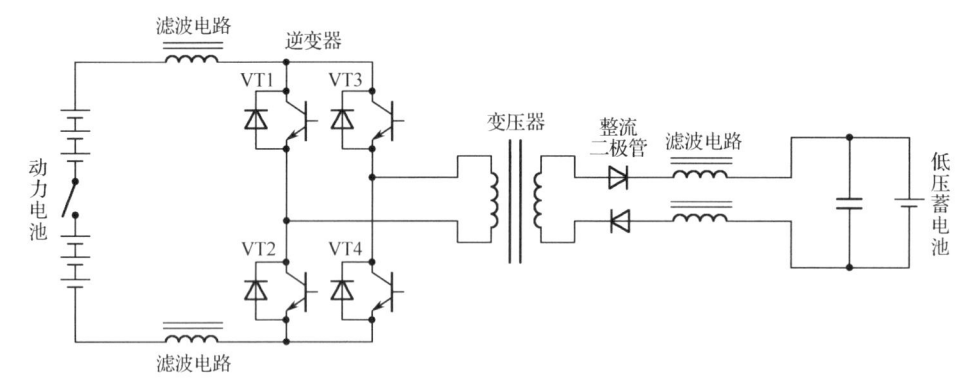

图 1-5-12　低压蓄电池充电系统的工作原理

四、DC/AC 系统

1. DC/AC 系统的功能与组成

DC/AC 系统的功能是将动力电池高压直流电转换为 220V 高压交流电，通过交流插座输出。DC/AC 系统主要包含 DC/AC 转换器、220V 交流插座，以及相关支架和线束等。

2. DC/AC 系统的工作原理

使用 DC/AC 系统时，需先让整车处于准备状态，然后将用电设备插头（不超过额定功率2200W）插入插座。插座内置微动开关，当用电设备插头没有插入插座时，逆变器不工作，插座指示灯不亮。插上用电设备插头后，插座内部使能开关发出信号给 DC/AC 转换器，DC/AC 转换器向整车控制器发送工作请求，在整车无故障并满足 DC/AC 系统正常工作的条件下，整车控制器允许 DC/AC 转换器输出功率，DC/AC 转换器向插座输出交流电压，插座绿色状态指示灯点亮。DC/AC 系统的工作原理如图 1-5-13 所示。

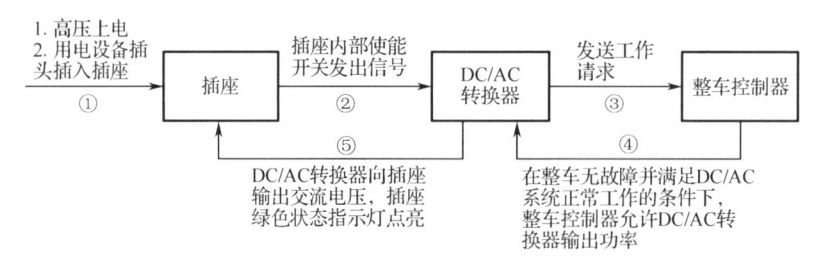

图 1-5-13　DC/AC 系统的工作原理

任务实施

一、五菱宏光 MINIEV 汽车高压配电系统电路分析

五菱宏光 MINIEV 汽车高压配电系统电路连接关系如图 1-5-14 所示，高压配电盒内有 2 个高压熔断器——F1 和 F2，有 2 个高压继电器——PTC 继电器 1 和 PTC 继电器 2。F1 用来保护 DC/DC 转换器或车载充电机（两者不会同时工作），F2 用来保护电动压缩机或 PTC 加热器（两者不会同时工作）。PTC 继电器 1 和 PTC 继电器 2 用来控制不同挡位下 PTC 加热器的通断。

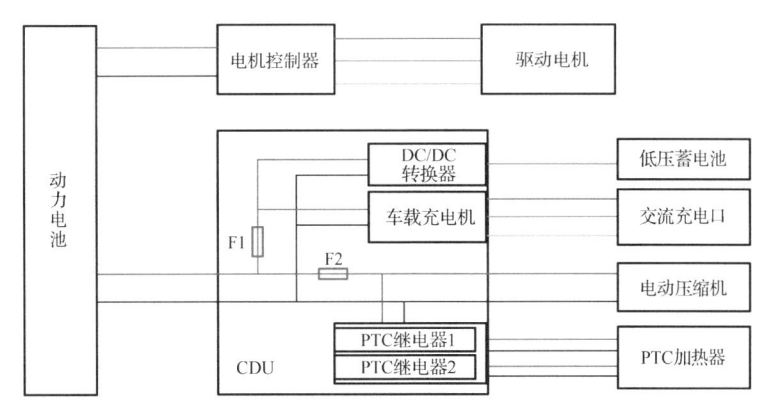

图 1-5-14　五菱宏光 MINIEV 汽车高压配电系统电路连接关系

二、高压配电系统常见故障排查

1. 无高压输入导致 DC/DC 转换器不工作

（1）查看整车能否上高压，若不能上高压，则判断该车是否有绝缘和高压互锁故障。

（2）查看汽车是否可以充电。

（3）若不能充电，则拆开 CDU，检测熔断器 F1 是否损坏。

2. 无法输出高压导致整车无法上电

（1）查看整车能否上高压，若不能上高压，则判断该车是否有绝缘和高压互锁故障。

（2）查看整车上高压后 DC/DC 转换器是否工作，判断铅酸蓄电池电压是否在 13.8V 以上。

（3）若上高压后铅酸蓄电池电压小于 13.8V，则拆开 CDU，检测熔断器 F1 是否损坏。

3. 空调不工作

（1）查看整车能否上高压，若不能上高压，则判断该车是否有绝缘和高压互锁故障。

（2）断开低压蓄电池负极。

（3）使用连接线分别在 CDU 低压连接器的端子 9 与端子 19、端子 9 与端子 20 两端外接 12V 电源，查看 PTC 连接器的端子 1 与端子 2 是否导通，若不导通，则说明 PTC 继电器不工作。

（4）保持步骤（3）外接 12V 电源不变，测量 PTC1+与 OBC+是否导通，从而判断熔断器是否熔断。

（5）观察 PTC 连接器端子、AC 连接器端子是否退针，判断连接器是否接触不良。

（6）若以上步骤均无问题，则可初步判断为低压线束故障。

任务考评

本任务内容的考核与评分如表 1-5-1 所示。

表 1-5-1　考核与评分表

考核内容	考核要求	评分标准	配分	得分 自评	得分 互评	得分 教师评
1.车辆基本检查	（1）正确放置车轮挡块； （2）正确安装座椅套、方向盘套、手刹套、脚垫； （3）正确检查蓄电池电压	错误一处扣 5 分	20			

续表

考核内容	考核要求	评分标准	配分	得分 自评	得分 互评	得分 教师评
2．车辆基本信息检查	准确记录车辆基本信息	错误一处扣5分	10			
3．高压配电系统部件识别	（1）正确识别高压配电系统各部件； （2）准确描述高压配电系统的工作原理	错误一处扣5分	20			
4．低压蓄电池充电系统故障检测与维修	（1）准确识读电路图； （2）准确读取故障代码； （3）准确观察数据流； （4）正确检测相关元件； （5）科学制定维修方案； （6）维修措施合理	错误一处扣3分	40			
5．职业素养	（1）学习态度：积极主动参与学习； （2）团队合作：与小组成员一起分工合作，不影响学习进度； （3）现场管理：服从工位安排、执行实训室管理规定	不足之处扣3分	10			
6．安全文明生产	自觉遵守安全文明生产规程	违反一项规定扣5分				
合计	—	—	100			
操作时间	开始时间：	结束时间：		实际用时：		

任务6　高压互锁系统检测与维修

学习目标

1．能描述高压互锁回路设计目的与高压互锁系统的类型。
2．能描述高压互锁的作用与控制策略。
3．能叙述高压互锁系统的组成。
4．能描述高压连接器互锁监测的工作原理。
5．能检测与维修五菱宏光MINIEV汽车高压互锁系统故障。

任务分析

新能源汽车工作时的电压远远高于人体的安全电压，为保证整个高压系统的完整性，使高压电处在一个封闭的环境下工作，防止产生人身损害与财产损失，提高新能源汽车的安全性，新能源汽车设置有高压互锁系统以监测高压回路的完整性。新能源汽车高压互锁系统发生故障时，会导致整车不上电，汽车无法启动。准确地描述高压互锁系统的类型、结构，正确地识别相应部件，精准地进行高压互锁系统的检测与维修，是新能源汽车检修专业技能型人才不可或缺的知识与技能。

📖 任务准备

高压互锁（HVIL）系统，也称为高压互锁回路系统，是用低压信号监测高压回路完整性的一种安全设计方法。高压互锁系统通过使用低电压、小电流的信号来监测整个高压产品、导线、高压连接器及高压部件保护盖的电气完整性（连续性），发现回路异常断开时，及时断开高压电，以保证行车安全，高压互锁回路如图 1-6-1 所示。理论上，低压监测回路比高压互锁回路先接通，后断开，中间保持必要的提前量，时间长短可以根据车型确定。

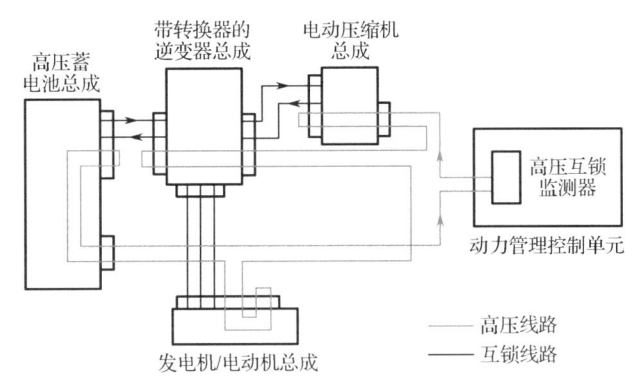

图 1-6-1 高压互锁回路

一、高压互锁回路设计目的与高压互锁系统的类型

1. 高压互锁回路设计目的
（1）在整车高压上电前确保整个高压系统的完整性，使高压电处在一个封闭的环境下工作，从而提高安全性。
（2）当整车在运行过程中，高压回路断开或者完整性受到破坏时，需要启动安全防护。
（3）防止带电插拔高压连接器给高压端子造成拉弧损坏。

2. 高压互锁系统的类型

1）集成式高压互锁系统

集成式高压互锁系统，即在高压连接器上，额外多一组低压互锁回路用于监测高压互锁系统的回路完整性，如图 1-6-2 所示。

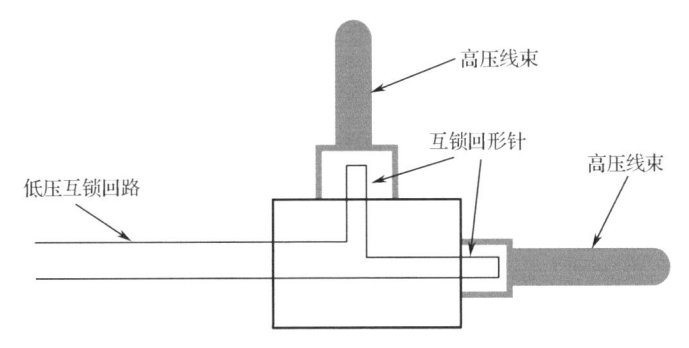

图 1-6-2 集成式高压互锁系统

2）单独式高压互锁系统

这种形式设计较为复杂，高压互锁结构独立于内塑壳或由单独的小连接器连接，通过两

个连接器的先后安装关系保证，如图 1-6-3 所示。

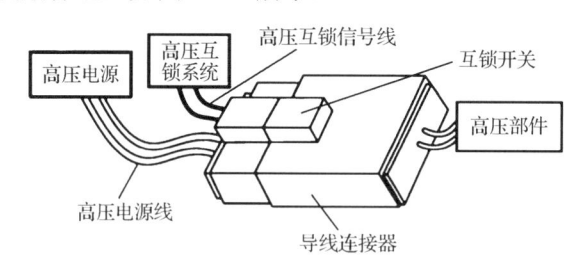

图 1-6-3 单独式高压互锁系统

二、高压互锁的作用与控制策略

1．高压互锁的作用

（1）检测高压回路松动（会导致高压断电，整车失去动力，影响乘车安全），并在高压断电之前给整车控制器提供报警信息，预留整车系统采取应对措施的时间。

（2）在车辆上电之前，若检测到电路不完整，则系统无法上电，避免因为虚接等问题造成事故。

（3）防止人为误操作引发安全事故。在高压系统工作过程中，如果没有高压互锁设计的存在，则需手动断开高压连接点。在断开的瞬间，整个回路电压将会全部加在断点两端，电压击穿空气在两个元件之间拉弧，时间虽短，但能量很高，可能对断点周围的人员和设备造成伤害。

2．高压互锁的控制策略

在高压互锁系统识别到危险时，整车控制器应根据危险时的行车状态及故障危险程度运用合理的安全策略。

1）故障报警

无论电动汽车处于何种状态，在高压互锁系统识别到危险时，车辆都应该对危险情况做出报警提示，需要仪表或指示器以声或光报警的形式提醒驾驶员，让驾驶员注意车辆的异常情况，以便及时处理，避免发生安全事故。

2）切断高压电源

当电动汽车处于停止状态时，高压互锁系统在识别到严重危险情况时，除了进行故障报警，还应通知系统控制器断开自动断路器，使高压电源被彻底切断，避免可能发生的高压危险，确保财产和人身安全。

3）降功率运行

高压互锁系统在电动汽车高速行车过程中识别到危险情况时，不能马上切断高压电源，应首先通过报警提示驾驶员，然后让控制系统降低驱动电机的运行功率，使车辆速度降下来，以使整车高压系统在负荷较小的情况下运行，尽量降低发生高压危险的可能性，同时允许驾驶员能够将车辆停到安全地方。

三、高压互锁系统的组成

1．互锁信号回路

如图 1-6-4 所示，互锁信号回路包括两个部分：一部分用于监测高压供电回路完整性；另一部分用于监测所有高压部件保护盖是否非法开启。

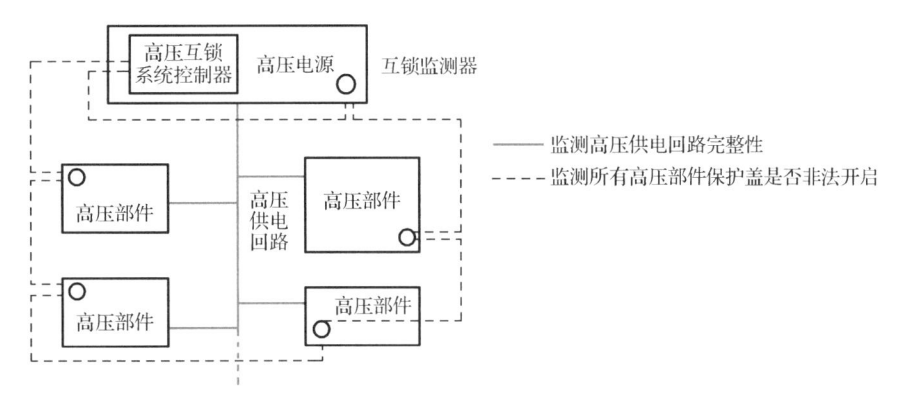

图 1-6-4 互锁信号回路示意图

1) 监测高压供电回路完整性的互锁信号回路

监测高压供电回路完整性的互锁信号回路可以分为两种形式：一种是与高压电源线并联，并在所有高压连接器端与连接器互锁监测器连接，将所有的连接串接起来组成一个完整的回路，可以利用高压线上的屏蔽线组成信号回路的一部分，以使整个系统变得更简单和可靠，如图 1-6-5 所示；另一种是每个高压部件控制器负责监测各自的高压互锁系统信号，只有当全部的控制器收到高压互锁系统接通信号时，才允许接通高压电源，如图 1-6-6 所示。

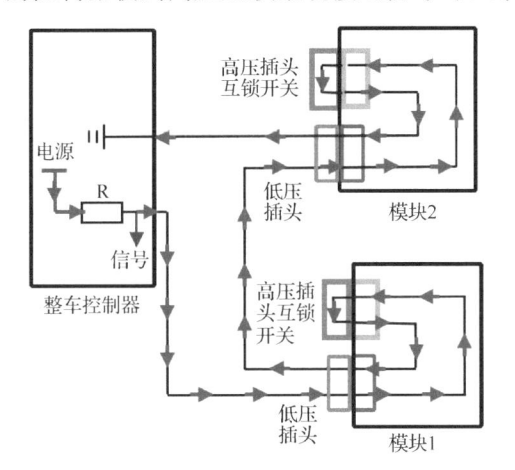

图 1-6-5 监测高压供电回路完整性的互锁信号回路（串联式）

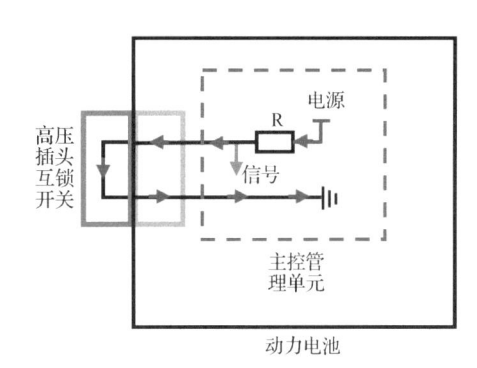

图 1-6-6 每个高压部件控制器负责监测各自的高压互锁系统信号

2) 监测所有高压部件保护盖是否非法开启的互锁信号回路

监测所有高压部件保护盖是否非法开启的方法是：利用信号线将所有高压部件上的互锁监测器全部串联（单独低压跨接）起来，组成另外一条互锁信号回路，如图 1-6-7 所示。

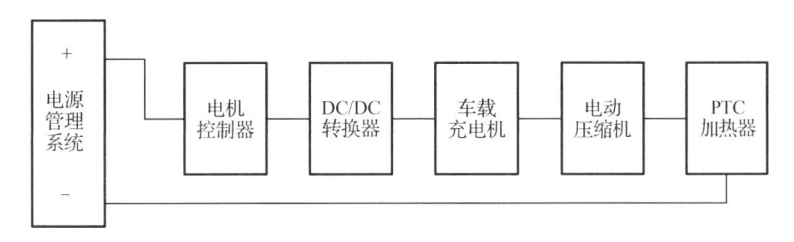

图 1-6-7 监测所有高压部件保护盖是否非法开启的互锁信号回路

2. 互锁监测器

互锁监测器分为两类：一类用于监测高压连接器是否完好，其工作原理是：在动力母线拔出时，互锁监测器也会随之断开，高压互锁回路就会触发高压断电信号，从而保障用户的操作安全，如图 1-6-8 所示；另一类用于监测高压部件保护盖是否非法开启，其结构类似于高压连接器，一端安装在高压部件保护盖上，另一端安装在高压部件主体内部，当保护盖开启时高压连接器也会随之断开，高压互锁系统信号中断，如图 1-6-9 所示。

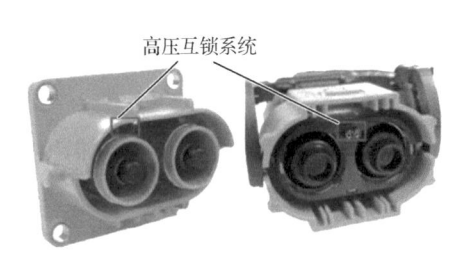

图 1-6-8　高压连接器互锁监测器 　　图 1-6-9　高压部件保护盖互锁监测器

3. 自动断路器

自动断路器（也称为正极、负极接触器）为高压互锁系统切断高压电源的执行部件，其形式类似于继电器，如图 1-6-10 所示。在高压互锁系统识别到危险情况时，能否正确断开高压电源是非常关键的，所以自动断路器对高压互锁的作用影响相当大，其如何设置需参照以下原则。

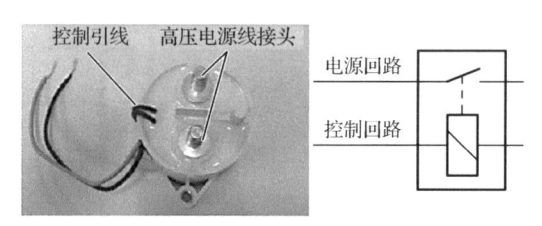

图 1-6-10　自动断路器

（1）自动断路器需要尽可能地接近动力电池系统，以减少在断电时继续蓄能的电路。

（2）自动断路器的初始状态应该是常开的状态，需要控制器给予安全信号方能闭合，以避免误接通高压线路。

（3）复位自动断路器时，应要求操作者施加额外的信号，需要其确认当前已消除高压危险方能复位。

（4）自动断路器应具有自诊断的能力，将其内部的故障检测出来并予以显示，如果其不能正常工作，则整车需要进行特殊处理（停车或报警）。

（5）自动断路器即使在出现供电电压过低的情况下也应能操作。

（6）自动断路器需要提供一个输出信号，提前通知其他用电负载，使其能在断电之前有提前响应的时间。

（7）遇到行驶过程中等特殊情况不能强行断开自动断路器。

四、高压连接器互锁监测的工作原理

电动汽车上所有高压连接器连接位置，都需要互锁信号回路，如图1-6-11所示。具备高压互锁功能的高压连接器，一般由壳体、高压导电件、低压信号导电件、互锁监测器及监测线路共同组成。如图1-6-12所示，将一对高压连接器和一对低压连接器固定在一对公端子和母端子上，由于互锁端子（低压端子）与主回路（高压）端子的长度和位置存在差异，在连接时，先连接高压端子，再连接低压端子；在断开时，先断开低压端子，再断开高压端子。

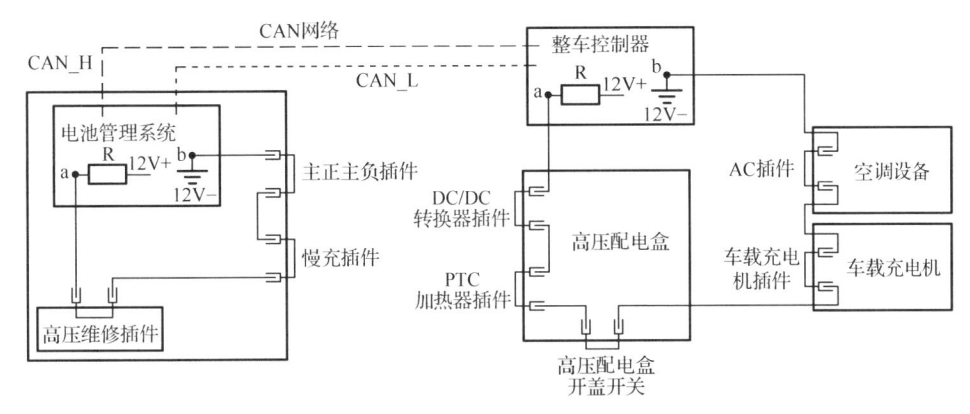

图1-6-11 高压连接器互锁信号回路连接示意图

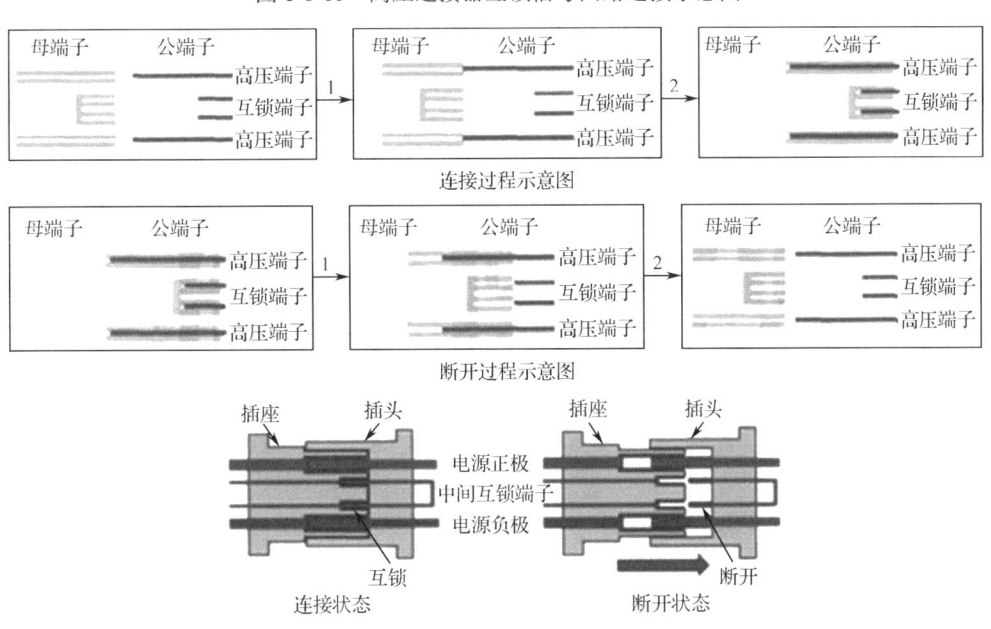

图1-6-12 高压连接器互锁监测的工作原理

📖 任务实施

一、五菱宏光MINIEV汽车高压互锁回路识别

五菱宏光MINIEV汽车高压互锁回路共有两条。

1. 动力电池高压互锁回路

动力电池高压互锁回路用来监测动力电池的2个高压插头，如图1-6-13所示。

其工作原理为：动力电池管理模块通过一个上拉电阻给互锁监测器提供高电位电压，当拔下高压插头时，互锁监测器断开，此时动力电池管理模块监测到一个高电位信号；当插好高压插头时，互锁监测器闭合，此时动力电池管理模块监测到一个低电位信号。

2. 整车控制器-电动压缩机-充配电模块高压互锁回路

整车控制器-电动压缩机-充配电模块高压互锁回路用来监测电动压缩机和充配电模块上的高压插头，如图1-6-14所示。整车控制器通过一个定值电阻发出12V的高电位信号，并通过相关模块的高压互锁回路，最终连接搭铁，构成一个完整的低压回路。当高压互锁回路所有模块的低压线束和高压线束连接良好时，整车控制器监测到一个0V的低电位信号；当某个高压部件的低压或高压连接断开时，整车控制器监测到12V的高电位信号。整车控制器监测到线路断开的信号后，通过CAN网络把信号发送给动力电池管理模块，动力电池管理模块控制主正、主负继电器断开高压电。

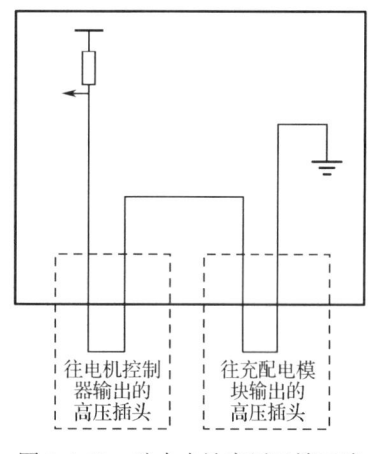

图1-6-13 动力电池高压互锁回路

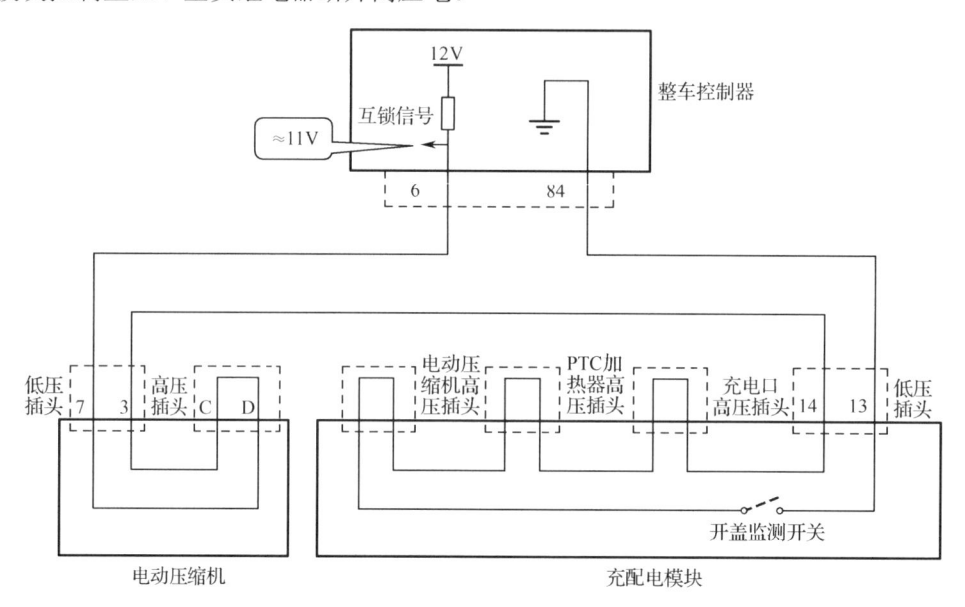

图1-6-14 整车控制器-电动压缩机-充配电模块高压互锁回路

二、五菱宏光MINIEV汽车高压互锁回路故障现象与故障代码

1. 故障现象

当车辆出现高压互锁故障时，组合仪表通常会点亮整车系统故障灯，整车无法上高压，如图1-6-15所示。

2. 故障代码

在车辆出现高压互锁故障时，读取故障代码，如果是动力电池高压互锁回路出现高压互锁故障，则电池管理系统会出现"高压互锁故障"的故障代码；如果是整车控制器-电动压缩机-充配电模块高压互锁回路出现高压互锁故障，则整车控制器会出现"高压配电盒开启"的故障代码。高压互锁故障代码如表1-6-1所示。

图 1-6-15 整车系统故障灯点亮

表 1-6-1 高压互锁故障代码

序号	控制器名称	故障代码	故障代码描述
1	电池管理系统	P148400	高压互锁故障
2	电池管理系统	P148512	高压互锁：短路到高压
3	电池管理系统	P148611	高压互锁：短路到地
4	整车控制器	B110700	高压配电盒开启

三、五菱宏光 MINIEV 汽车高压互锁回路故障检测与维修

1．高压互锁回路故障排查方法

1）电阻测量法

电阻测量法，简称电阻法，其排查原理为：在监测模块线束端利用万用表电阻挡测量高压互锁回路的导通性或电阻值判断高压互锁回路是否正常。由于高压互锁回路是一个完整的闭合电路，正常情况下应为导通状态且电阻值趋向 0Ω，如果断路或导通电阻值偏大，则表明回路开路或存在接触不良。

2）电压测量法

电压测量法，简称电压法，即利用万用表电压挡检查互锁信号回路的完整性，由于互锁信号回路是一个完整的电路，所以当所有相关模块的低压线束和高压线束连接良好时，互锁信号回路端子的电压应该是 0V 低电位；当某个高压部件的低压或高压连接断开时，互锁信号回路端子的电压应该是 11V 高电位。

3）隔离排查法

隔离排查法，又称为隔离法、排除法，即将怀疑存在故障的高压插头的高压互锁端子短接后再读取故障代码，如果故障代码消失，则说明故障点就在被短接部件；如果故障代码依然存在，则说明故障点不在被短接部件，继续短接下一个部件的高压插头。

2．动力电池本身高压互锁故障检测与维修

（1）首先检查动力电池的 2 个高压插头高压互锁针脚是否退针，如果发生了退针的情况，则更换退针的插头。

（2）如果动力电池的 2 个高压插头正常，则可初步判断为动力电池内部发生了高压互锁故障。由于目前汽车销售服务 4S 店还普遍不具备维修动力电池的资质，需要将相关信息反馈

至汽车生产厂家的相关部门,由汽车生产厂家联系相关供应商的技术人员到店进行排查检修。

3. 整车控制器-电动压缩机-充配电模块高压互锁回路高压互锁故障检测与维修

(1)检查充配电模块、电动压缩机上的各高压插头是否存在插接不到位、不牢靠的情况,以及重点查看高压插头上的互锁端子是否退针。

(2)检查充配电模块的开盖监测开关是否损坏。

(3)检查低压插头上的互锁端子是否存在退针及接触不良的情况。

(4)检查电动压缩机,将电动压缩机低压插头的3~7号端子短接后看故障是否恢复,如果恢复,则说明是电动压缩机本身故障,需更换电动压缩机。

(5)将充配电模块的13~14号互锁端子短接后,如果车辆恢复正常,则说明充配电模块存在高压互锁故障,需更换充配电模块。

任务考评

本任务内容的考核与评分如表1-6-2所示。

表1-6-2 考核与评分表

考核内容	考核要求	评分标准	配分	得分 自评	得分 互评	得分 教师评
1.车辆基本检查	(1)正确放置车轮挡块; (2)正确安装座椅套、方向盘套、手刹套、脚垫; (3)正确检查蓄电池电压	错误一处扣5分	20			
2.车辆基本信息检查	准确记录车辆基本信息	错误一处扣5分	10			
3.高压互锁系统部件识别	(1)正确识别高压互锁系统的部件; (2)准确描述各部件的工作原理	错误一处扣5分	20			
4.高压互锁系统故障检测与维修	(1)准确识读电路图; (2)准确读取故障代码; (3)准确观察数据流; (4)正确检测相关元件; (5)科学制定维修方案; (6)维修措施合理	错误一处扣3分	40			
5.职业素养	(1)学习态度:积极主动参与学习; (2)团队合作:与小组成员一起分工合作,不影响学习进度; (3)现场管理:服从工位安排、执行实训室管理规定	不足之处扣3分	10			
6.安全文明生产	自觉遵守安全文明生产规程	违反一项规定扣5分				
合计	—	—	100			
操作时间	开始时间	结束时间	实际用时			

任务 7　空调系统检测与维修

学习目标

1. 能描述新能源汽车空调系统的组成与类型。
2. 能描述新能源汽车制冷系统的组成与工作原理。
3. 能描述新能源汽车送风系统与制热系统的组成与工作原理。
4. 能检查与维护五菱宏光 MINIEV 汽车制冷系统与制热系统。
5. 能检测与维修五菱宏光 MINIEV 汽车制冷系统的故障。
6. 能检测与维修五菱宏光 MINIEV 汽车制热系统的故障。

任务分析

汽车热管理的主要作用是为车厢乘客提供适宜的温度环境，并使汽车各部件在适合的温度范围内工作。广义的汽车热管理包括对空调系统和汽车上其他发热设备的管理，狭义的热管理仅指后者。新能源汽车热管理系统比传统燃油汽车热管理系统更复杂。传统燃油汽车热管理系统主要包括两部分：发动机冷却系统和汽车空调系统。新能源汽车不仅包括汽车空调系统，而且新增了电池、电机等的冷却需求。微型新能源汽车热管理系统出现故障会导致微型新能源汽车无法工作等故障现象。准确地描述新能源汽车热管理系统的作用、类型、结构，正确地识别相应部件，精准地进行检测与维修，是新能源汽车检修专业技能型人才不可或缺的知识与技能。

任务准备

传统燃油汽车更多注重发动机的热管理，新能源汽车热管理系统需要从系统集成和整体角度出发，统筹热量与动力总成和整车之间的关系，采用综合手段控制和优化热量传递系统。新能源汽车热管理系统主要包括动力电池热管理系统、电机驱动系统与充配电热管理系统、车厢热管理（汽车空调）系统。其中，最主要的是汽车空调系统与动力电池热管理系统。汽车空调系统具有制冷、采暖、除霜、除雾及通风换气的功能。微型新能源汽车的制冷系统与传统燃油汽车的制冷系统大致相同，但其制热系统与传统燃油汽车的制热系统相比有了很大的不同。

一、新能源汽车空调系统的组成与类型

1. 制冷系统

新能源汽车制冷系统主要由电动压缩机、冷凝器、膨胀阀、储液干燥器、蒸发器和控制电路等组成。低压管路从节流阀出口到电动压缩机入口，部件有蒸发箱、积累器和低压加注口。高压管路从电动压缩机出口到节流阀入口，部件有电动压缩机、储液干燥器、冷凝器、高压加注口、节流阀和压力开关（或制冷剂压力传感器）。新能源汽车制冷系统如图 1-7-1 所示。

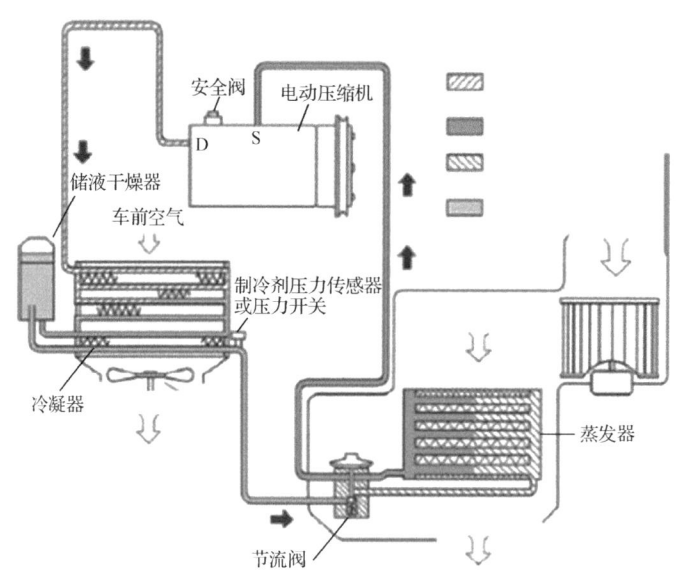

图 1-7-1 新能源汽车制冷系统

2. 制热系统

由于新能源汽车空调系统没有发动机产生余热,因此出现了燃油制热系统、PTC 制热系统和热泵空调制热系统三种形式,PTC 制热系统又分为 PTC 风暖制热系统和 PTC 水暖制热系统两种。4 种制热系统各有优缺点,其性能比较如表 1-7-1 所示。

表 1-7-1 不同类型的新能源汽车制热系统比较

序号	类型	安全性	效率	制热能力	与燃油汽车部件通用性	成本	最大优点	最大缺点
1	燃油制热系统	好	低	好	不好	中等	制热能力好,不影响续驶里程	产生排气排放物污染
2	PTC 风暖制热系统	不好	中等	中等	中等	高	升温速度快	易发生高压危险,影响续驶里程
3	PTC 水暖制热系统	好	中等	中等	好	高	高压安全得以保证	影响续驶里程
4	热泵空调制热系统	好	高	不好	不好	最高	系统效率高	成本高,使用温度范围受限

1)燃油制热系统

燃油制热系统是指在新能源汽车上增加燃油加热器、燃油箱、油泵、油管、进气消声器、进气管、排气消声器、排气管、水泵、水管等,使燃油加热器、水泵、水管与原车暖风芯体形成封闭的水循环系统。启动燃油加热器后,油泵开始从燃油箱吸油,并将燃油输送到燃油加热器中,燃油通过雾化装置被雾化成可燃的油气混合体并由火花塞点燃。水循环系统中的冷却液在流经燃油加热器时被加热,然后流入暖风芯体,从而为车厢提供充足的热源,为乘客提供舒适的环境。燃油制热系统的优缺点如下。

(1)优点:①显著提高新能源汽车的续驶里程;②可延长动力电池的使用寿命。

(2)缺点:①消耗燃油,产生排气排放物,污染环境;②结构复杂,成本较高;③碰撞安全性差。

2）PTC 制热系统

PTC 是 Positive Temperature Coefficient（正温度系数）的缩写，泛指正温度系数很大的半导体材料或元件。PTC 热敏电阻是一种典型的具有温度敏感性的半导体电阻，超过一定温度时，它的电阻值随着温度的升高而陡增。PTC 加热器具有恒温发热、无明火、使用寿命长等优点。因此，微型新能源汽车广泛使用 PTC 加热器，并且主要有两种形式。

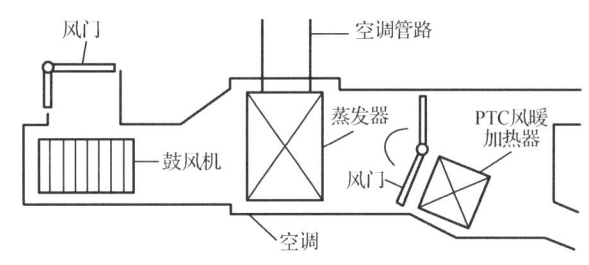

（1）PTC 风暖制热系统。

PTC 风暖制热系统是由 PTC 风暖加热器、模式风门执行器、鼓风机、温度风门执行器、内外循环风门、蒸发器等组成的。该系统的主要特点是把传统燃油汽车的加热器替换成 PTC 风暖加热器，PTC 风暖加热器内含 PTC 加热丝，通电后可先将电能转换为热能，再由鼓风机将热风送进车厢。PTC 风暖制热系统的工作原理如图 1-7-2 所示。PTC 风暖制热系统的优缺点如下。

图 1-7-2 PTC 风暖制热系统的工作原理

优点：①不需要改动空调结构；②制热效果好，制热效率高；③直接对空气加热，车厢温升速度快。

缺点：①PTC 功率大，严重影响新能源汽车的续驶里程；②安全性要求很高；③加热器温度高时，空调壳体会产生异味，影响车厢空气品质。

（2）PTC 水暖制热系统。

PTC 水暖制热系统是由鼓风机、暖风芯体、模式风门执行器、温度风门执行器、蒸发器、PTC 总成、电子水泵和进出水管等组成的。该系统的制热原理是：电子水泵将电能转换为机械能，推动冷却液在整个水暖制热系统内循环，电子水泵经暖风出水管总成将冷却液从暖风芯体内抽出后送到 PTC 总成内，PTC 总成将冷却液加热到一定温度后送入暖风芯体中，暖风芯体与四周空气进行热交换，而后鼓风机将被加热的空气吹入车厢内，冷却液降温后经暖风出水管流入 PTC 总成，再被 PTC 总成加热，如此循环，如图 1-7-3 所示。PTC 水暖制热系统的优缺点如下。

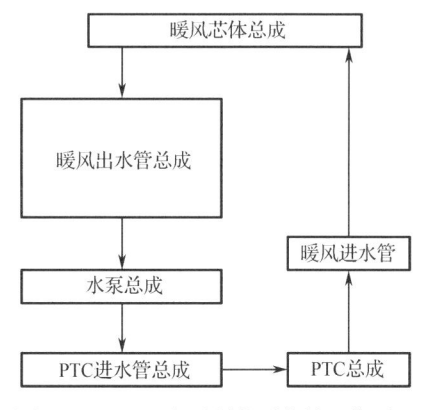

图 1-7-3 PTC 水暖制热系统的工作原理

优点：①高压元件布置在机舱，更安全；②工作时无异味；③不需要改变空调结构；④因制动能量回收或者其他因素导致电池电量过多时，高压水暖加热器可将多余的电能转换为热能，储存在水循环系统中，防止电池过充电带来的危险；⑤可以提供非常强劲的功率输出及高效率的加热能力；⑥可以实现对车内温度的精确控制。

缺点：①结构复杂，增加零部件较多，占用空间较大；②加热速度较慢；③PTC 加热器电功率大，工作时严重影响新能源汽车的续驶里程。

3）热泵空调制热系统

如图 1-7-4 所示，热泵空调制热系统使用冷媒在车外通过换热器吸热，并将热量带入车内来给车内供暖。与 PTC 加热方式相比，热泵空调电能消耗少，可大幅提升新能源汽车的续驶里程，但其在低温环境下制热效果较差。目前热泵空调制热系统使用的冷媒主要包括 R-134a、R-1234yf 和 R744（二氧化碳），热泵空调制热系统的优缺点如下。

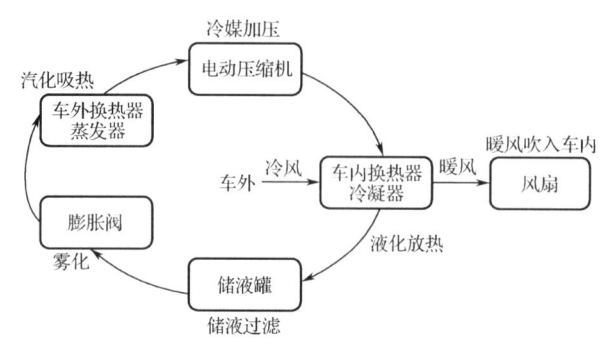

图 1-7-4 热泵空调制热系统的工作原理

（1）优点：系统效率高，在产生相同热量的前提下，使用热泵空调加热方式比使用电加热方式消耗的电能更少，可大幅提升新能源汽车的续驶里程。

（2）缺点：①关键零部件技术不成熟；②控制技术不成熟；③结构复杂，零部件数量多，机舱布置困难；④成本高，开发周期长。

二、新能源汽车制冷系统

如图 1-7-5 所示，新能源汽车制冷系统的工作原理是电动压缩机把低温低压的气态制冷剂吸入并压缩成高温高压的气态制冷剂，和外界空气形成温差。经过冷凝器风扇或发动机散热器把高温高压的制冷剂的热量散发至四周空气并使制冷剂降温，将制冷剂变为中温高压液体。经膨胀阀节流并雾化后，制冷剂变成低于外界空气温度的低温低压液体并进入蒸发器。鼓风机将车外空气或车厢内空气吹过蒸发器吸收热量，从而使制冷剂变成低温低压气体，再被吸入电动压缩机进行下一个制冷循环。其他一些重要零部件，如储液干燥器是用来除去制冷剂中的水分的，高压加注口是用来加制冷剂的，另外也可以对管路抽真空。

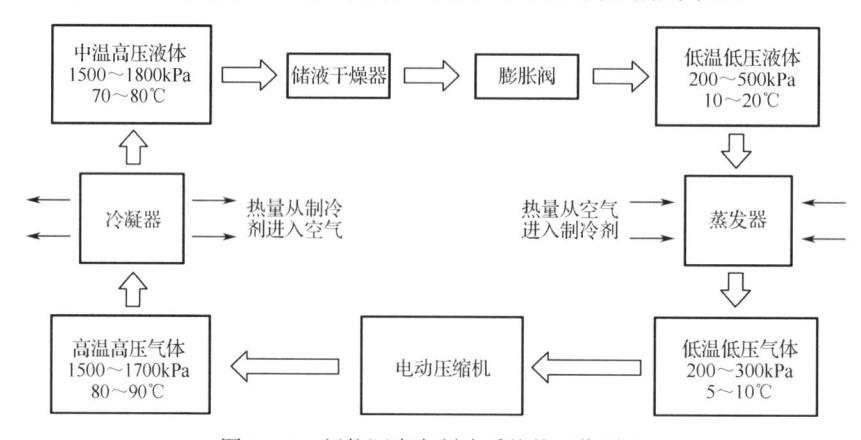

图 1-7-5 新能源汽车制冷系统的工作原理

1．电动压缩机

1）电动压缩机的结构

电动压缩机是新能源汽车制冷系统的心脏，起着压缩和输送气态制冷剂的作用，新能源汽车由于没有发动机而采用电动涡旋式压缩机。电动压缩机主体由空调逆变器、空调电机和压缩机三部分组成，如图 1-7-6 所示。

（a）电动压缩机外形　　　　（b）电动压缩机的组成

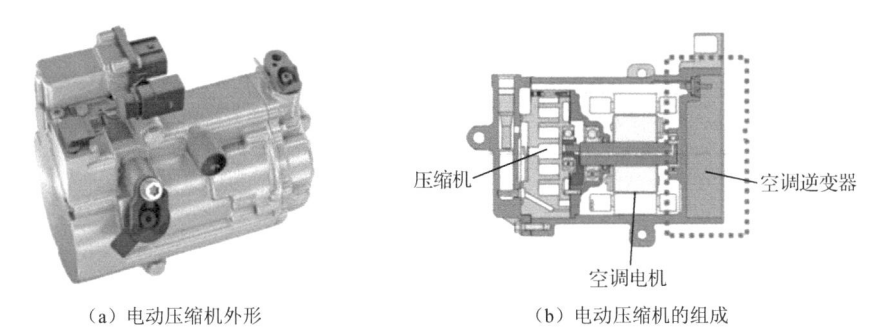

图 1-7-6　电动压缩机

（1）空调逆变器。

空调逆变器用来将直流电转换为三相交流电并控制永磁同步电机工作。

（2）空调电机。

空调电机为永磁同步电机，用来带动电动压缩机旋转，由定子和转子两部分组成，如图 1-7-7 所示。

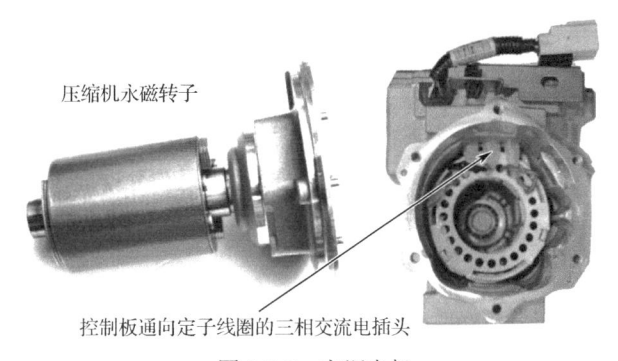

图 1-7-7　空调电机

（3）压缩机。

如图 1-7-8 所示，压缩机主体由彼此互相啮合的一对固定螺旋体和旋转螺旋体构成，其线形是相同的，它们相互错开 180°安装在一起，用来压缩气态制冷剂。旋转螺旋体由电机驱动，偏心运行，并以圆形轨迹移动，这种偏心运动使螺旋体形成若干个特别小的用于压缩制冷剂的腔室。

2）电动压缩机的工作原理

如图 1-7-9 所示，电动压缩机内部工作分为吸气、压缩和排气等过程。当空调电机旋转带动动涡盘公转时，气态制冷剂通过滤芯被吸入定涡盘的外围部分，随着驱动轴的旋转，动涡盘在定涡盘内按轨迹运转，使动、定涡盘之间形成由外向内体积逐渐缩小的 6 个工作腔，气态制冷剂在动、定涡盘之间形成的 6 个月牙形工作腔内被逐步压缩，最终压缩后的气态制冷剂从定涡盘中心孔通过阀片被连续排出。

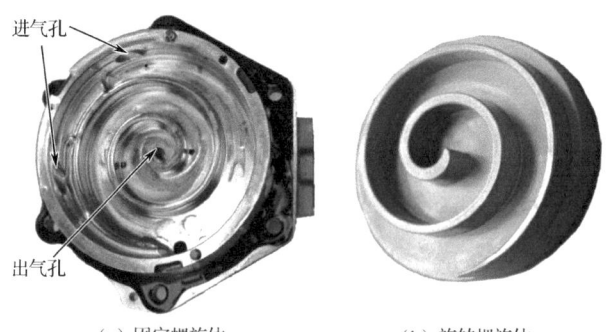

(a) 固定螺旋体　　　　　　(b) 旋转螺旋体

图 1-7-8　压缩机

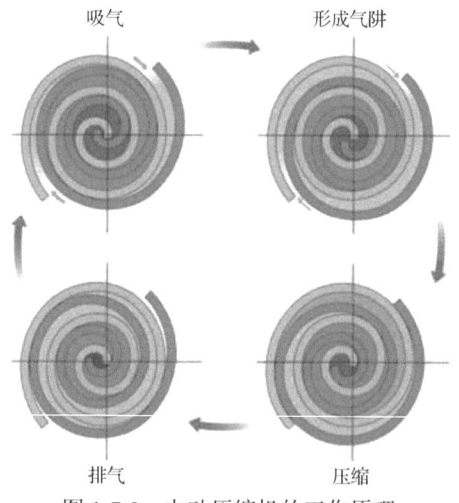

图 1-7-9　电动压缩机的工作原理

在电动压缩机整个工作过程中,所有工作腔均由外向内逐渐变小且处于不同的压缩状况,从而保证电动压缩机能连续不断地吸气、压缩和排气。虽然电动压缩机每次排出制冷剂的气量较小(27~30cm³),但由于动涡盘转速高达 9000~13000r/min,所以总排量足够大,能满足车辆空调制冷的需求。

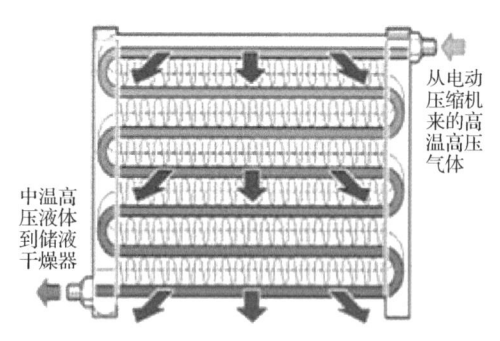

2. 冷凝器

冷凝器是用于将制冷剂所含热量释放,并将制冷剂由气态转变成液态的热交换器。冷凝器安装在车辆的前部,风扇将风吹过散热装置,以利于排出热量。如图 1-7-10 所示,来自电动压缩机的制冷剂以高温高压的气态形式从顶部进入冷凝器。经过冷凝器时,制冷剂释放所含的大量热量并凝集在底部。在冷凝器出口,制冷剂为中温高压液体。

图 1-7-10　冷凝器的工作原理

3. 膨胀阀

膨胀阀的作用是使从冷凝器过来的中温高压液态制冷剂通过膨胀阀节流降压成为容易蒸发的低温低压液体制冷剂进入蒸发器,即分开了制冷剂的高压侧和低压侧。膨胀阀可以自动调节制冷剂流量,即根据制冷负荷的改变和电动压缩机转速的变化,自动调节制冷剂进入蒸发器的流量以满足制冷循环的需要。膨胀阀的结构如图 1-7-11 所示。

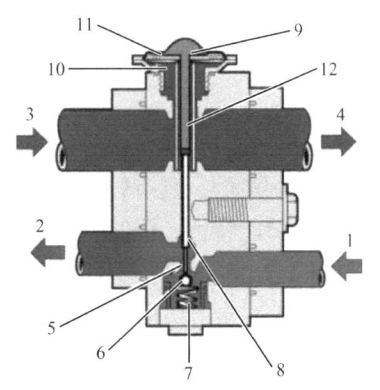

1—从储液干燥器；2—到蒸发器；3—从蒸发器；4—到电动压缩机；5—节流孔；6—流量控制珠；7—弹簧；
8—活动杆；9—制冷剂；10—补偿压力；11—金属膜；12—感温元件

图 1-7-11　膨胀阀的结构

4．蒸发器

蒸发器是一个热交换器，减压后的制冷剂以气态形式进入蒸发器，蒸发器中的制冷剂在吸收进入车内的外部空气的热量后蒸发。蒸发器外形如图 1-7-12 所示。在蒸发器出口处，制冷剂为低温低压气体。另外，在蒸发器处安装蒸发器温度传感器来测量蒸发器温度。当蒸发器温度低于一定温度时，空调系统停止运转，防止蒸发器结霜、结冰；当蒸发器温度高于一定温度时，空调系统才能重新接通。

图 1-7-12　蒸发器外形

三、新能源汽车送风系统

新能源汽车送风系统的作用是将经过冷却或加热的空气通过特定的风道送到车厢内相应的位置。送风系统主要由鼓风机、风道、阻风门和出风口等组成。如图 1-7-13 所示，空调控制器控制电机调节和控制系统中的各个风门，使其按需要移动到各种位置，引入内部或外部的空气通过不同的风道，实现各种送风模式。

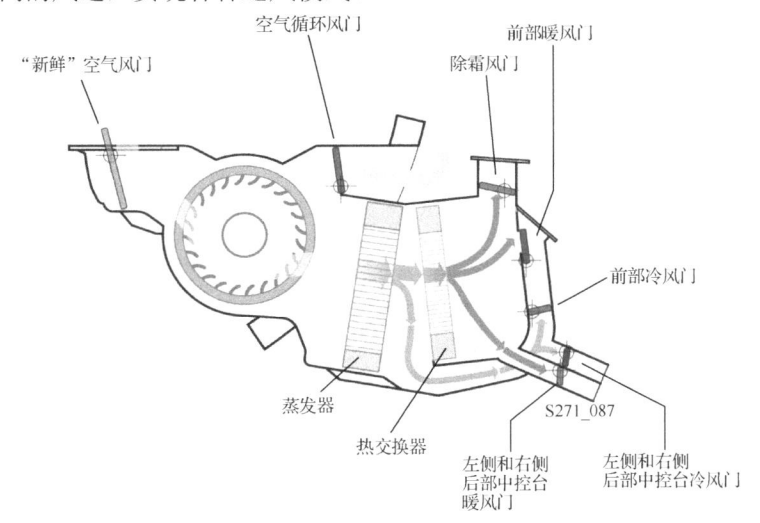

图 1-7-13　送风系统

四、PTC 加热器

1．PTC 加热器的特点

目前，新能源汽车使用的 PTC 加热器通常是由陶瓷材料制成的，陶瓷 PTC 热敏电阻是以钛酸钡为基础，掺杂其他的多晶陶瓷材料制成的，具有较低的电阻和半导体特性。采用 PTC 陶瓷发热体制造的暖风机具有优异的调温与节能特性、极低的热惯性、无明火和无辐射的安全性，以及良好的抗震性等优点。PTC 加热器的输出功率会随着环境温度的升高而明显降低，在风量不变的情况下，当加热使环境温度上升时 PTC 输出功率下降，这一特征在一定程度上起到了自动调节功率的作用，可以理解为室温越低，PTC 输出功率越高，加热也就越迅速。随着室温升高，PTC 输出功率逐步下降，升温速度缓慢。PTC 加热器的结构如图 1-7-14 所示。

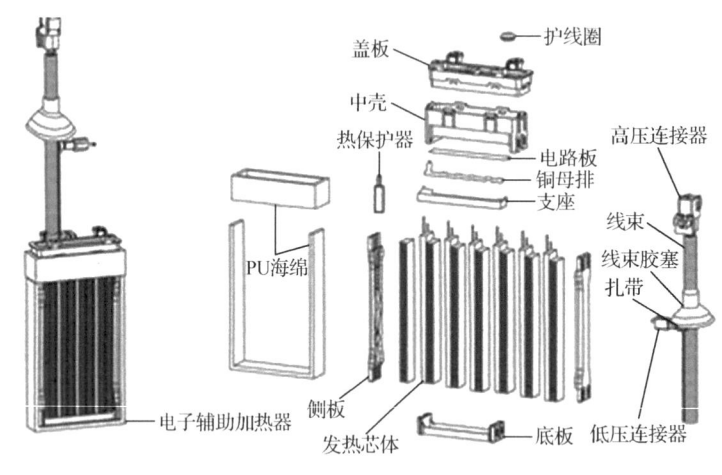

图 1-7-14　PTC 加热器的结构

2．PTC 加热器的分类

PTC 加热器按传导方式可分为以下三类。

（1）以热传导为主的 PTC 陶瓷加热器，其特点是通过 PTC 元件表面安装的电极板（导电兼传热）、绝缘层（隔电兼传热）、导热蓄热板（有的还附加导热胶）等多层传热结构，把 PTC 元件发出的热量传到被加热的物体上。

（2）以所形成的热风进行对流式传热的 PTC 陶瓷热风器，其特点是输出功率高，并能自动调节吹出风温和输出热量。

（3）PTC 陶瓷红外辐射加热器，其特点是利用 PTC 元件或导热板表面迅速发出的热量直接或间接地激发接触其表面的远红外涂料或远红外材料使其辐射出红外线。

📖 任务实施

一、五菱宏光 MINIEV 汽车空调系统组成与维护

1．五菱宏光 MINIEV 汽车空调系统组成

五菱宏光 MINIEV 汽车具有制冷和制热功能。空调系统由空调控制器、整车控制器、电动压缩机控制器、电动压缩机、鼓风机调速模块、鼓风机、PTC 加热器、高压配电盒、冷凝器风扇、蒸发器温度传感器、温控开关、压力开关等组成，如图 1-7-15 所示。

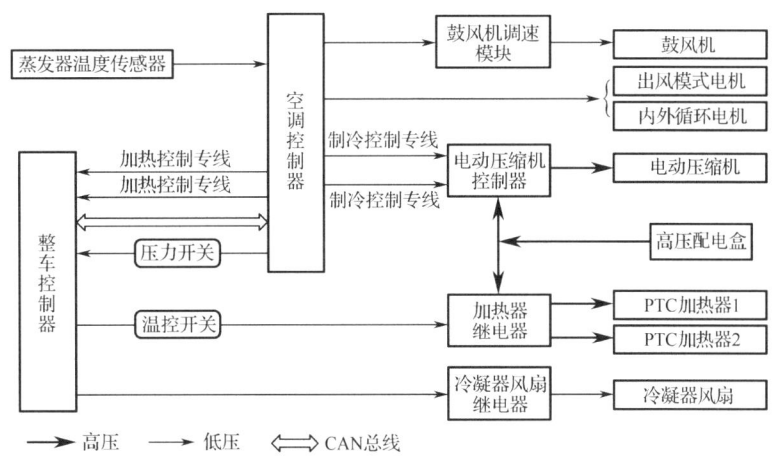

图 1-7-15 五菱宏光 MINIEV 汽车空调系统结构

2. 五菱宏光 MINIEV 汽车空调系统维护

1）五菱宏光 MINIEV 汽车空调系统的检查

五菱宏光 MINIEV 汽车空调系统维护工作以检查为主，其检查内容如下。

（1）开启鼓风机，调整鼓风机挡位开关，变换送风模式和进气模式，检查各进气口和出风口是否正常进气/出风。

（2）开启制冷系统，检查出风口温度是否正常。

（3）观察制冷系统管路是否存在油污、破损、裂纹等现象。

（4）开启制热系统，检查出风口温度是否正常。

2）清洁或更换空调滤清器

（1）拆卸空调滤清器盖板。空调滤清器安装在驾驶员前方，加速踏板的右侧，如图 1-7-16 所示。

（2）取出空调滤清器，观察空调滤清器是否存在脏污、变形或损坏，若存在，则更换新件。

（3）安装空调滤清器和盖板。

图 1-7-16 五菱宏光 MINIEV 汽车空调滤清器安装位置

二、五菱宏光 MINIEV 汽车空调系统工作原理

1. 五菱宏光 MINIEV 汽车制冷系统工作原理

电动压缩机工作前需满足 9 个条件：①整车处于准备状态；②动力电池系统电量大于 30%；③空调 AC 开关接通；④CDU 输入电动压缩机控制器高压直流电；⑤CDU 输入电动压缩机控制器电流；⑥电动压缩机控制器内部温度为 0~80℃；⑦蒸发器温度传感器温度大于 3℃；⑧压力开关闭合，即压力开关处压力值为 0.196±0.02~3.14±0.2MPa；⑨鼓风机启动。

五菱宏光 MINIEV 汽车制冷系统电路图如图 1-7-17 所示。在满足以上 9 个条件的情况下，空调系统操作开关与空调控制器（K33）集成在一起，整车控制器（K114D）接收到空调控制器传递来的空调开关控制信号后，控制电动压缩机离合器继电器（KR29）、冷凝器风扇继电器（KR20F）接通，从而控制电动压缩机和冷凝器风扇工作。电动压缩机控制器在接收空调控制器的制冷需求信号后，发出相应信号，高压输入电动压缩机，驱动电动压缩机以对应挡位转速运行，经电动压缩机压缩的冷媒流到蒸发器芯体后膨胀吸热，鼓风机使空气流过蒸发器芯体并将经过制冷的空气吹到车内达到制冷车内空气目的。

· 101 ·

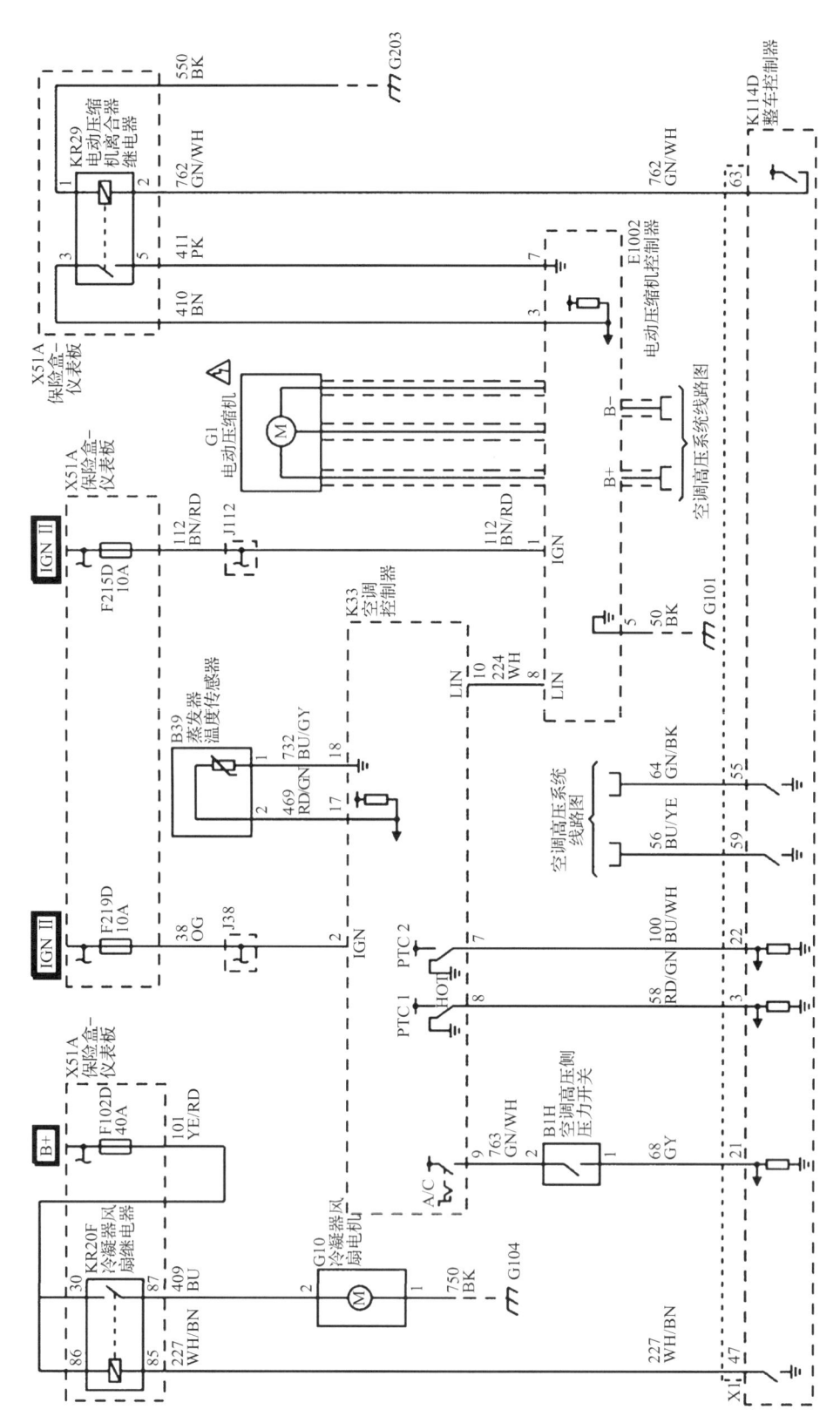

图 1-7-17 五菱宏光 MINIEV 汽车制冷系统电路图

2．五菱宏光MINIEV汽车制热系统工作原理

五菱宏光MINIEV汽车制热系统工作需满足以下5个条件：①整车处于准备状态；②动力电池系统电量大于30%；③开启暖风；④鼓风机启动；⑤电子辅助加热器连通。

五菱宏光MINIEV汽车制热系统电路图如图1-7-18所示。在满足以上5个条件的前提下，空调控制器选择加热模式时，加热请求信号从空调控制器传到整车控制器，整车控制器收到加热请求信号后控制CDU中对应加热挡位继电器吸合，动力电池高压电通过CDU中继电器传到电子辅助加热器中导通对应发热芯体使其升温，初始电子辅助加热器中发热芯体温度较低，电阻很小，高压电通过时电流很大，使发热芯体温度迅速升高，电阻随之呈数量级增大，当发热芯体温度升到270℃左右时，电阻开始保持稳定，电流不再变化，发热芯体温度随之稳定，加热挡位不同，导通的发热芯体及其数量也就不同，鼓风机使空气流过加热器并将经过加热的空气吹到车内达到加热车内空气的目的。

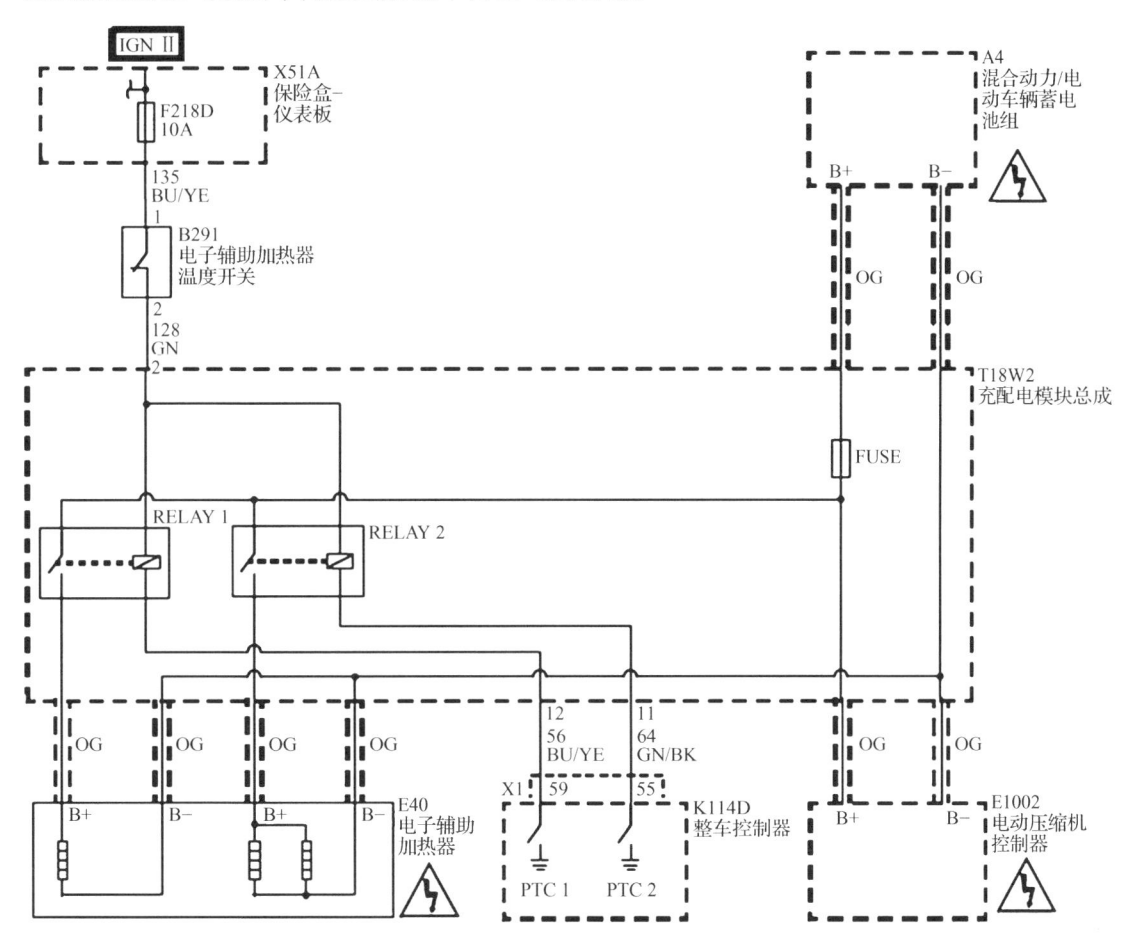

图1-7-18　五菱宏光MINIEV汽车制热系统电路图

3．五菱宏光MINIEV汽车送风系统工作原理

五菱宏光MINIEV汽车送风系统电路图如图1-7-19所示。鼓风机由鼓风机调速模块进行速度控制。空调控制器通过发送给鼓风机调速模块一个转速控制信号，从而对鼓风机进行速度控制。出风模式电机和内外循环电机直接由空调控制器来控制。

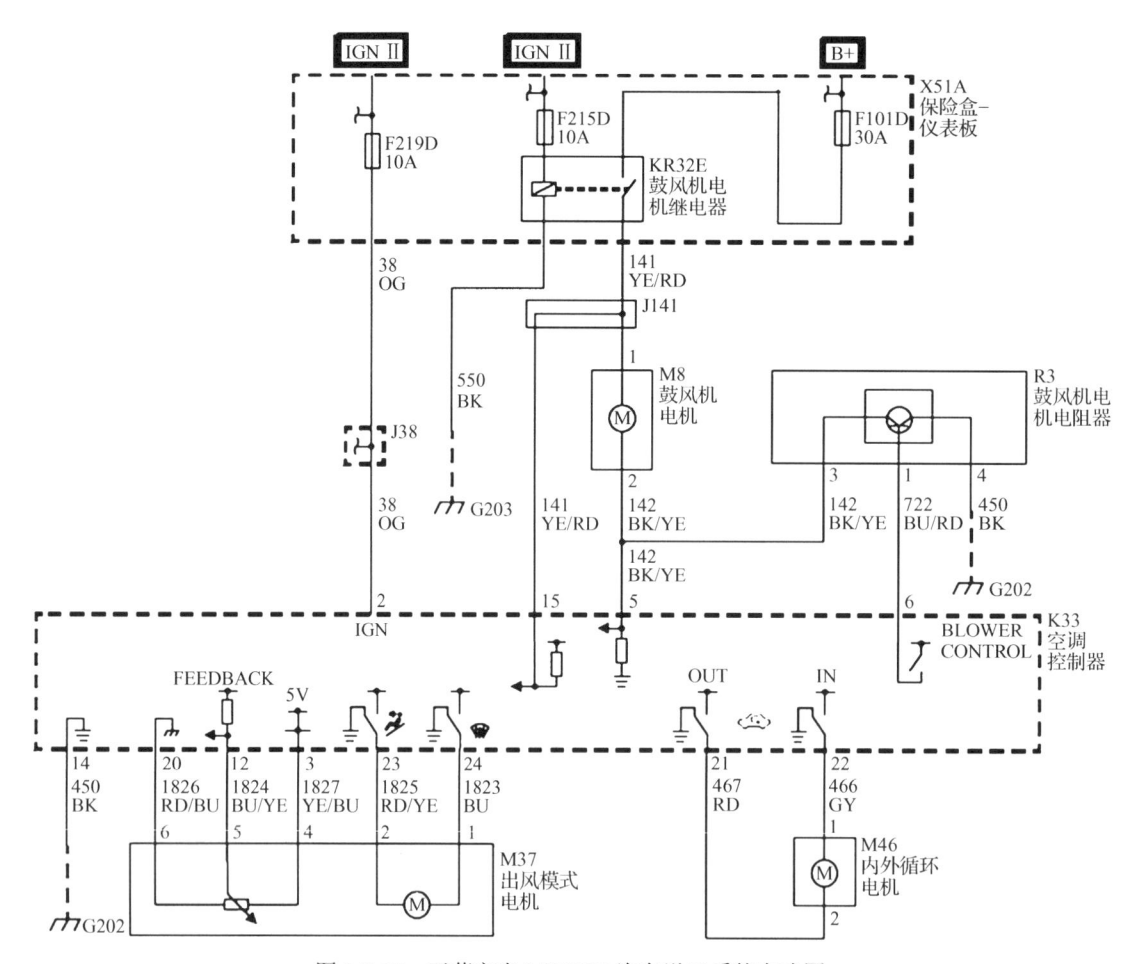

图 1-7-19　五菱宏光 MINIEV 汽车送风系统电路图

三、五菱宏光 MINIEV 汽车空调系统检测与维修

1. 五菱宏光 MINIEV 汽车制冷系统检测与维修

1）初步判断

车辆正常上电，打开鼓风机 1 挡，将空调模式开关向左扭到制冷挡位（开关来回转动），注意听电动压缩机继电器吸合声音，或者用手触摸右侧仪表板下保险盒内电动压缩机继电器，感受继电器是否有动静。若继电器吸合，则检查执行部分；若继电器不吸合，则检查控制部分。

2）执行部分检查

（1）判断电动压缩机是否有动作。若电动压缩机有动作，则检查冷凝器风扇插头及相关电路，若电动压缩机没有故障，则检测制冷系统压力，根据压力测量结果进一步反思检查冷凝器或膨胀阀。

（2）若电动压缩机无动作，则打开空调制冷模式，观察出风口是否出热风，若出风口无热风，则检查车载充电机内熔断器 F2。

（3）若出风口出热风，则检查电动压缩机控制器电源与搭铁端是否正常，若不正常，则检查相关线路。

（4）若电动压缩机控制器电源与搭铁端均正常，则检查制冷需求信号线是否正常。

（5）若以上检查均正常，则更换电动压缩机。

3）控制部分检测

（1）拔下蒸发器温度传感器插头，用万用表直流电压挡直接测量插头侧 2 号端子，可测量出 5V 左右的电压。若测量不到电压，则检查从蒸发器温度传感器到空调控制器的线路，如果线路正常，可以换个传感器。

（2）检查压力开关。将空调控制器模式开关扭到制冷模式，拔出压力开关，用试灯直接测量绿白色线，若试灯点亮，则说明供电正常，插上压力开关插头再测量另一端（灰色线），若试灯亮，则说明压力开关是导通的，若试灯不亮，则说明压力开关没有导通（可能是压力开关出现故障卡死、空调系统内没有冷媒或冷媒压力过小、空调系统内冷媒压力过高等）。若没有电或线路不通，则检查线路或空调控制器（注：绿白色线接到空调控制器插头 9 号端子，灰色线接到 VCU-X1 21 号端子）。

2. 五菱宏光 MINIEV 汽车制热系统检测与维修

（1）检测空调制热信号是否正常。打开鼓风机 1 挡，将空调模式开关向右扭到制热挡位（开关来回转动），使用诊断仪查看相应数据流选项，或者测量整车控制器线束 X3 的端子 3 和端子 22 的电压是否在 0～5V 变换（开关断开时应为 0V，接通时应为 5V）。若不正常，则进一步检测相应线路。

（2）检测 PTC 加热器控制信号是否正常。打开鼓风机 1 挡，将空调模式开关向右扭到制热挡位（开关来回转动），使用诊断仪查看相应数据流选项，或者测量整车控制器线束 X1 的端子 59 和端子 55 的电压是否在 12～0V 变换（开关断开时应为 12V，接通时应为 0V）。若不正常，则进一步检测相应线路。

（3）检测 PTC 加热器工作电路是否正常。分别检查高压熔断器、高压继电器、PTC 元件是否正常，若均正常，则进一步检测线路是否正常。

任务考评

本任务内容的考核与评分如表 1-7-2 所示。

表 1-7-2 考核与评分表

考核内容	考核要求	评分标准	配分	得分 自评	得分 互评	得分 教师评
1.车辆基本检查	（1）正确放置车轮挡块； （2）正确安装座椅套、方向盘套、手刹套、脚垫； （3）正确检查蓄电池电压	错误一处扣 5 分	20			
2.车辆基本信息检查	准确记录车辆基本信息	错误一处扣 5 分	10			
3.汽车空调系统识别	（1）正确识别汽车制冷系统、制热系统与送风系统的部件； （2）准确描述各部件的工作原理	错误一处扣 5 分	20			
4.空调系统故障检测与维修	（1）准确识读汽车空调系统电路图； （2）准确读取故障代码； （3）准确观察数据流； （4）正确检测相关元件； （5）科学制定维修方案； （6）维修措施合理	错误一处扣 3 分	40			

续表

考核内容	考核要求	评分标准	配分	得分		
				自评	互评	教师评
5．职业素养	（1）学习态度：积极主动参与学习； （2）团队合作：与小组成员一起分工合作，不影响学习进度； （3）现场管理：服从工位安排、执行实训室管理规定	不足之处扣3分	10			
6．安全文明生产	自觉遵守安全文明生产规程	违反一项规定扣5分				
合计	—	—	100			
操作时间	开始时间：	结束时间：		实际用时：		

项目2　微型新能源汽车定制化改装

任务1　微型新能源汽车部件拆装

学习目标

1. 认识常见紧固件。
2. 能熟练运用拆装工具。
3. 能描述汽车内外部件。
4. 正确拆装车辆部件。
5. 了解拆装部件注意事项。

任务分析

当微型新能源汽车发生事故或对其进行定制化设计时，需对相关的部件进行拆卸，方便施工，那么我们需要掌握汽车维修常用工具的名称及正确的使用方法，了解汽车相关部件的拆装流程及注意事项。

任务准备

一、车身常见紧固件

1. 螺栓螺母

螺纹连接是一种广泛使用的、可拆卸固定连接，具有结构简单、连接可靠、装拆方便等优点。螺栓螺母连接和螺栓焊接螺母连接分别如图 2-1-1 和图 2-1-2 所示。

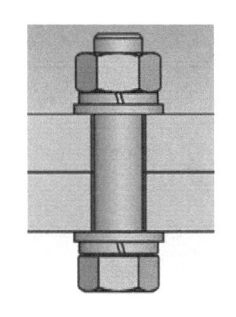

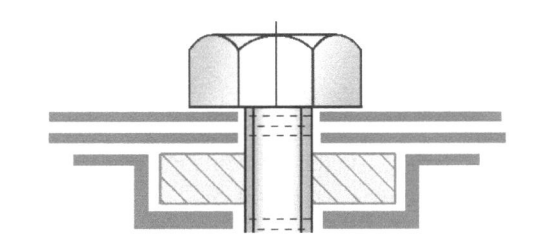

图 2-1-1　螺栓螺母连接　　　　图 2-1-2　螺栓焊接螺母连接

2. 卡扣

卡扣用来安装汽车内饰件、装饰条、外饰件、线路等。常见的卡扣有螺钉卡扣和塑料卡扣，螺钉卡扣和卡扣螺钉分别如图 2-1-3 和图 2-1-4 所示，塑料卡扣如图 2-1-5 所示。

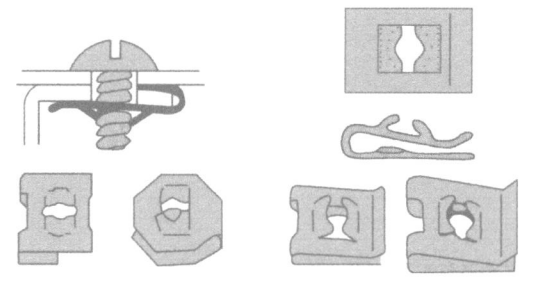

图 2-1-3　螺钉卡扣　　　　　　　　　图 2-1-4　卡扣螺钉

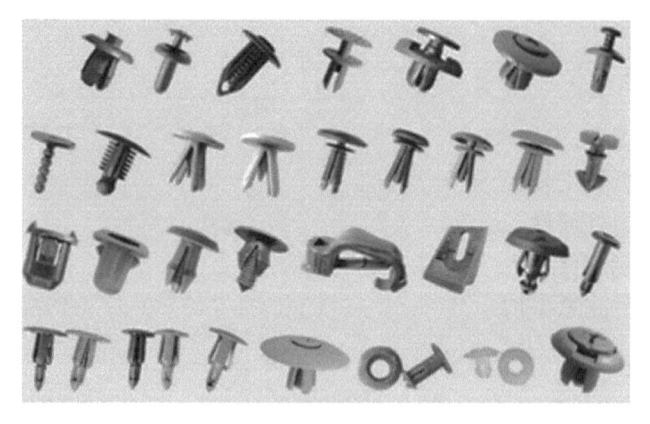

图 2-1-5　塑料卡扣

二、常见拆装工具

1．开口扳手
开口扳手（见图 2-1-6）可扳拧螺栓、螺母。

2．梅花扳手
梅花扳手（见图 2-1-7）可套住螺母和螺栓外缘，能够更好地施力。

图 2-1-6　开口扳手　　　　　　　　　图 2-1-7　梅花扳手

3．内六角扳手
内六角扳手（见图 2-1-8）常用来拆装带轮、齿轮、后视镜和手柄上的紧固螺钉。

4．套筒
套筒（见图 2-1-9）特别适用于拧转空间十分狭小或深孔中的螺栓或螺母。

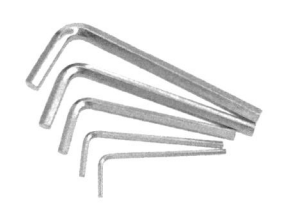

图 2-1-8　内六角扳手　　　　　　　　图 2-1-9　套筒

5．棘轮手柄
棘轮手柄（见图 2-1-10）的做功方向可通过拨动杆上的旋钮进行选择。

6．螺钉旋具
螺钉旋具（见图 2-1-11）用于旋紧和旋松带有槽缝的螺钉。

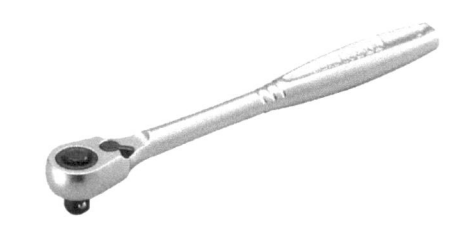

图 2-1-10　棘轮手柄　　　　　　　　图 2-1-11　螺钉旋具

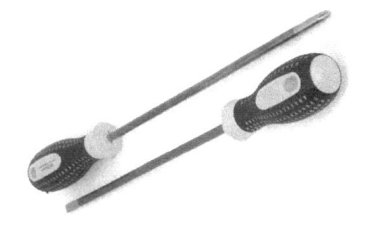

7．尖嘴钳
尖嘴钳（见图 2-1-12）能够伸到狭小的空间中夹住小零件。

8．卡扣起子
卡扣起子（见图 2-1-13）用于拆卸卡扣。

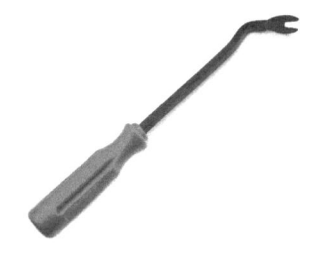

图 2-1-12　尖嘴钳　　　　　　　　图 2-1-13　卡扣起子

9．塑料撬板
拆卸车身塑料件时选用的塑料撬板（见图 2-1-14）一定要按照维修手册标注选用，以免对塑料件造成损坏。

三、车身部件

1．保险杠
一般汽车有前、后保险杠。

保险杠主要功能是：保护车身，减小对被撞物体或人的损害程度；作为外部装饰件，美化汽车的外形。前保险杠和后保险杠分别如图 2-1-15 和图 2-1-16 所示。

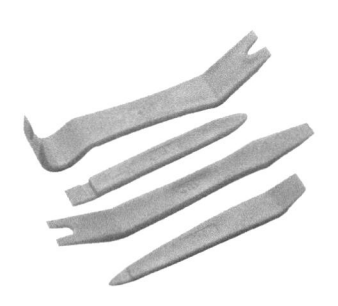

图 2-1-14　塑料撬板

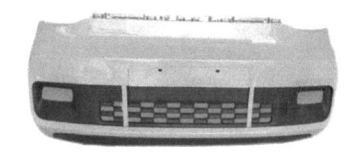

图 2-1-15　前保险杠　　　　　　　　　图 2-1-16　后保险杠

2. 机舱盖

机舱盖（见图 2-1-17）位于车辆前上部，并处于两侧翼子板之间，是机舱的维护盖板。

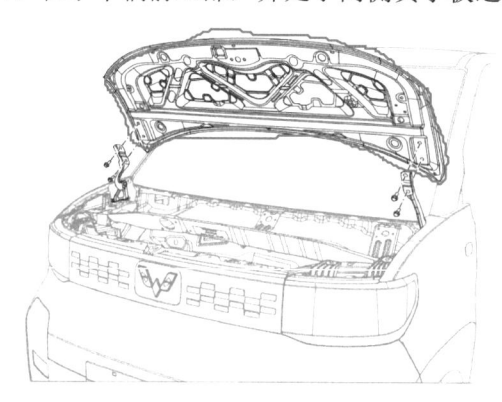

图 2-1-17　机舱盖

3. 翼子板

翼子板是遮盖车轮的车身外板，是车身非常重要的结构件。翼子板有前翼子板和后翼子板两种类型。前翼子板和后翼子板分别如图 2-1-18 和图 2-1-19 所示。

图 2-1-18　前翼子板　　　　　　　　　图 2-1-19　后翼子板

翼子板的主要功用和要求有：遮挡车轮及车身的内部结构件，使车身具备统一的车身造型，确保车身的造型线条完美、流畅；前翼子板将机舱盖以上及正前面的行驶气流向车身两侧分流和导流，以减小空气阻力。

4．车顶

车顶板是车厢顶部的盖板，通常焊接在立柱上。车顶板上可以装备天窗、换气窗或天线等。

车顶（见图 2-1-20）主要由车顶板、车顶内衬、横梁等组成。

5．车门

车门（见图 2-1-21）通常由门外板、门内骨架、门内板、内饰等组成，门外板、门内骨架和门内板通常用点焊的方式接合在一起。为提高侧面抗碰撞强度，门内通常还设有防撞杆。车门上通常装有车窗玻璃、玻璃升降器、门锁及相关电控装置、按钮和开关等。车门通过铰链与门柱相连，车门铰链通过螺栓或焊接方式固定在立柱和门框上。

图 2-1-20　车顶 　　　　　　　　　　图 2-1-21　车门

四、拆装部件注意事项

1．螺栓要按顺序拆装

螺栓要按顺序拆装的目的是防止拆装时断裂和变形。

2．螺栓要以规定力矩拧紧

螺栓分为塑性螺栓和非塑性螺栓，一般塑性螺栓的拆装要按照维修手册标准执行，非塑性螺栓不要扭力过度。

3．螺丝孔内不要有水和胶

安装螺栓时，确保螺丝孔清洁，其孔内不要有水和胶等。

4．螺栓型号不要搞混

螺栓的安装不要混乱，不同型号的螺栓长度或大小不同。

5．拆装的部件要摆放整齐

拆装时注意部件的摆放顺序，防止摆错，一定要分类整齐按顺序摆放。

6．要做好防护

在拆装过程中，要对车辆做好防护，以防对车辆外观造成损伤。此外，要对部件做好归类并做好防护。

7．要做好标记

某一些部件在拆卸时要做好标记，防止安装不对位。

8．工具选择合理

在选用拆装工具时，做到工具的选择与被拆螺栓匹配。

9. 高压安全

拆装新能源汽车时，请勿触碰橙色电缆，以防触电。

任务实施

一、内饰拆装

1. 车顶内衬的更换

车顶内衬的更换如图 2-1-22 所示。

（1）拆卸顶灯和阅读灯。

（2）拆卸遮阳板。

（3）拆卸车顶辅助拉手。

（4）拆卸前立柱（A 柱）上装饰板。

（5）拆卸后侧围上装饰板。

2. 仪表板总成的更换

仪表板总成的更换如图 2-1-23 所示。

（1）拆卸仪表板中间装饰板。

（2）拆卸转向柱上盖。

（3）拆卸组合仪表。

（4）拆卸驾驶侧膝部挡板。

（5）拆卸前立柱（A 柱）下装饰板。

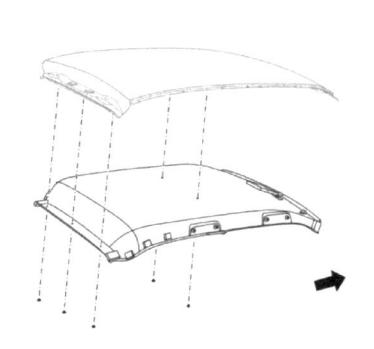

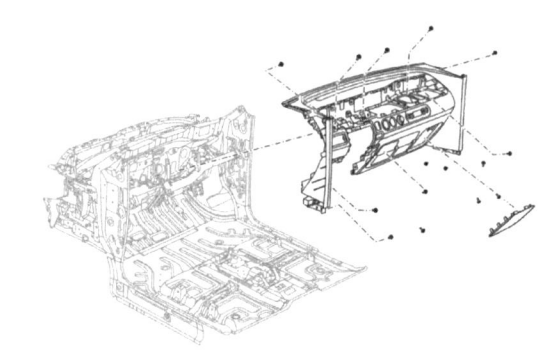

图 2-1-22　车顶内衬的更换　　　　图 2-1-23　仪表板总成的更换

二、车外部件拆装

1. 保险杠的拆装

拆装保险杠，最重要的是找到其固定位置，一般从保险杠的上、下，左、右，前、后位置去找。

1）前保险杠的拆装

前保险杠的拆装如图 2-1-24 所示。

（1）工具准备：工作台架、相应扳手、螺钉旋具等。

（2）拆卸汽车蓄电池，把它放在安全的地方。

（3）从纵梁内侧拆下前保险杠的左右螺钉。

（4）拆下保险杠与翼子板之间的固定螺钉。
（5）将保险杠从安装处慢慢拉出。
（6）将保险杠规范地放置在工作台架上面，不要随意地放在地上或容易碰到的地方。
（7）安装则反之，注意固定好螺栓或螺钉。

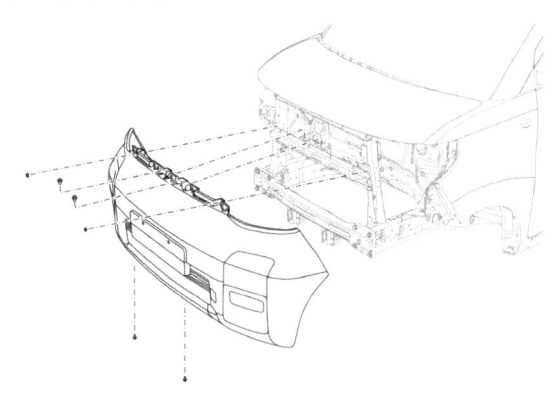

图 2-1-24　前保险杠的拆装

2）后保险杠的拆装

后保险杠的拆装如图 2-1-25 所示。
（1）准备工具车和工具。
（2）拆下行李箱锁扣装饰条。
（3）拆下室内后饰板。
（4）取出室内保险杠的左右固定螺钉。
（5）取下后保险杠两边与后翼子板连接的自攻螺钉。
（6）小心拿出后保险杠，平放在工具车的上方。
（7）安装则反之，注意固定好螺栓或螺钉。

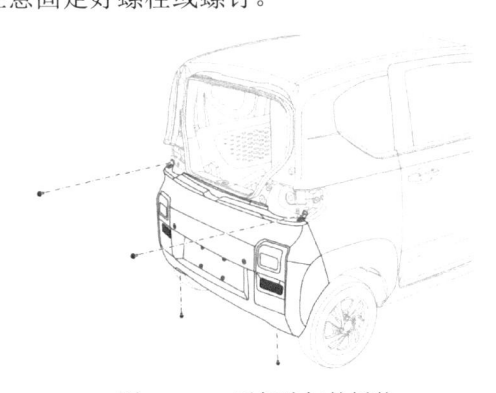

图 2-1-25　后保险杠的拆装

2．前翼子板的拆装

前翼子板属于前车身的主要覆盖件，通过螺栓固定在前悬架支撑板上。它不仅起着使车身线条流畅的作用，也使前车身的整体性和强度更高。

前翼子板的拆装如图 2-1-26 所示。
（1）打开前机舱盖。
（2）拆卸前保险杠蒙皮总成。

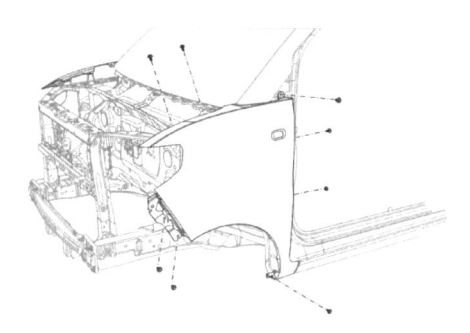

图 2-1-26 前翼子板的拆装

（3）拆卸前保险杠蒙皮连接支架。
（4）拆卸翼子板三角饰盖。
（5）拆卸前轮罩衬垫与翼子板连接的螺钉或卡扣。
（6）拆卸前翼子板。
（7）安装则反之，注意固定好螺栓或螺钉。

3．前侧门外把手的更换

前侧门外把手的更换如图 2-1-27 所示。
（1）取下螺栓检修孔塞。
（2）拆卸前侧门外把手螺栓。
（3）从壳体上拉出锁芯以将其拆下。
（4）安装则反之，注意固定好螺栓或螺钉。

4．后视镜的更换

后视镜的更换如图 2-1-28 所示。
（1）拆卸前门三角饰板总成。
（2）断开与车外后视镜连接的线束。
（3）拆卸车外后视镜安装螺栓。
（4）取下后视镜。
（5）安装则反之，注意固定好螺栓或螺钉。

图 2-1-27 前侧门外把手的更换　　图 2-1-28 后视镜的更换

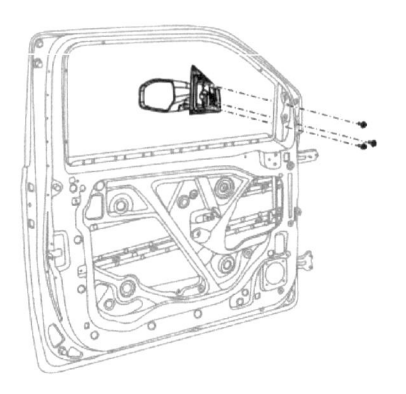

5．机舱盖的更换

机舱盖的更换如图 2-1-29 所示。
（1）准备拆装套筒。
（2）打开机舱盖并支撑好。
（3）拆卸机舱盖锁总成。
（4）在机舱盖铰链位置上标上记号，以便于以后的安装。
（5）拆下机舱盖铰链固定螺栓。
（6）两人合作，小心拆下机舱盖并规范放置。
（7）安装按照拆卸相反顺序进行，必要时进行调节，调节机舱盖使其和前格栅、前照灯，以及前翼子板之间间隙均匀，并使其与前格栅、前照灯，以及前翼子板齐平。

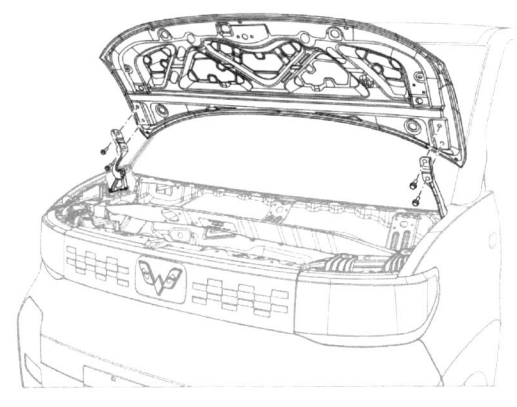

图 2-1-29 机舱盖的更换

任务考评

本任务内容的考核与评分如表 2-1-1 所示。

表 2-1-1 考核与评分表

考核内容	考核要求	评分标准	配分	自评	互评	教师评
1. 车辆基本检查	（1）正确放置车轮挡块； （2）正确安装座椅套、方向盘套、手刹套（非电子驻车配置，采用电子驻车的车辆请忽略此项）、脚垫； （3）正确检查蓄电池电压	错误一处扣 5 分	20			
2. 车辆基本信息检查	准确记录车辆基本信息	错误一处扣 5 分	10			
3. 对拆装工具及紧固件的认识	正确使用拆装工具及紧固螺钉	错误一处扣 5 分	10			
4. 对汽车内外部件的认识	正确描述汽车内外部件	错误一处扣 5 分	10			
4. 车辆部件拆装	（1）正确使用拆装工具； （2）正确拆装车外部件； （3）正确拆装内饰； （4）正确填写作业记录表； （5）正确回收工具	错误一处扣 5 分	40			
5. 职业素养	（1）学习态度：积极主动参与学习； （2）团队合作：与小组成员一起分工合作，不影响学习进度； （3）现场管理：服从工位安排、执行实训室管理规定	不足之处扣 3 分	10			
6. 安全文明生产	自觉遵守安全文明生产规程	违反一项规定扣 5 分				
合计	—	—	100			
操作时间	开始时间：	结束时间：		实际用时：		

任务 2　微型新能源汽车内饰加装

学习目标

1. 了解内饰产品的简介及设计。
2. 学会内饰产品的选型。
3. 掌握内饰产品的分类及注意事项。
4. 掌握内饰加装的施工技巧。

任务分析

汽车个性化定制成为当今的一种潮流，目前大多数汽车内室都有座椅、脚垫等内饰的加装，但是如何选择符合车主自身气质的内饰产品和车主的要求极为重要，五菱宏光 MINIEV 汽车的到来使得新能源汽车市场偏向了城市化、便捷化、微小化，以及个性化的发展。其中以适合于女性的马卡龙"女神"款和适合于时代潮流的"国潮牛"款的内饰加装尤为火爆。我们了解内饰产品的设计理念，以及内饰产品的选型、分类及注意事项，掌握内饰加装的施工技巧，有助于成为后市场服务型技能人才。

任务准备

一、内饰产品的简介及设计

内饰产品的加装部位一般有座椅、脚垫、仪表台、门板扶手、方向盘等。加装的面套材料主要有卷料和辅料。

卷料多指薄片状卷曲成卷的材料，而辅料指将片材间相互连接起来，更加挺括的材料。卷料主要为以下几种：①织物：机织布、针织布；②牛皮：打孔皮、不打孔皮；③人造革：PVC 皮革、PU 皮革。

1. 织物

织物主要分为针织布和机织布两种。针织布由线圈相互套圈而成，弹性好，透气性能好，手感松软。针织布按照成圈的方向可分为经编织物和纬编织物。

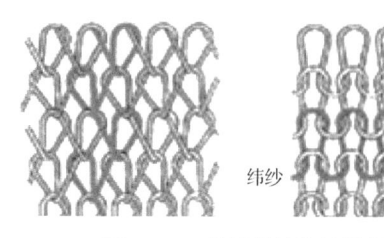

图 2-2-1　经编织物和纬编织物

经编织物由一组沿着成布方向的纱线（经纱）左右绕结成布。经编织物形成了回环绕结，结构稳定，有的弹性极小。纬编织物由一根垂直方向的纱线（纬纱）上下绕结成布。大家身上的毛衣就是纬编织物。经编织物和纬编织物如图 2-2-1 所示。

机织布是由两条或两组以上的相互垂直纱线，以 90°角进行经纬交织而成的织物。机织布质地紧密，触感柔软，具有良好的抗静电、耐光照、耐摩擦等特点，如图 2-2-2 所示。

图 2-2-2 机织布

2. 真皮

真皮一般分为头层皮和二层皮等。汽车内饰真皮多以头层牛皮（二层皮使用寿命较短一些）为主，不同温度带的牛的皮质也不同，优质的牛皮非常细腻，毛孔位置分布均匀，持久耐用（可至少达 7 年），弹性也很好，不易被损坏，如果脏了，简单清洗擦拭即可。

在头层牛皮中，我们根据表面处理的程度把汽车内饰真皮分为粒面皮、半粒面皮及修面皮三种。品质关系为：粒面皮>半粒面皮>修面皮。头层牛皮座椅如图 2-2-3 所示。

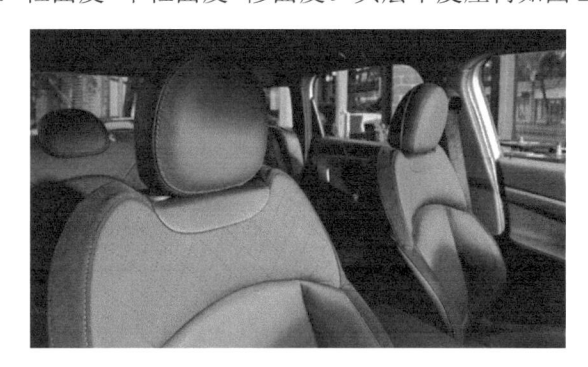

图 2-2-3 头层牛皮座椅

对于修面皮，需要将原有粒面磨去并涂上颜料，压花以假粒面来代替，涂树脂涂层，可以做车主想要的新的纹理，手感偏硬。半粒面皮保留了牛皮本身的自然状态，需要简单地打磨表面。粒面皮保留了原有完整的花纹，天然毛孔和纹理清晰可见，皮质越好，修饰越少。粒面皮座椅如图 2-2-4 所示。

图 2-2-4 粒面皮座椅

3. 人造革

成本较低的汽车座椅垫通常采用人造革，人造革是手感与皮革相似的塑料制品。通常以织物为底基，由合成树脂添加各种塑料添加剂涂覆制成。

人造革是介于织物和真皮之间的一种材料。近年来人造革在国产车上用得比较多，质感较好，可提升档次，价格相对便宜，并且利用率较高，一般在75%左右。根据材质的不同，人造革可分为两类：PVC皮革和PU皮革。

根据性能的不同，PVC皮革有耐磨PVC皮革和不耐磨PVC皮革之分，价格跨度会大一些。PU皮革的性能要优于PVC皮革，主要体现在热稳定性上，PU皮革的稳定温度可以达到100℃。另外，PU皮革也更加耐磨一些，而且更加柔软。PVC皮革和PU皮革分别如图2-2-5和图2-2-6所示。

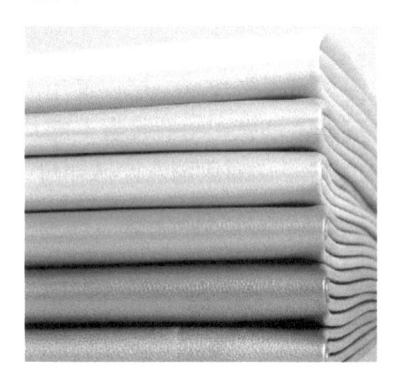

图2-2-5　PVC皮革　　　　　　　　图2-2-6　PU皮革

辅料的主要作用是让片材与片材直接缝合、连接，让面套具备基本的形状，更加挺括，同时便于面套与泡沫及骨架相连接。面套上常用的辅料有异型条、PWP吊紧条、刺毛条、魔术贴等，分别如图2-2-7～图2-2-10所示。

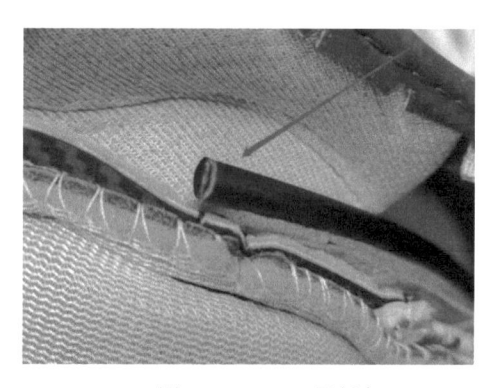

图2-2-7　异型条　　　　　　　　图2-2-8　PWP吊紧条

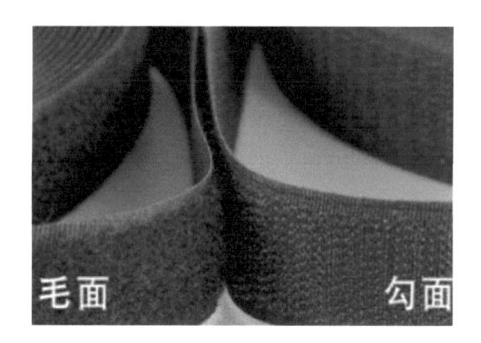

图2-2-9　刺毛条　　　　　　　　图2-2-10　魔术贴

本任务联合上汽通用五菱汽车股份有限公司，以五菱宏光 MINIEV 汽车为原车型，此车型内饰的加装一般采用 PU 皮革材质，主要面料是银离子抗菌 NAPPA 皮革（见图 2-2-11 和图 2-2-12）和无溶剂 NAPPA 皮革。银离子抗菌 NAPPA 皮革采用抗菌的工作原理，经过检测符合国际 I 级抗菌标准，抗菌率达 99.99%以上，接近无菌状态，手感舒适，颜色纯正，支持 57 种颜色选择。

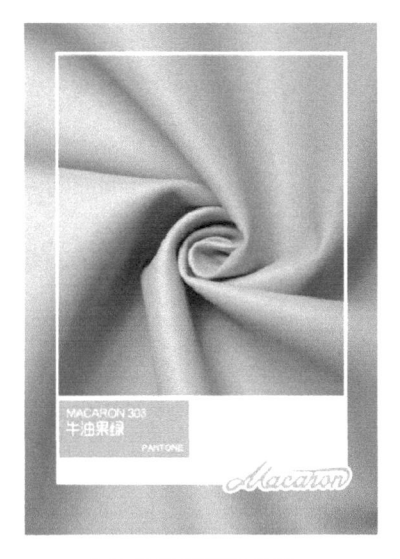

图 2-2-11　牛油果绿银离子抗菌 NAPPA 皮革　　　图 2-2-12　柠檬黄银离子抗菌 NAPPA 皮革

与 PVC 皮革相比，无溶剂 NAPPA 皮革采用无溶剂加工处理技术，符合欧盟环保标准，耐磨耐刮，耐高温暴晒，无毒无味。而 PVC 皮革的原材料相当于塑料，不环保，始终存在味道且手感偏硬。

无溶剂 NAPPA 皮革结构如图 2-2-13 所示。

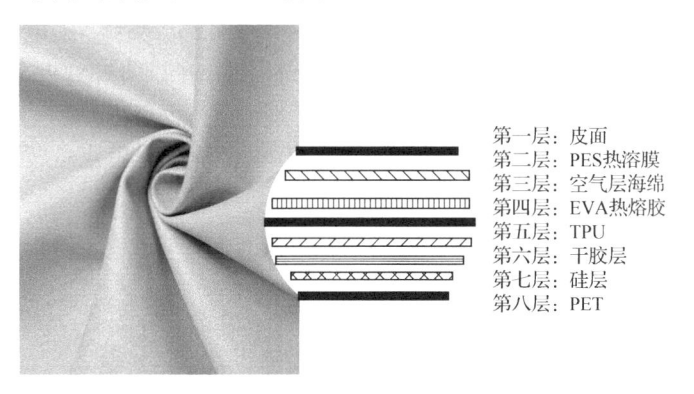

第一层：皮面
第二层：PES热熔膜
第三层：空气层海绵
第四层：EVA热熔胶
第五层：TPU
第六层：干胶层
第七层：硅层
第八层：PET

图 2-2-13　无溶剂 NAPPA 皮革结构

二、内饰产品的选型

本任务联合上汽通用五菱汽车股份有限公司，结合五菱宏光 MINIEV 汽车的潮改需求，介绍以下几款五菱宏光 MINIEV 汽车的潮改套装。

1. 马卡龙"女神"款

马卡龙色系指的是一组温柔且治愈的绘画配色，是饱和度较低的色系，如淡紫、淡蓝、浅粉红、浅灰等。马卡龙色系自带少女气息，也是许多少女喜欢搭配的颜色。采用 V 形切线比例，将粉色与白色撞色融合，满满的少女心，座椅头枕处有马卡龙专属签名，推出白桃粉、牛油果绿、柠檬黄三款配色，全车选用无溶剂 NAPPA 皮革，环保耐用，且手感舒适。接下来，以牛油果绿装车效果来展示，如图 2-2-14 所示。

(a) 座椅 　　　　　　　　　　　　(b) 头枕

(c) 方向盘 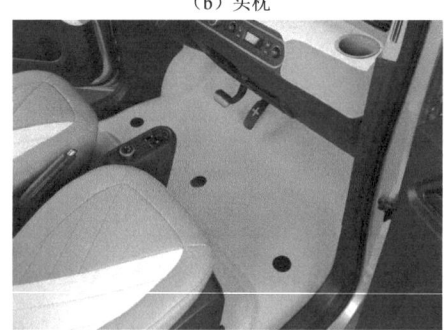　　　　　　　　　　　(d) 脚垫

图 2-2-14　牛油果绿装车效果展示（扫码见彩图）

2. "国潮牛" 款

"国潮牛" 款寓意 "牛" 转乾坤，以牛为主题，采用了仙鹤、醒狮、闪电等作为辅助元素，寓意新的一年雷厉风行，万事胜意。在内饰材质方面，选用银离子抗菌 NAPPA 皮革，其技术原理主要是通过银离子进行杀菌，达 8 年以上抗菌，且手感舒适，颜色丰富，定制座椅垫+脚垫+门板扶手+仪表台垫+方向盘套均使用银离子抗菌 NAPPA 皮革。产品工艺特点是做到 "免拆式" 安装工艺。"国潮牛" 款装车效果展示如图 2-2-15 所示。

(a) 座椅 　　　　　　　　　　　　(b) 方向盘

图 2-2-15　"国潮牛" 款装车效果展示（扫码见彩图）

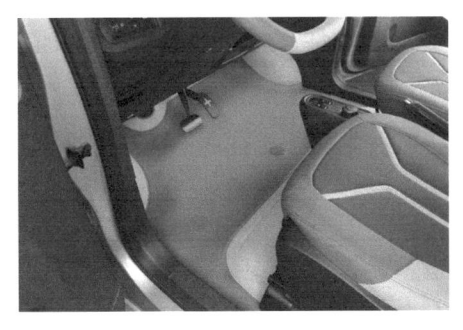

（c）脚垫 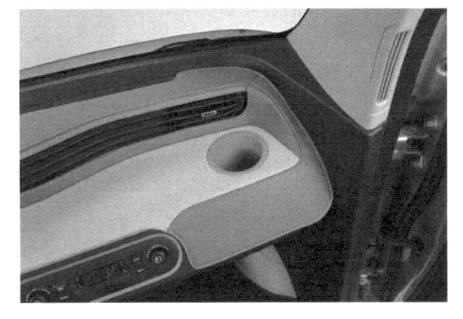　　　　　　　　　　　　　　　　（d）仪表台

图 2-2-15　"国潮牛"款装车效果展示（续）（扫码见彩图）

三、内饰产品的分类及注意事项

1．座椅垫版型及版型编号

五菱宏光 MINIEV 汽车的座椅垫版型分为两种：一种是后排连体类型，座椅垫版型编号是 WL-MI01，如图 2-2-16 所示；另一种是后排分体类型，座椅垫版型编号是 WL-MI02，如图 2-2-17 所示。注意区分产品型号，以免出现发错货的可能性。

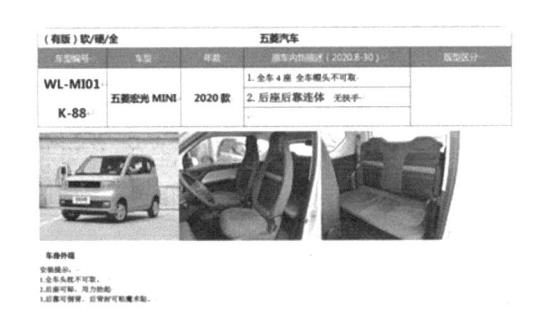

图 2-2-16　座椅垫版型编号 WL-MI01 　　　　　图 2-2-17　座椅垫版型编号 WL-MI02

2．脚垫与仪表台垫版型及版型编号

五菱宏光 MINIEV 汽车的脚垫版型编号是 WLC1031J，如图 2-2-18 所示；仪表台垫版型编号是 WL-MINI-20-1，如图 2-2-19 所示。

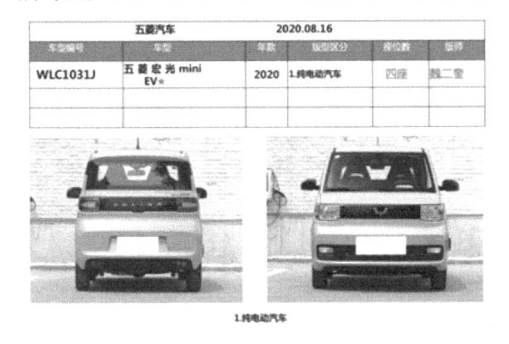

图 2-2-18　脚垫版型编号 WLC1031J 　　　　　图 2-2-19　仪表台垫版型编号 WL-MINI-20-1

3．内饰加装项目产品清单

五菱宏光 MINIEV 汽车内饰加装项目产品包括：座椅垫（产品数量 6 件）、脚垫（产品数

量 4 件）、门板扶手（产品数量 2 件）、仪表台垫（产品数量 1 件）、方向盘套（产品数量 1 件）等，如图 2-2-20 所示。

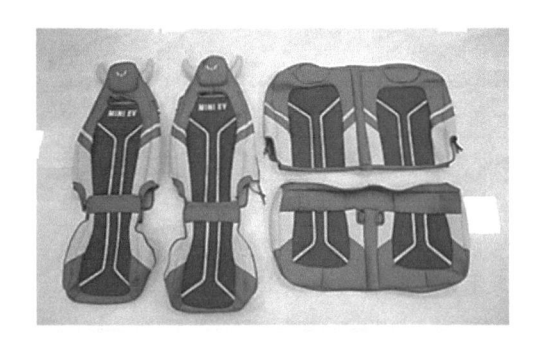

（a）座椅垫：产品数量 6 件 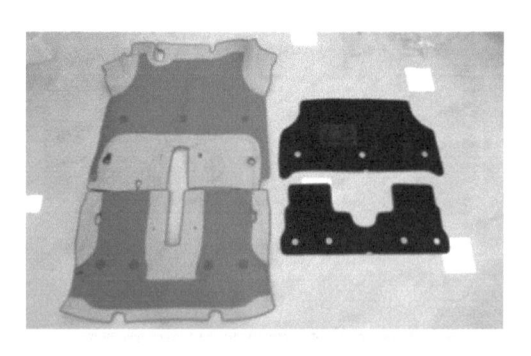　　　　　　　　（b）脚垫：产品数量 4 件

（c）门板扶手：产品数量 2 件 　　　　　　　（d）仪表台垫：产品数量 1 件

（d）方向盘套：产品数量 1 件

图 2-2-20　内饰加装项目产品展示

任务实施

一、内饰加装施工部位

五菱宏光 MINIEV 汽车内饰加装施工部位包括座椅、仪表台、门板扶手、脚垫、方向盘等，具体部位如图 2-2-21 所示。

(a)座椅

(b)仪表台

(c)门板扶手

(d)脚垫

(e)方向盘

图 2-2-21 五菱宏光 MINIEV 汽车内饰加装施工部位展示

二、内饰加装施工工具

五菱宏光 MINIEV 汽车内饰加装施工工具包括：门板扶手/仪表台软包所需的工具，即烤枪、塑料刮板、一字与十字螺钉旋具、戒刀；360 脚垫/全包坐垫所需的工具，即 16 套筒、塑料塞板、脚垫专用塞边器；手缝方向盘套所需的工具，即针线、剪线刀、塑料刮板、双面胶，如图 2-2-22 所示。

· 123 ·

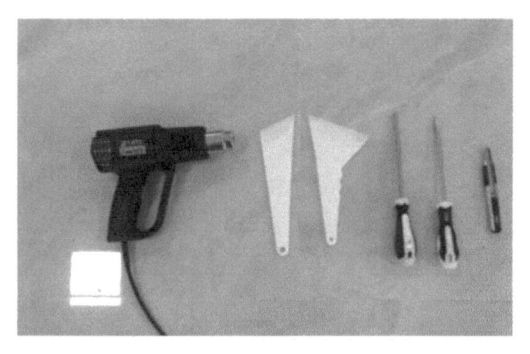

（a）烤枪、塑料刮板、一字与十字螺钉旋具、戒刀 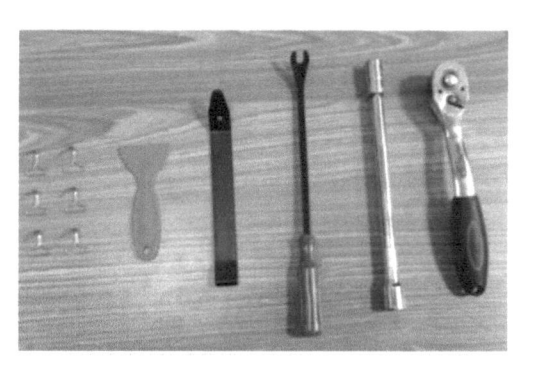　　（b）16套筒、塑料塞板、脚垫专用塞边器

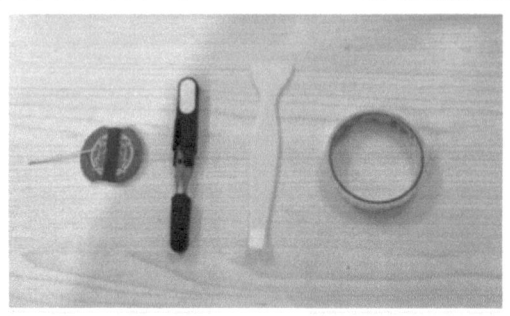

（c）针线、剪线刀、塑料刮板、双面胶

图 2-2-22　五菱宏光 MINIEV 汽车内饰加装施工工具

三、内饰加装的施工技巧

1. 仪表台垫的安装

安装前检查仪表台垫的版型是否合适，检查四周位置是否足够，确认版型无问题后进行安装施工，如图 2-2-23 所示。

（a）仪表台垫版型检查 　　（b）仪表台垫四周检查

图 2-2-23　检查仪表台垫

撕下仪表台垫胶膜，撕膜过程中要注意，先将首要贴的离型膜撕开，后续贴的要等到贴的时候再撕开，防止撕开过多，施工出现黏接，难以施工。确认产品的边缘位置，从仪表台右侧，从上到下，从里到外进行贴合。撕开仪表台垫左侧的离型膜，也是从上到下，从里到

外进行贴合。撕下仪表台垫外侧的离型膜，对准轮廓，再次按压贴合边缘。仪表台垫的主驾位置的安装步骤如图 2-2-24 所示。

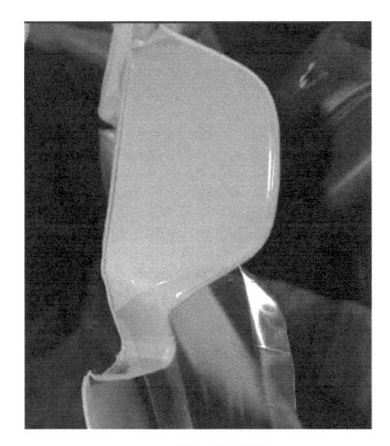

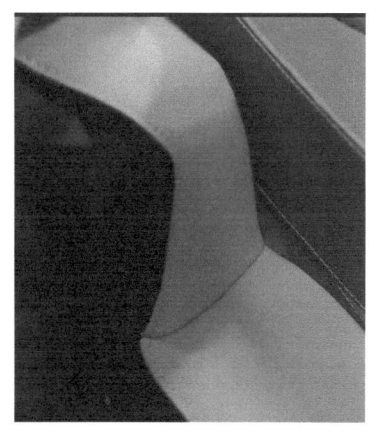

（a）撕下离型膜　　　　　　　　　　　　　（b）确认产品的边缘位置

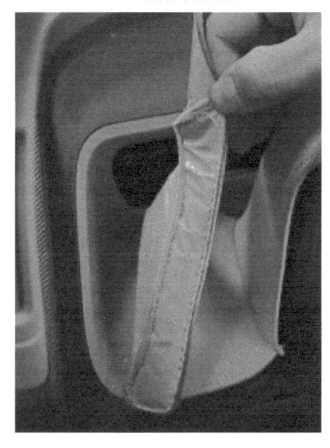

（c）撕开仪表台垫左侧的离型膜　　　　　　（b）对准轮廓及边缘再次按压贴合

图 2-2-24　仪表台垫的主驾位置的安装步骤

对于背面大面的部位，整张撕下离型膜，并用烤枪烘烤激活胶底的黏性，对好边缘位置并按压，仔细检查背面的离型膜，再次确认边缘位置，以及是否按压到位。四周位置确认无误后，再次用烤枪烘烤激活胶层，并检查四周边缘是否出现翘边的情况。仪表台垫的副驾位置的安装步骤如图 2-2-25 所示。

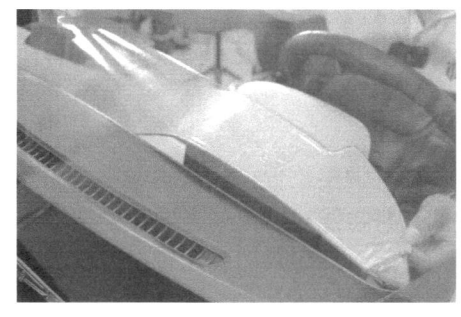

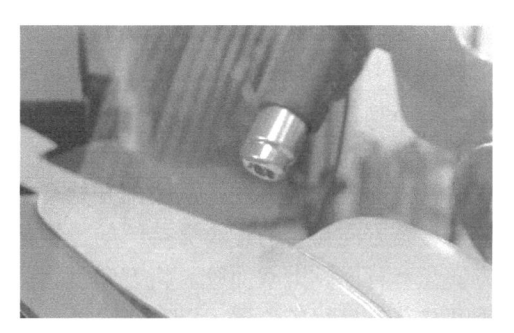

（a）整张撕下离型膜　　　　　　　　　　　（b）用烤枪烘烤激活胶底的黏性

图 2-2-25　仪表台垫的副驾位置的安装步骤

（c）对好边缘位置并按压 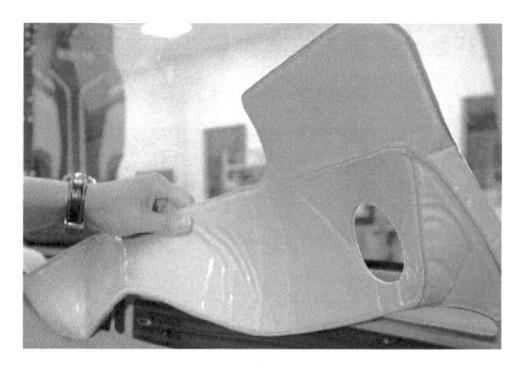　　　　　　　　（d）检查背面的离型膜

（e）对准四周位置 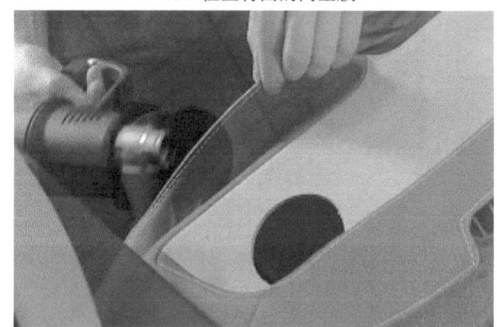　　　　　　　　（f）再次用烤枪烘烤激活胶层

（g）检查四周边缘是否出现翘边的情况

图 2-2-25　仪表台垫的副驾位置的安装步骤（续）

2．门板拆卸与替换

撬开螺钉装饰盖，松开螺钉，拆下门板小三角，拆下门板，拆下门板背面所有螺钉，拆卸门板扶手中块，替换门板扶手并压紧，反面上紧螺钉，安装好门板。门板拆卸与替换步骤如图 2-2-26 所示。

3．方向盘套的施工技巧

确认方向盘套的方向，从底部开始套上方向盘套，并调整位置，注意确定三点和九点的位置，以及方向盘套的皮革交接缝的位置是否在中间，拼接线对准原车方向盘的开槽位置。在方向盘套背面贴上双面胶，将方向盘套固定在方向盘上，并将双面胶贴合在方向盘上，再次确认皮革交接缝的位置，以及接缝处是否压紧，拼接口一定要对齐，确认皮革交接缝在方向盘套中间。方向盘套安装步骤如图 2-2-27 所示。

(a) 撬开螺钉装饰盖

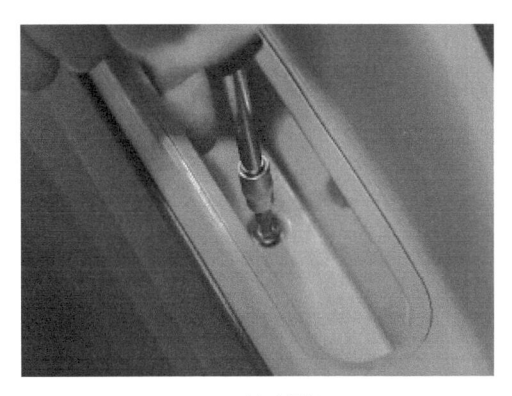

(b) 松开螺钉

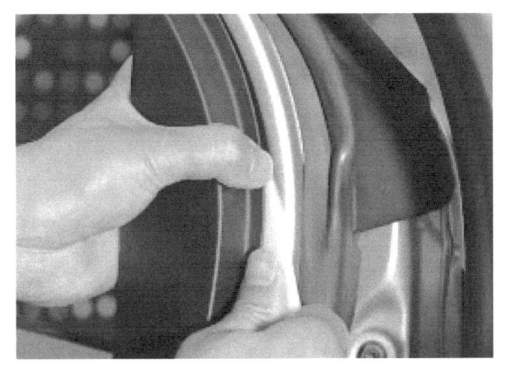

(c) 拆下门板小三角

(d) 拆下门板

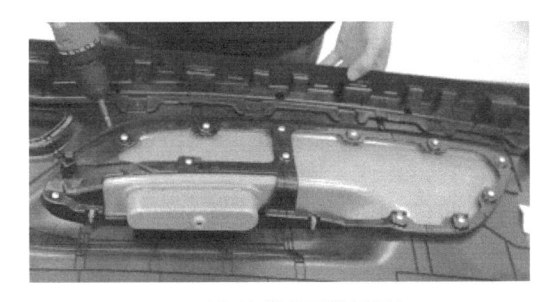

(e) 拆下门板背面所有螺钉

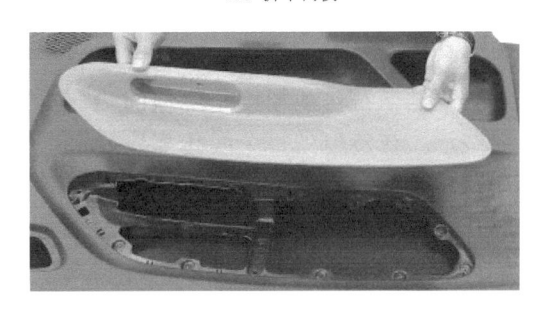

(f) 拆卸门板扶手中块

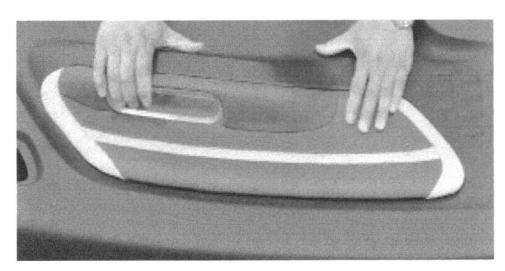

(g) 替换门板扶手并压紧

(h) 反面上紧螺钉，安装好门板

图 2-2-26　门板拆卸与替换步骤

(a)确认方向盘套的方向 　　　　　　　　(b)拼接线对准原车方向盘的开槽位置

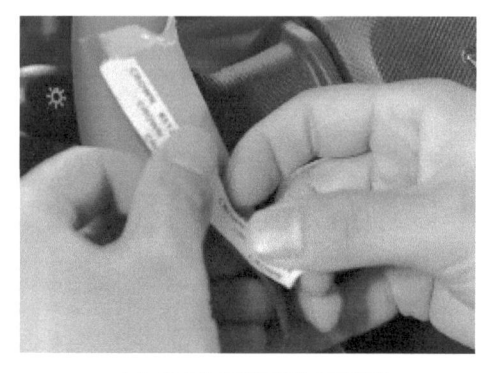

(c)在方向盘套背面贴上双面胶 　　　　　(d)确认皮革交接缝的位置，以及接缝处是否压紧

图 2-2-27　方向盘套安装步骤

准备好手缝专用线，裁剪这根线的长度是我们缝制这段距离的 3 倍。先在缝纫线的末端打上结，打结的粗度是线粗的 3 倍。从内侧第一个冲孔穿缝纫线。接下来，使用交叉缝线法，在转弯处每个线孔都要缝上，缝完的线一定要拉紧，对于长距离偏直的位置，选择跳线缝制，缝制完成后在末尾处多次打结并拉紧，将多余的线剪断。打完结后，把线和皮边塞进方向盘缝隙里面，并将其他几个边按照同样方法操作，直至完成。手缝步骤如图 2-2-28 所示。

(a)裁剪合适长度的缝纫线 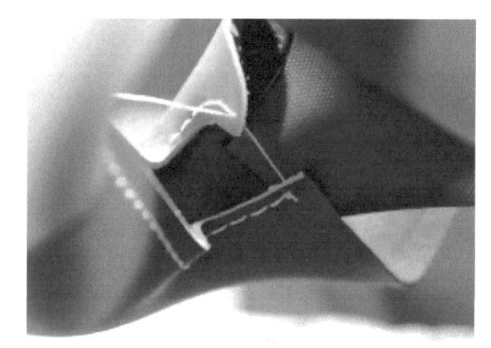　　　　　　　(b)在缝纫线的末端打上结

图 2-2-28　手缝步骤

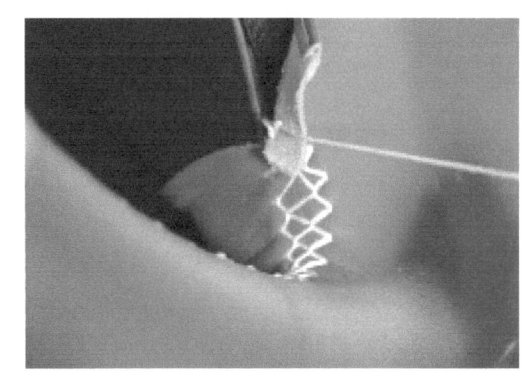

(c) 选择跳线缝制　　　　　　　　　　(d) 在末尾处多次打结并拉紧

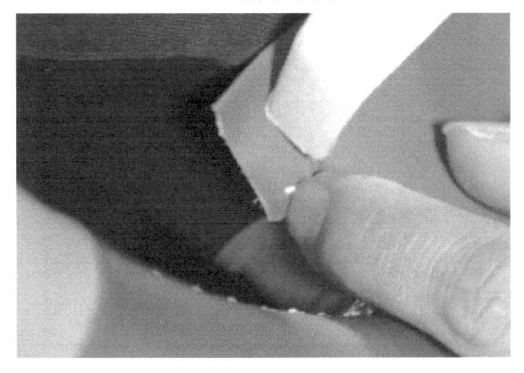

(e) 把线和皮边塞进方向盘缝隙里面　　　(f) 检查塞边缝

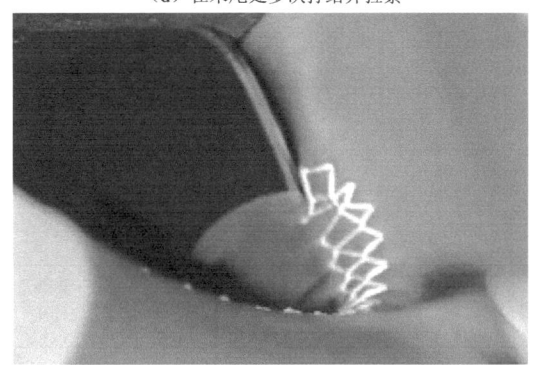

(g) 施工完成

图 2-2-28　手缝步骤（续）

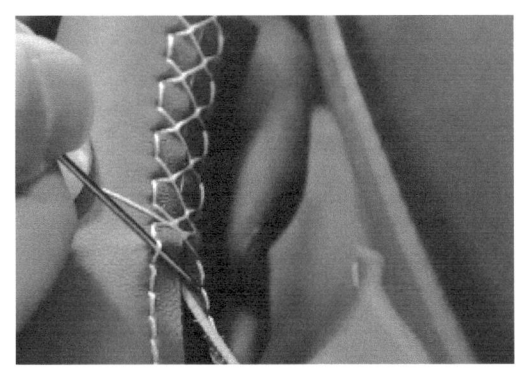

4. 脚垫的安装技巧

准备 16 套筒拆下座椅进行安装。首先，用手抠开座椅下面的前端胶壳，使用套筒将座椅的螺钉松开。然后，将座椅整体向后推移至露出座椅后端胶壳，用手把胶壳从后往前推即可取下，使用套筒将螺钉松开后，最后将座椅抬出来。座椅拆卸步骤如图 2-2-29 所示。

拿出双面胶，将圆形双面胶贴到底层圆形缝线处，并用手压实，让双面胶和毛刺面充分地黏合。原车线条与原车底盘弧度一致，需要对好原车位置进行安装。中控位置先松一下螺钉，用塞边专用工具将边塞进中控位置下方，并将螺钉拧紧。用塞边专用工具将脚垫底层塞进门板边。注意，塞边时顶住包边条处位置。前排脚垫安装步骤如图 2-2-30 所示。

(a)去掉座椅下面的胶壳 　　　　　　　　　　(b)通过套筒将座椅的螺钉松开

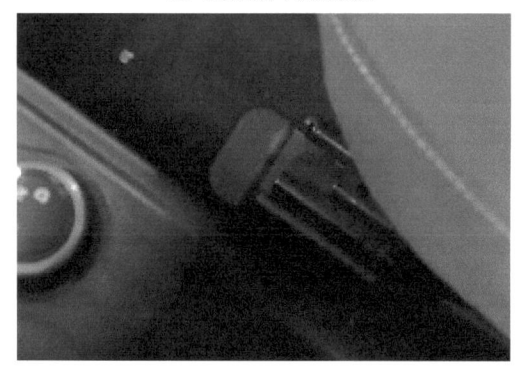

(c)座椅整体向后推 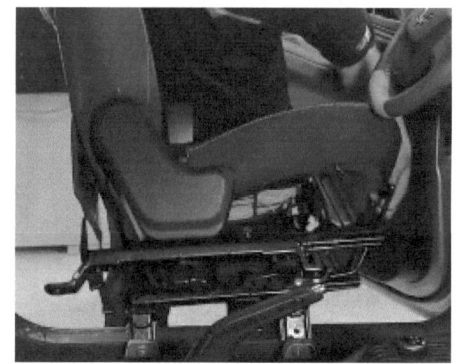　　　　　　　　　　　　(d)将座椅抬出

图 2-2-29　座椅拆卸步骤

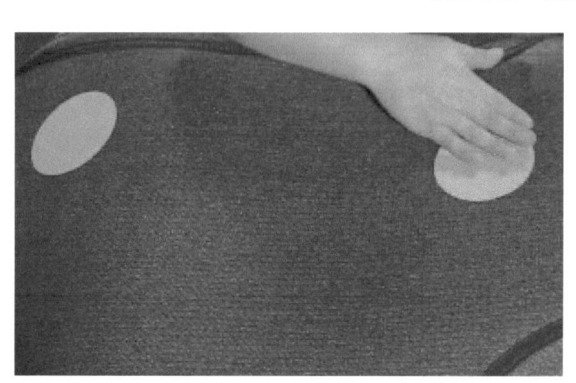

(a)将圆形双面胶贴到底层圆形缝线处 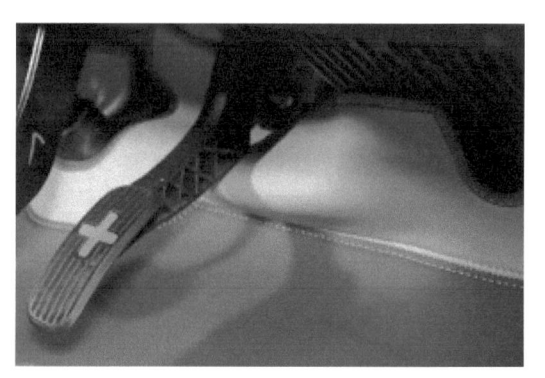　　　　(b)压实使双面胶和毛刺面充分地黏合

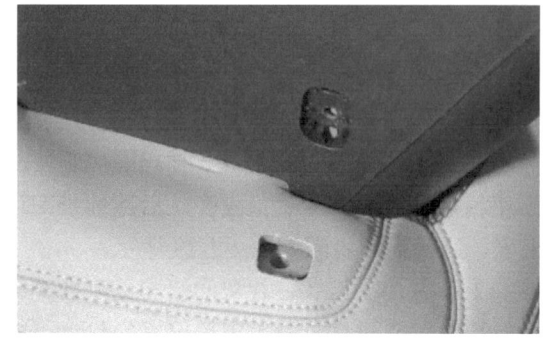

(c)将边塞进中控位置下方，并将螺钉拧紧 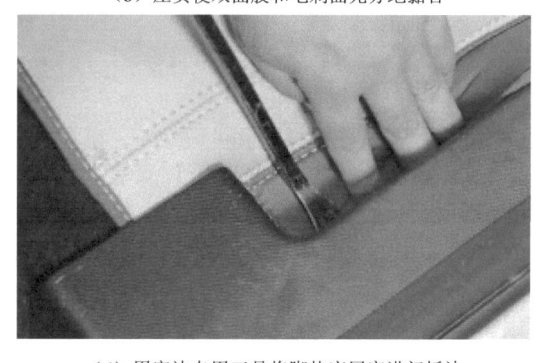　　(d)用塞边专用工具将脚垫底层塞进门板边

图 2-2-30　前排脚垫安装步骤

对于后排脚垫的安装，底层也同样贴上双面胶并压实，安装时也需要对准原车线条，用塞边专用工具，顶住包边条处位置，将边塞进中控下面隐藏。将座椅抬起来，按照原车线条将多余的脚垫放入座椅下面，其他各边按照上述操作依次塞好。方块胶贴主要贴在较鼓的位置，特别是两边拼接处，整理好脚垫，施工完成。后排脚垫安装步骤如图 2-2-31 所示。

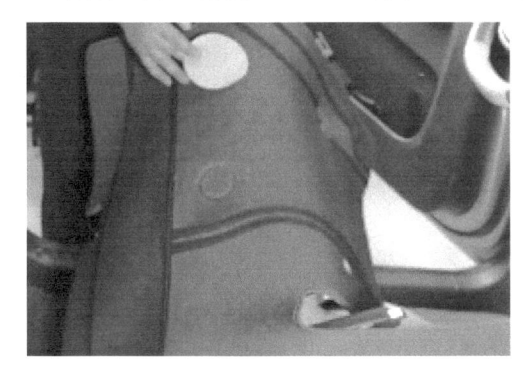

（a）贴上双面胶 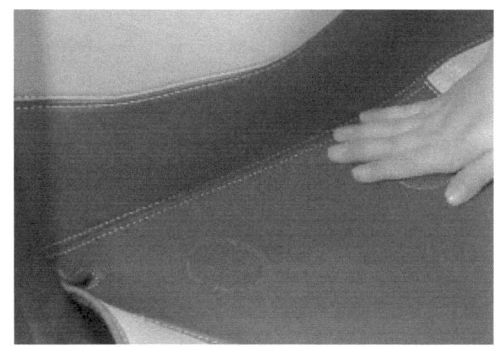　　　　　　　　　　　　（b）压实并对准原车线条

（c）用塞边专用工具将边塞进中控下面隐藏 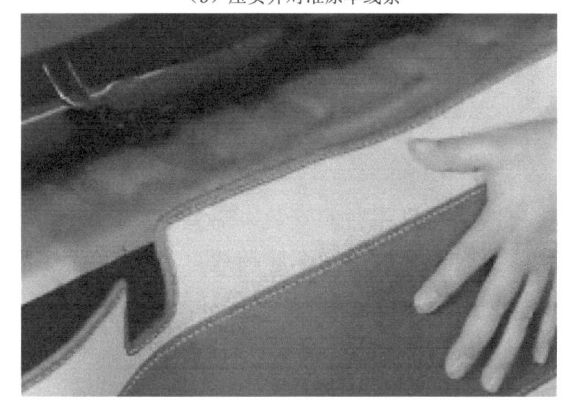　　　（d）抬起座椅，将多余的脚垫放入座椅下面

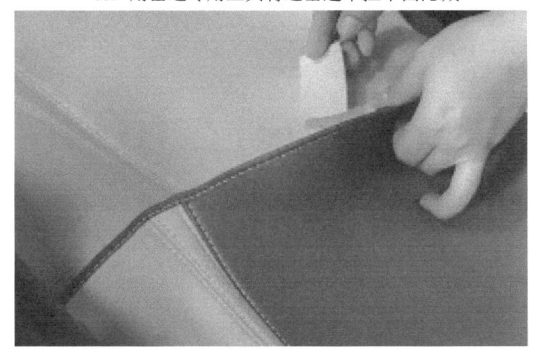

（e）整理好脚垫

图 2-2-31　后排脚垫安装步骤

5．定制座椅垫的安装技巧

座椅垫有内外之分，有缺口位置是外侧，没有缺口位置是内侧。如图 2-2-32 所示，安装前排座椅垫时，首先，将座椅垫放到前排座椅上，将座椅垫椅面和包边之间的连接对准原车座椅线；其次，将包边塞进座椅塑料壳内；再次，将挡皮从缝隙中塞进去，把底座拍平整；最后，将魔术贴在座椅底下拉直，并相互黏合以固定座椅垫。

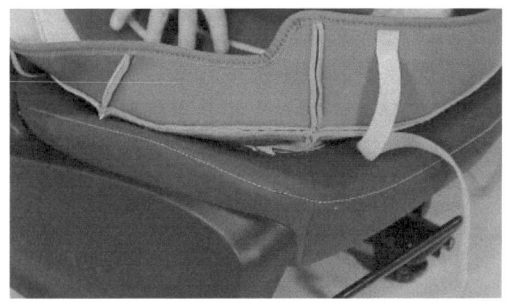

(a）对准原车座椅线 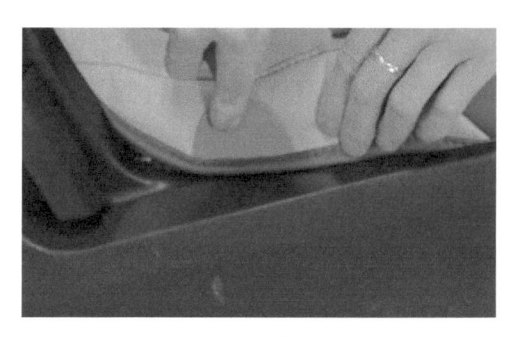　　　　　　　　　　（b）将包边塞进座椅塑料壳内

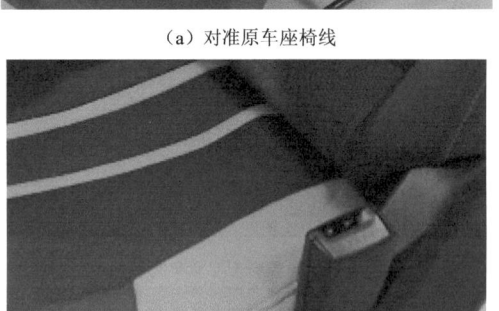

(c）将挡皮从缝隙中塞进去，把底座拍平整 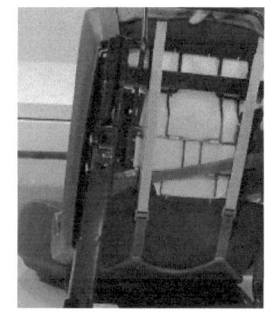　　（d）将魔术贴在座椅底下拉直

图 2-2-32　座椅垫安装步骤

对于前排靠背的安装，需要区分内外，有标签的位置是外侧，有拉链的位置是内侧，安装靠背时需要对准原车座椅线，将边缘包边塞进座椅塑料壳内。调整头枕位置，拉平前排靠背座椅，将拉链拉好，并隐藏好。前排靠背安装步骤如图 2-2-33 所示。

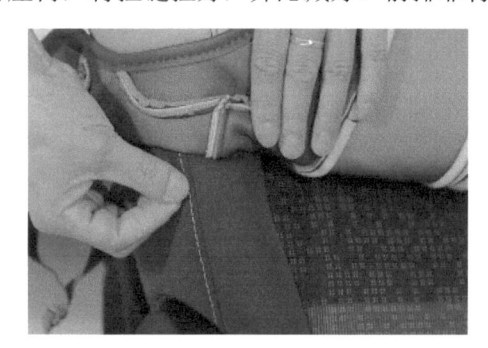

(a）对准原车座椅线 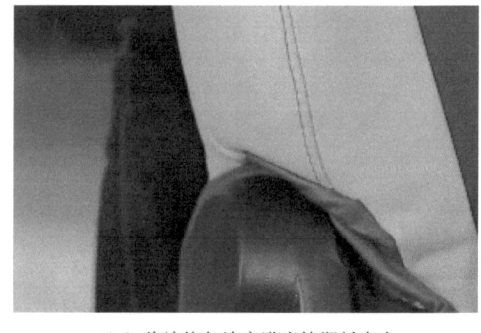　　　　　　　　　　（b）将边缘包边塞进座椅塑料壳内

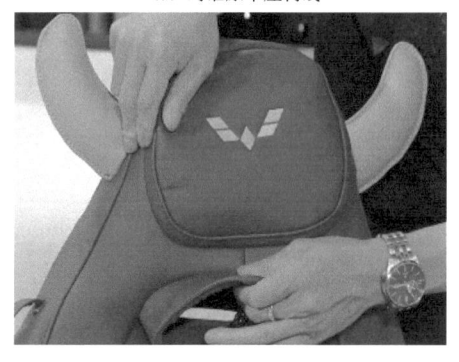

(c）调整头枕位置，拉平前排靠背座椅 　　　（d）隐藏好拉链

图 2-2-33　前排靠背安装步骤

对于后排座椅垫的安装，安装前需要把后排座椅靠背拆卸出来，在外边安装。安装后排座椅垫时，将原车座椅线对准，向反面翻过去，将座椅反置，将后排座椅垫的活结绳拉紧。左右反复拉紧，直到将座椅垫拉平整，并将绳子隐藏。安装后排座椅靠背时，先将两边的拉链拉开，套入连体靠背，再将拉链拉好即可。最后将座椅安装在车上，施工完成。后排座椅垫安装步骤如图 2-2-34 所示。

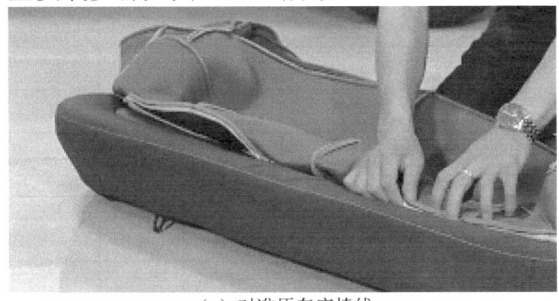

（a）对准原车座椅线 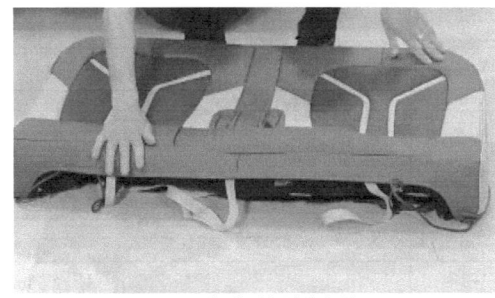　　　　　　　　（b）向反面翻过去包边

（c）将后排座椅垫的活结绳拉紧 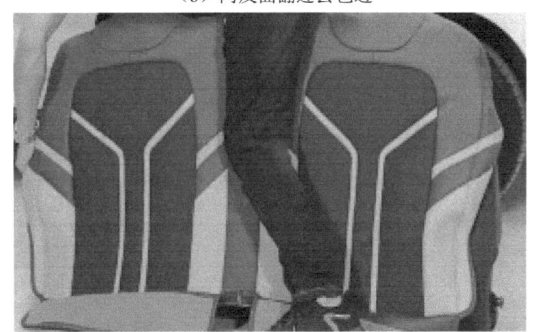　　　　（d）将座椅垫拉平整，并将绳子隐藏

图 2-2-34　后排座椅垫安装步骤

任务考评

本任务内容的考核与评分如表 2-2-1 所示。

表 2-2-1　考核与评分表

项目	标准要求		分值	得分
产品分类（10分）	1. 座椅垫	正确区分版型编号	5	
	2. 脚垫、仪表台垫	正确区分版型编号	2	
	3. 产品清单	座椅垫、脚垫、仪表台垫、方向盘套等	3	
施工部位（5分）	座椅、仪表台、门板扶手、脚垫、方向盘等	正确识别座椅、仪表台、门板扶手、脚垫、方向盘的安装拆卸位置点	5	
施工工具（5分）	1. 门板扶手/仪表台软包	正确使用烤枪、塑料刮板、一字与十字螺钉旋具、戒刀	1	
	2. 360 脚垫/全包坐垫	正确使用 16 套筒、塑料塞板、脚垫专用塞边器	2	
	3. 手缝方向盘套	正确使用针线、剪线刀、塑料刮板、双面胶	2	
施工技巧（10分）	1. 仪表台垫	正确撕膜，贴合顺序，撕膜错误扣分，贴合顺序错误扣分	2	
	2. 门板	正确拆装，操作步骤合理	2	

· 133 ·

续表

项目	标准要求		分值	得分
施工技巧（10分）	3. 方向盘套	正确使用针线、正确对准边缝，操作顺序是否正确	2	
	4. 脚垫	脚垫是否安装平整、无鼓包现象，安装是否损坏脚垫	2	
	5. 定制座椅垫	安装是否平整，是否出现原车线边缝没有对齐现象，魔术贴是否拉紧，拉链是否拉紧并隐藏	2	
施工后（5分）	1. 撤除各种遮蔽工具，膜表面清洁干净		1	
	2. 按规定位置贴各种标识		1	
	3. 车内物品还原		1	
	4. 打扫施工现场环境卫生或整理工具		1	
	5. 施工单据必须签收完整		1	
质量验收标准（65分）	1. 脏污点	直径30mm，中部不允许集中，四周不超过5个，超过不处理，一处扣3分。每颗明显沙粒（不处理）扣2分，每颗沙粒（不处理）扣0.1分	9	
	2. 划痕	皮面没有明显划痕，长度≤5mm 不扣分；5mm<长度≤10mm 一处扣3分，长度>10mm 一处扣5分	10	
	3. 褶皱	皮面褶皱，出现一处扣3分	10	
	4. 包边	包边压进塑料壳内，无明显外漏现象，出现一处扣1分	8	
	5. 胶痕	5mm<长度<5cm，不允许出现在明显的地方	10	
	6. 漏边	皮面的边缘、边角、边缝最大距离不能超过1cm，边缘、边角、边缝漏一处扣3分	10	
	7. 鼓包	棱角处、平面等部位不能出现起鼓包现象，一处扣2分	8	
合计			100	

任务3 微型新能源汽车车衣施工

学习目标

1. 了解车衣的简介。
2. 掌握车衣施工工具的使用方法。
3. 掌握车衣施工操作技巧。

任务分析

隐形车衣是一种保护汽车外观的产品。贴隐形车衣具有防止车漆被划伤、隔离有害漆面的损伤、细微划痕修复、漆面划痕遮盖、隔热保温节能、阻隔钥匙类恶意划伤等功能，后市场规模的应用数量也会增多。作为汽车服务人员，了解车衣的功能和产品有助于产品的营销，掌握车衣施工工具的应用和车衣施工操作技能，有助于成为汽车后市场的新型技能型人才。

任务准备

一、车衣的介绍

什么是隐形车衣？隐形车衣简单来说，就是汽车漆面贴透明保护膜，一般称为车身透明膜、全车犀牛皮、车漆保护膜等，产品材质是一种聚氨酯薄膜，含抗 UV 聚合物，抗黄变，具有超强的韧性，耐磨不变黄，抗碰撞，装贴后可使汽车漆面与空气隔绝，防酸雨，防氧化，抵抗划伤，持久保护车辆的漆面。

贴隐形车衣的优点包括防止车漆被划伤、隔离有害漆面的损伤、细微划痕修复、漆面划痕遮盖、隔热保温节能、阻隔钥匙类恶意划伤、整车装贴、不拆卸车辆、行车过程意外轻微碰擦不伤漆面、阻碍漆面老化、隔离紫外线和酸雨等破坏，增加车漆亮度、耐磨、耐高温、环保、无色透明、高光泽度。

隐形车衣的结构包括 PET 高透保护膜、COATING 聚氨酯涂层、TPU 光学级脂肪聚基膜、自交联丙烯酸压敏胶黏剂、双哑离型底膜，如图 2-3-1 所示。

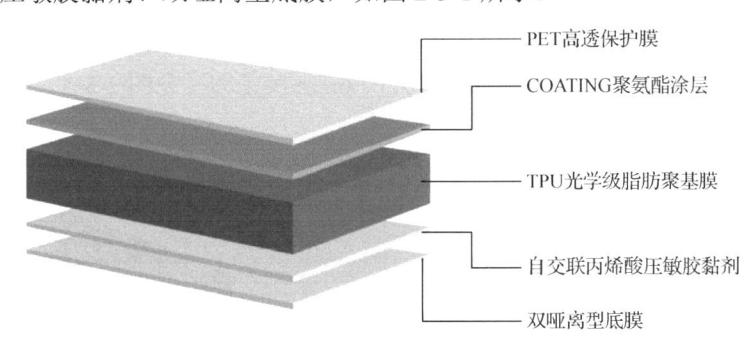

图 2-3-1　隐形车衣的结构

车衣的施工方式包括手工裁膜和电脑裁膜。手工裁膜需要拆装门把手和其他装饰部件，需要预裁膜，并且需要预裁膜以实现更好的包边（建议浅色车漆施工采取手工裁膜）；而电脑裁膜不需要拆装门把手和其他装饰部件，不需要预裁膜和裁刀收边，金属标边缘不包裹（建议深色车漆施工）。

二、车衣施工工具

车衣的施工液体包括安装胶、纯净水、酒精、沐浴露等。

安装胶用于施工时降低胶水的初始黏度，均匀喷洒在膜的背胶和漆面上，起到润滑和定型的作用。使用时无须稀释，喷洒时注意使用高压喷壶以达到更加均匀的喷洒效果。安装胶如图 2-3-2 所示。

纯净水用于透明膜的施工，由于大部分地区的自来水不够纯净，水质中会含有微小的杂质、铁锈等异物，因此使用纯净水可以有效减少施工时膜内出现杂质的情况，使得施工呈现完美的镜面安装效果。纯净水如图 2-3-3 所示。

酒精主要用于贴膜前的漆面深度清洁，不仅是漆面，边缝处的清洁也非常重要。需要注意的是，车辆在贴膜前如果进行过镀晶，则需要用酒精做全面且细致的脱脂处理；否则，贴膜时容易出现胶水不黏，不易包边的情况。酒精如图 2-3-4 所示。

沐浴露（使用时用水稀释）主要用于：贴膜时加水稀释成安装液，喷洒在薄膜的表面，增加薄膜表面的润滑度，让排水更顺滑；撕除薄膜的表膜时，均匀喷洒在薄膜表面，减少撕膜时静电的产生，以及减少尘点和杂质。沐浴露如图 2-3-5 所示。

图 2-3-2　安装胶 　　　图 2-3-3　纯净水 　　　图 2-3-4　酒精 　　　图 2-3-5　沐浴露

车衣的施工工具包括三角刮板、软质排水刮板、内饰刮板等。

三角刮板（见图 2-3-6）用于边缝的清洁和辅助包边。软质排水刮板（见图 2-3-7）用于施工时常规排水。内饰刮板（见图 2-3-8）用于内饰等细小部位的施工。30°9mm 美工刀（见图 2-3-9）用于边角的裁切，不易遮挡视线。45°6mm 美工刀（见图 2-3-10）用于长直线的裁切，刀身更加稳定，降低了裁切风险。

图 2-3-6　三角刮板 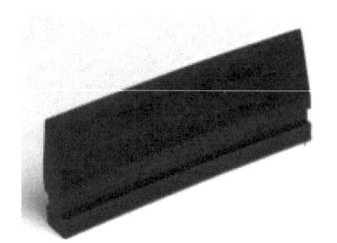　　　　　　　　图 2-3-7　软质排水刮板

图 2-3-8　内饰刮板 　　　图 2-3-9　30°9mm 美工刀 　　　图 2-3-10　45°6mm 美工刀

烤枪（见图 2-3-11）是辅助收边的施工工具，一般市面上的烤枪有两种：速热烤枪和温控烤枪。需要注意的是，在使用烤枪时，应该控制使用的方向与力度，尽量保持膜面的受热均匀；用烤枪收边时，温度控制在 300℃以内，同一位置持续加热不超过 3s。洗车泥（见图 2-3-12）用于漆面的深度清洁。专用清洁剂（见图 2-3-13）用于漆面的轻度去垢。柏油清洁剂（见图 2-3-14）用于漆面的深度清洁。铁粉清洁剂（见图 2-3-15）用于贴膜前的深度清洁。细节毛刷（见图 2-3-16）用于漆面的深度清洁。施工手套（见图 2-3-17）用于帮助施工人员贴膜，减少产生指纹风险。

图 2-3-11　烤枪 　　　　图 2-3-12　洗车泥 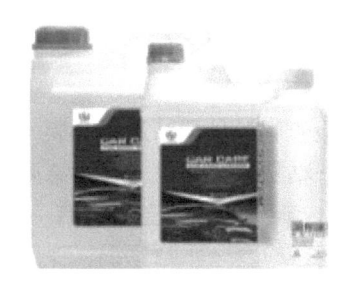　　　　图 2-3-13　专用清洁剂

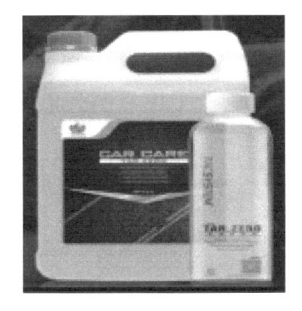

图 2-3-14　柏油清洁剂 　　　　图 2-3-15　铁粉清洁剂

图 2-3-16　细节毛刷 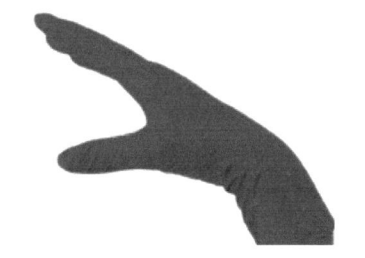　　　　图 2-3-17　施工手套

车衣的辅助工具包括刀片盒、工具箱、施工包、保护罩等。

刀片盒（见图 2-3-18）用于刀片的收纳。工具箱（见图 2-3-19）用于施工工具的收纳。施工包（见图 2-3-20）用于施工工具的收纳。保护罩（见图 2-3-21）用于施工前车辆的保护。

图 2-3-18　刀片盒 　　　　图 2-3-19　工具箱 　　　　图 2-3-20　施工包 　　　　图 2-3-21　保护罩

任务实施

一、车衣施工操作

1. 施工前准备

环境准备→施工人员准备→检查施工工具→车辆预洗→车辆检查→填写施工服务单，确

认施工方式→施工车间降尘→拆卸字牌车标→车辆精洗→车辆保护。

2．车衣施工

检查膜型号和品质→撕膜→铺膜定位→刮膜排水→收边→检查气泡、尘点→撤掉内外保护罩→粘贴标识复位→施工结束。

3．施工后的检查与清洁

三级检查→张贴标识、保养说明→剩余膜管理→交车预约保养→流程完毕。

二、施工流程

1．施工前准备：环境

透明膜标准施工车间：拥有封闭的降尘车间，整洁的施工工位，明亮的灯光，恒温恒湿，充分的施工空间，如图 2-3-22 所示。

图 2-3-22　施工环境

2．施工前准备：人员

施工人员应注重外在形象的整洁和统一着装，干净整洁，不穿奇装异服，发型平头短发无染色，如图 2-3-23 所示。

3．施工前准备：工具

将工具摆放整齐，并检查是否有损坏，若损坏，则应及时更换，以免影响施工效果，如图 2-3-24 所示。

图 2-3-23　施工人员　　　　　　　　　图 2-3-24　施工工具

4．施工前准备：预洗

车辆普洗，为车辆检查做好准备，如图 2-3-25 所示。

5．施工前准备：车检

检查内容包括：车身有无划痕、掉漆、腐蚀、氧化等；车身是否需要做深度的漆面处理，如镀晶过后需要脱脂处理；车身是否有凹陷；大灯是否有损伤；仪表台的真皮、电器开关、指示灯、桃木件等是否开裂，如图 2-3-26 所示。

图 2-3-25　预洗 　　　　　　　　　　图 2-3-26　车检

6．施工前准备：填写施工服务单

检查车辆后，按照车检情况填写施工服务单；确认车辆施工膜型号；确认车辆施工方式（手工裁膜/电脑裁膜）；确认施工价格；确认交车时间；客户签字。施工服务单如图 2-3-27 所示。

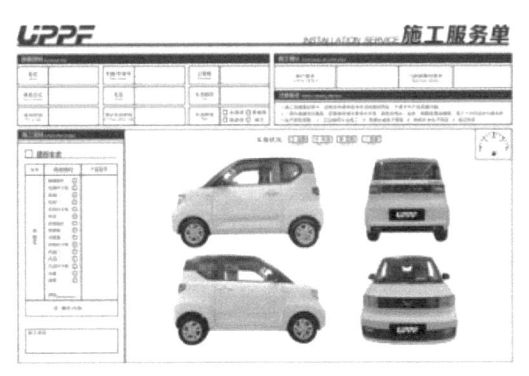

图 2-3-27　施工服务单

7．施工前准备：降尘

室内降尘，减少室内的扬尘，降低漆面膜施工过程中出现尘点的概率，提升施工质量和品质。需要注意的是，除了施工前的大面积降尘，在撕除透明膜的保护膜前也需要用喷壶进行喷洒，起到降尘和减少静电的效果，如图 2-3-28 所示。

8．施工前准备：拆卸

拆掉车身上的字标，将其整理放置在储物箱内，如图 2-3-29 所示。拆卸字标时应注意固定字标的原来位置，拆卸之前拍好照片。在透明膜施工过程中，通常根据车主的不同需求，可以用手工裁膜和电脑裁膜的方式进行施工。手工裁膜时，为了获得更好的安装效果，会对车辆的外观件局部地进行拆卸，拆卸的部位通常有车牌、字标、门把手。

图 2-3-28　降尘　　　　　　　　　　图 2-3-29　拆卸

9．施工前准备：精洗

无论是新车还是使用过一段时间的车，在贴膜之前一定要对漆面进行彻底的清洁，除去车漆表面的氧化层、柏油、铁粉等污渍，对边缝等部位做到彻底的清洁。车辆的清洁至关重要，影响最终的贴膜效果的 50%，甚至以上。首先要做到的是对车漆表面的彻底清洁。我们建议使用洗车液、清水、酒精、铁粉清洁剂、柏油清洁剂、洗车泥。精洗如图 2-3-30 所示。

10．施工前准备：保护

开始贴膜之前，需要对车辆的非贴膜部位进行适当的保护，减少施工过程中可能出现的意外和风险。必要的保护有：①镀铬件：粘贴美纹纸；②轮毂：套上专用的轮毂保护罩；③前挡风玻璃：套上专用前挡风玻璃保护罩；④座椅：套上座椅保护罩，避免施工时污染车辆内饰；⑤发动机：施工过程中会大量用水，因此对发动机做好保护是非常有必要的；⑥大灯：粘贴美纹纸，避免摩擦产生划痕。施工前保护如图 2-3-31 所示。

图 2-3-30　精洗　　　　　　　　　　图 2-3-31　施工前保护

进行车衣施工时，全车贴膜顺序为车顶→机舱盖→后备箱盖→后翼子板→前翼子板→门→前后保险杠→侧裙→附属件。

11．检查膜型号和品质

检查膜型号，裁切之前一定要仔细检查膜面是否有尘点、褶皱、压痕等问题，检查一定要在强光下进行,如图 2-3-32 所示。如果材料有缺陷,可以先规避这些缺陷再进行装贴。

12. 撕膜

由于撕膜静电大,所以在撕开膜和底纸的时候需要喷上雾状安装液,如图 2-3-33 所示。

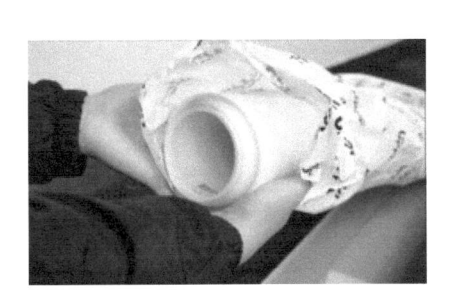

图 2-3-32　检查膜型号和品质 　　　　　　图 2-3-33　撕膜

13. 铺膜定位

根据不同部位,应采取不同的铺膜手法。在对大面积部位施工时,应采取多人配合的方式进行,以获得更好的施工效果,如图 2-3-34 所示。

（a）铺膜　　　　　　　　　　　　　　（b）拉伸

（c）定位

图 2-3-34　铺膜定位

14. 刮膜排水

在排水时,在薄膜的表面喷上安装液,用排水刮板,从车顶的中部向边缘,从里往外依次将水排出,每一下压 5cm,要求不能有漏水现象。重复排水 3 次,直至漆面和膜中间的水

完全排出，不残留任何水泡，如图 2-3-35 所示。

图 2-3-35　刮膜排水

15．收边

用清水将边缘的泡沫冲洗干净，沿着边缘把多余的保护膜裁掉。以机舱盖为例，待边缘水分基本干透，用手将边缘平整包裹后，用烤枪对边缘进行加热收边。烤枪温度（参考博世烤枪）：300℃，加热时间：同一个位置不得超过 3s。最后对边缘进行收边裁切。注意，机舱盖的收边范围为 5mm 左右，一般翼子板收边范围为 2mm 左右。收边如图 2-3-36 所示。

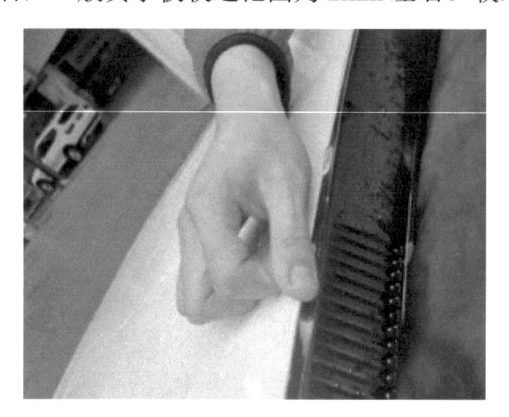

图 2-3-36　收边

16．检查气泡

检查气泡，大小小于小拇指指甲盖的气泡不用处理可自行消除；大气泡用针孔注射器将水抽出，注意针头要选用最小号的，如图 2-3-37 所示。

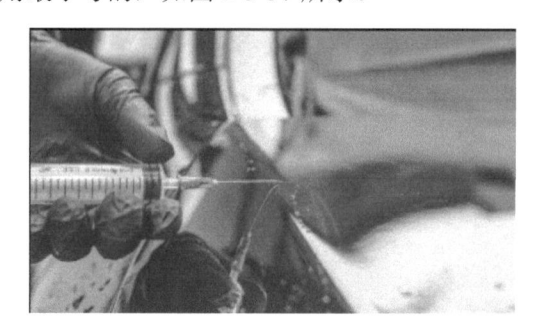

图 2-3-37　抽出气泡

17. 检查尘点

用刮板用力挤压尘点处，将灰尘压到膜的胶层中，就跟外部灰尘一样不影响视线，如图 2-3-38 所示。

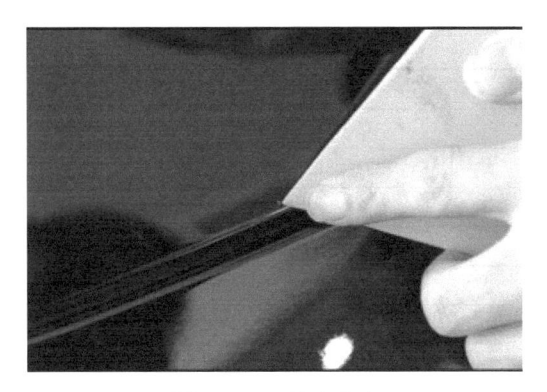

图 2-3-38　检查尘点

18. 撤掉内外保护罩

收起各部位保护套，如图 2-3-39 所示，并叠起放整齐，放到工具箱内。

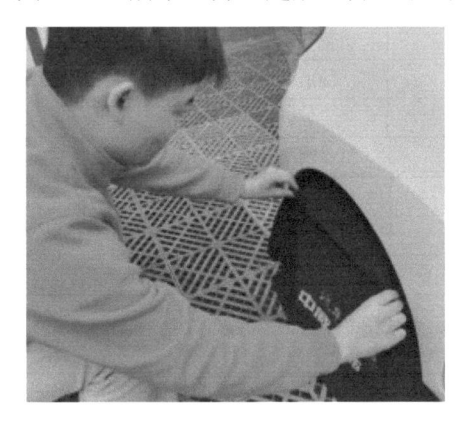

图 2-3-39　撤掉内外保护罩

19. 粘贴标识复位

在车身上量好相应的位置，用美纹纸标记好，车标背后用 3M 胶粘好，要求不能漏胶。对好位置后，将 3M 胶底纸撕除，用力按压即可，如图 2-3-40 所示。

图 2-3-40　粘贴标识复位

任务考评

本任务内容的考核与评分如表 2-3-1 所示。

表 2-3-1　考核与评分表

项目	标准要求		分值	得分
车辆检查（10分）	1. 外观检查	车顶、门压条、底坎、轮眉、前后保险杠	5	
	2. 下料裁膜	省时省料，合理排版	2	
	3. 车辆清洗	气枪对边缝的吹水	3	
工具摆放整齐（5分）	1. 施工工具	摆放整齐、归纳合理	2	
	2. 着装	干净、整洁	1	
	3. 拆卸	车辆logo、字标完好无损	2	
车辆保护（10分）	1. 前挡风玻璃	前挡风玻璃保护	1	
	2. 机舱盖	机舱盖内遮蔽纸保护	1	
	3. 轮毂	轮毂保护	1	
	4. 内饰	前后座椅保护	1	
	5. 门压条	镀铬件保护	1	
	6. 大灯	外圈美纹纸保护	2	
	7. 车顶	天窗胶条美纹纸保护	1	
	8. 车内物品	物品归纳整洁	2	
5S施工过程（5分）	1. 贴膜顺序	贴膜顺序正确	1	
	2. 边缝清洁	需使用酒精对边缝进行清洗	1	
	3. 废料整理	施工中及时清理大张废料到指定位置	1	
	4. 环境整顿	施工中边角料不能落地（可黏附于车漆面）	1	
	5. 刀片收纳	施工中刀片放回收纳盒	1	
施工后（5分）	1. 各种遮蔽工具撤除、膜表面清洁干净		1	
	2. 按规定位置贴好各种标识		1	
	3. 车内物品还原		1	
	4. 打扫施工现场环境卫生或整理工具		1	
	5. 施工单据必须签收完整		1	
质量验收标准（65分）	1. 尘点	直径30mm，中部不允许集中，四周不超过5个，超过不处理，一处扣3分。每颗明显沙粒（不处理）扣2分，每颗沙粒（处理）扣0.1分	9	
	2. 折痕	漆面没有明显折痕，长度≤5mm 不扣分；5mm<长度≤10mm 一处扣3分；长度>10mm 一处扣5分	10	
	3. 刀印	漆面、大灯没新刀印，出现一处扣3分	10	
	4. 包边	边缘平整，无明显波浪现象，出现一处扣1分	8	
	5. 胶痕	5mm<长度<5cm，不允许出现在明显的地方	10	
	6. 漏边	漆面与膜的边缘、边角、边缝最大距离不能超过 5mm，边缘、边角、边缝漏一处扣3分	10	
	7. 鼓包	桥边、平面等部位不能出现起包现象，一处扣2分	8	
合计			100	

任务 4　微型新能源汽车太阳膜（窗膜）施工

📖 学习目标

1．了解太阳膜的简介。
2．了解太阳膜的选型。
3．了解太阳膜的结构、种类及功能。
4．掌握太阳膜的施工步骤。
5．掌握太阳膜的施工技巧。

📖 任务分析

太阳膜是常见的汽车装饰产品，当今大多数车的太阳膜都是买车时送的，这种膜的质量无法保证，而且产品质量较差，怎样实现太阳膜的销售和品牌塑造，是一门学问。太阳膜的产业链已经发展成为汽车后市场服务的主力。对于太阳膜的施工技能人才，市场的需求量相当大，熟练地掌握太阳膜的施工工艺和技巧，有助于成为汽车后市场服务的技能型人才。

📖 任务准备

一、太阳膜的简介

太阳膜，俗称汽车防爆膜。太阳膜的最基本构成是聚酯基片（PET膜），一面镀有防划伤层（HC），另一面是胶层及保护膜。聚酯基片是一种耐久性强、坚固耐潮、耐高低温性均佳的材料。它清澈透明，经金属化镀层、磁控溅射、夹层合成等多种工艺处理，成为具有不同特性的防爆膜。

首先，太阳膜具有很强的隔热及防紫外线功能。其次，太阳膜还具有防爆功能。优质的太阳膜用特殊聚酯膜作为基材，膜本身具有很强的韧性，并配合特殊的压力敏感胶，当玻璃遇到意外碰撞破裂后被太阳膜粘牢不会飞溅伤人。但是因为现在的车都用的是钢化玻璃，所以即使破裂也不会形成尖锐碎片伤到人。此外，太阳膜还具有单向透视、降低眩光的功能，能过滤部分眩光，降低可见光的强度，使人的眼睛更舒服，有助于改善车主视野。也就是说，车内的人可以透过太阳膜清晰地看到车外的景观，但车外的人却看不见车内的情况。即使在夜晚和雨天，太阳膜仍能保持良好的透视效果。

现在好的太阳膜由于采用新的技术和生产方式，性能大为提升，一般有效隔绝紫外线达到90%，隔绝红外线提高到95%，同时太阳膜又保留了可视光的通过（高透光率），而且兼有防爆功能，但价格较高。

二、太阳膜的选型

当前汽车已成为现代社会重要的代步工具，而且越来越多的人关注车内人身安全的重要性，当汽车玻璃高温暴晒或受到猛烈冲击破裂时，玻璃碎片容易飞溅进射造成乘车人员伤亡，所以太阳膜可以起到粘连碎片的作用，从而避免不必要的灾难发生。

为节约成本、保持车体的美观，在选购太阳膜时一定要多加注意。好的太阳膜可以保持6年以上不会出现褪色，仍旧能够光彩如新，而差的太阳膜可能完工后没有多久就会出现起泡、颜色暗淡甚至褪色。这种情况的发生会严重影响驾车和乘车安全，在选型时，一般有以下技巧可以遵循。

（1）看颜色：一般颜色较浅且眼睛感觉较舒服的是正品的可能性较大，且表面色泽均匀柔和，不会出现波浪或者深浅不一的较大幅度的色差。

（2）摩擦是否褪色：质量好的太阳膜是采用金属溅射工艺进行涂色的，不会轻易出现褪色现象，可以将膜在地面上擦拭，如果褪色，则说明质量较差。

（3）异味是否强烈：劣质膜气味浓重，高质量膜不会出现这种情况。

（4）手感是否舒适：劣质膜手感较薄且脆，会轻易出现划痕，而高质量膜手感厚实平滑。

（5）仔细核实产品指标：在选型时仔细核实膜的相关指标，并进行多方对比。

三、太阳膜的种类、结构及功能

太阳膜是通过涂布或磁控溅射的方式，将功能层（如隔热、防紫外线等）材料（金、银、铝、钛、镍、铬、氮化钛、铟锡氧化物、锡锑氧化物、氧化钨等）附着于光学级PET（塑料基材）上，从而制成的用来隔热、防紫外线、防爆、保护隐私的薄膜。

1．太阳膜的种类和结构

按类别组成来分，太阳膜包括普通膜和防爆膜。防爆膜由多层特殊聚酯复合层压制而成，并在膜层中用磁控溅射等方式镀上一层纳米级的高反射率金属氧化物涂层。它具有很高的透光度，又具有极高的隔断红外线和紫外线辐射的能力。

普通膜结构主要包括保护膜、色胶、深层染色聚酯，而防爆膜结构主要包括保护膜、复合胶黏剂、透明PET、安全层、UV吸收层、安全胶黏剂、金属隔热层（电镀）、带色PET安全基层、抗磨层等。太阳膜的结构如图2-4-1所示。

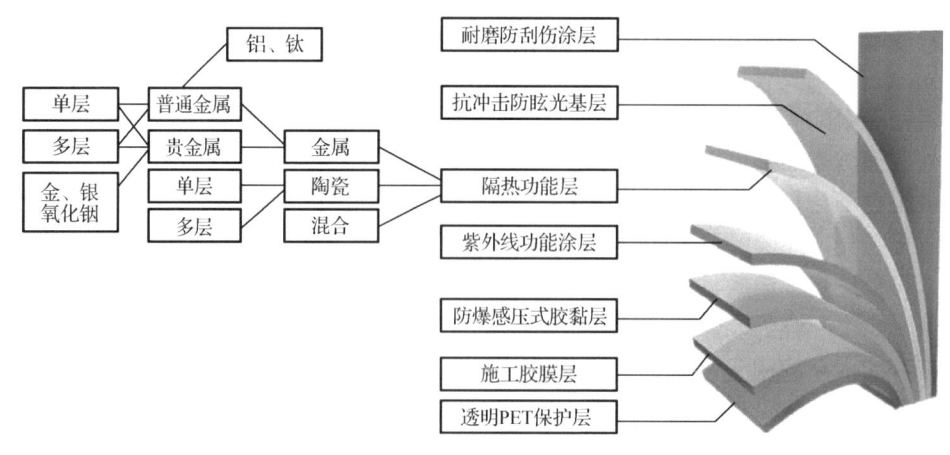

图2-4-1 太阳膜的结构

2．太阳膜的功能

1）防爆

防爆主要由膜内金属材料起决定性作用，金属都具有延展性（如金、银、锡、铂、钛等），一旦玻璃破碎，太阳膜中金属材料能产生一种拉力，牵拉玻璃片，使它不会飞溅，从而起到防爆效果。切记，千万不要认为防爆是可以防止玻璃爆碎。

2）隔热

由于太阳膜含有金属微粒，能像镜子一样起到反光作用，因此它能将热量反射出去，从而起到隔热效果。

3）阻隔紫外线

太阳膜中的 UV 吸收层能够吸收紫外线，使紫外线不能穿透，从而起到阻隔紫外线的作用。

4）保护爱车的内饰和人身健康

太阳膜在夏天天热的时候才需要贴，它的功能只有防爆、隔热，所以天冷时就不再需要，如果这样认为就错了，首先太阳膜防爆隔热是不争的事实，但我们不要忘记，太阳膜还能有效阻隔紫外线。天气晴朗的时候，紫外线特别强，强烈的紫外线照射对我们人体有害，也会对我们的爱车产生严重损害，它不仅会使车内饰物老化、龟裂，还会导致人体肌肤变黑，容易得皮肤病，所以我们应该装贴太阳膜。

5）装饰

随着社会不断进步，汽车的推出也不断更新，为了满足广大车主的要求，使其爱车更靓、更高档，市场推出了各种各样装饰产品，但车主想要更美观且有效的产品。太阳膜是首选，窗帘也曾是众多车主的选择，但它却非常不可取，它不仅占用了车内的空间，而且时间一长，道轨就会掉落，也容易脏，既不实用，也不美观。而太阳膜就可以抛掉这些传统的问题。现在装贴一种符合车辆颜色的太阳膜，不仅可以提升车辆的整体协调性，还可以提高车辆的档次。车主不用担心它会占用车内空间和变脏。因此，装贴太阳膜是明智之举。

6）保护隐私

人们对隐私保护越来越关注，作为有车一族，在车厢那个有限的透明空间，怎样去保护自己的隐私呢？答案是装贴太阳膜。好的太阳膜，具有双层纳米级的高反射率金属氧化物涂层，所以在光线照射下会造成胶面单向反光，这样车外的人就不能清楚地看到车内，而车内的人却可以清晰地看到外面的事与物，这样不仅有效地保护了自己的隐私，也增加了自身的安全性。

四、太阳膜的施工工具和施工步骤

1．太阳膜的施工工具介绍

太阳膜的施工工具包括：①刮板类工具：黑色软刮、蓝色软刮、中硬度刮、白色加长刮等；②赶水类工具：短柄斜口牛筋刮、长柄特硬牛筋刮等；③清洗类工具：牛筋水刮、硅胶水刮、水壶、专用去污粉、婴儿洗发露等；④辅助类工具：烤膜短钢刮、烤膜长钢刮、专用裁膜垫片、无纺布、婴儿爽身粉、黄色三角刮、大毛巾、小毛巾、遮蔽膜等；⑤烤膜类工具：大功率烤枪等。太阳膜的部分施工工具如图 2-4-2 所示。

（1）烤枪：用于加热定型时出现的气泡，从而可以使得太阳膜收缩变形。

（2）短柄斜口牛筋刮和硅胶水刮：主要用于玻璃的清洁和上膜时的定位。

（3）长柄特硬牛筋刮和牛筋水刮：主要用于前后挡风玻璃太阳膜加热定型、清洗侧窗和刮水。刮水要在有保护膜保护前提下进行。刮除太阳膜与汽车玻璃之间的水，从而使得太阳膜可以完全粘贴于前挡风玻璃上不脱落。

（4）60°美工刀：包括刀柄和刀片，主要用于裁割定型后太阳膜的虚边和修裁装贴侧窗时的边膜。

（5）水壶：用于移位和润滑太阳膜。

（6）尺、钢尺：用于开膜。

（7）小毛巾：用于清洁玻璃、门板。

（8）大毛巾：吸收水分，防止贴膜时的水通过仪表台流入汽车内部，损坏电气元件。

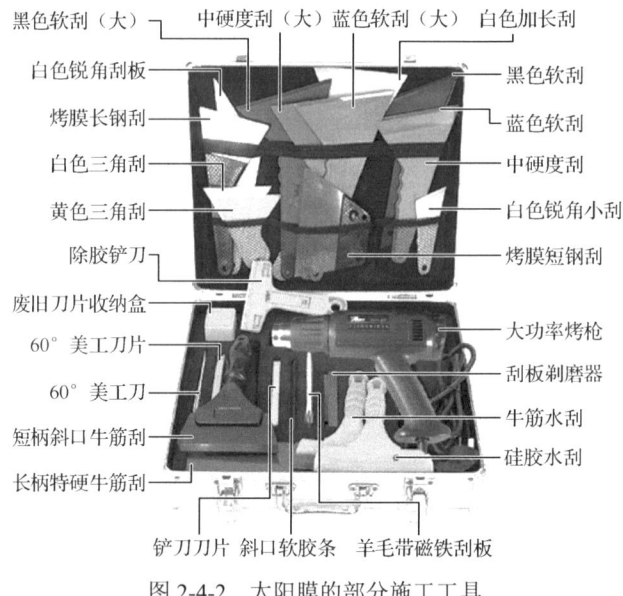

图 2-4-2　太阳膜的部分施工工具

2．太阳膜的施工步骤

1）验车

（1）贴膜技师接到车辆以后，要核实派工单上的内容，如图 2-4-3 所示。仔细检查车辆情况，如果有异常，则应及时与服务顾问沟通。

（2）检查玻璃有无划伤裂纹、车内电器及车内电器开关有无异常、车门饰板有无划伤。

（3）判断施工车辆是否需要清除旧膜，如果需要，则应进行遮蔽保护，清除旧膜、除胶。

（4）如果在现场施工作业过程中检查出问题，则应及时与服务顾问沟通。

（5）提醒客户保管好车内的贵重物品。

2）施工前准备

（1）贴膜技师领取太阳膜，准备好贴膜所需的工具。

（2）耗材：太阳膜、遮蔽膜、水、玻璃清洗液、美纹纸。

（3）工具：烤枪、美工刀、刮板、喷壶、毛巾、贴膜防护套。

3）洗车

洗车技师按照普通洗车施工流程进行操作，具体操作如图 2-4-4 所示。

4）车间除尘

打开车间喷淋对车间进行除尘作业，如图 2-4-5 所示。注意，除尘前必须关闭车间门窗、车辆门窗和车辆天窗。

门店服务项目派工单						
门店:				日期: 年 月 日		
车牌号.		车型		公里数		
车主姓名		联系电话		是否是会员	是○	否○
车辆检查						
	车辆检查:	良好○	否○		
^	车内物品	前后保险杠○			
	随车工具	升降器○			
	内饰划痕	故障灯○			
	车辆外观	点烟器○			
	车辆漆面	音响○			
	仪表台○	玻璃划痕○			
	灯光○	油表数○			
	贵重物品	无○			
备注							
服务项目及追加项目						
编号	服务项目		追加项目		金额	
1					
2					
3					
4					
5					
					小计:	
施工人员:				车主签字:		
收款人		万	仟	佰	拾	元	¥

图 2-4-3 派工单

图 2-4-4 清洗车窗玻璃

5）施工保护

（1）铺防水脚垫，加装贴膜防护套和门板遮蔽保护膜，在仪表台和后置物台上垫毛巾。

（2）分别在机舱盖、左车顶、右车顶、后备箱盖、门槛上垫毛巾，如图 2-4-6 和图 2-4-7 所示。

图 2-4-5　车间除尘

图 2-4-6　车外保护　　　　　　　　　图 2-4-7　车内保护

6）打版裁膜

（1）前后挡风玻璃：贴膜技师根据前后挡风玻璃尺寸裁膜，若前挡风玻璃超过 75cm，则进行打版裁膜或横向裁膜，如图 2-4-8 所示。注意，所裁的膜上下左右要大样板纸 1cm。

图 2-4-8　打版裁好太阳膜

· 150 ·

（2）侧窗玻璃：贴膜技师使用样板纸对侧窗玻璃打版裁膜。注意，所裁的膜上下要大样板纸 1cm，左右要大样板纸 1～2mm。

（3）注意事项：掌握力度避免划伤玻璃，根据太阳膜的颜色深浅及客户的要求来确定侧窗是否预留出后视镜。

7）前后挡风玻璃烤膜定型

烤膜分为干烤和湿烤两种定型方式，本任务主要介绍干烤定型，其步骤如下。

（1）将玻璃清洗干净，用烤枪将玻璃表面烤干。

（2）用湿毛巾在玻璃中间和两边画上一道 H 形水印，固定膜片，横裁膜定型为工形。

（3）将膜贴在玻璃上进行粗裁，周围留出 2～3cm 的膜。

（4）烤膜，气泡均匀分开，烤枪垂直于膜，温度根据膜的材质不同调节（230～500℃），由中间开始左右移动进行加热，使气泡收缩，膜片弧度收缩至与玻璃弧度一致，玻璃冷却后用湿烤方法进行收边精裁。

注意事项：①膜要轻拿轻放，以免出现折痕；②烤枪温度不能过高，以免玻璃爆破；③等玻璃完全降温后才能喷水。

8）前后挡风玻璃内侧清洁

（1）贴膜技师把前挡风玻璃强制保险标志等揭下，如果有必要可把后视镜拆下，放在指定位置。

（2）用湿毛巾擦干净玻璃四周灰尘，在玻璃上均匀地喷洒少许水，用塑料刮板将玻璃上的污垢去除干净。

（3）再次在玻璃上均匀地喷水，用牛筋水刮将玻璃表面刮洗干净。

9）前后挡风玻璃粘贴

（1）贴膜技师从左至右先把保护膜揭三分之一，再把太阳膜覆在玻璃上，简单固定。

（2）将剩余保护膜全部揭开，把膜调整至不漏光为准，用牛筋水刮在太阳膜中间以十字形固定后，以先左后右的顺序彻底把水分刮干净。注：后挡风玻璃粘贴操作与前挡风玻璃粘贴操作相同。

（3）注意事项：①挤水刮板不要过硬、有锐角、有锯齿，以免划伤玻璃；②检查内饰防护是否到位。

10）侧窗玻璃烤膜定型

（1）用牛筋水刮对侧窗外部玻璃进行清洗。

（2）对洗好的玻璃喷水，再将太阳膜覆在玻璃上，确定太阳膜高出胶条的距离（大约 1cm），做出弧度，进行烘烤。

（3）以膜下方大于 1cm 为标准，降下车窗与玻璃，平衡下降 5cm 后，上方用 60°美工刀裁齐。

11）侧窗玻璃粘贴

（1）贴膜技师对侧窗内侧玻璃进行清洗。

（2）贴膜技师将太阳膜覆在侧窗玻璃上进行粘贴。

12）去除作业保护

（1）贴膜技师撤出防护，将遮蔽膜放入垃圾桶内。

（2）将玻璃、漆面、内饰板擦拭干净。

（3）在各车窗升降开关处粘贴提示卡。

13）自检

贴膜技师对施工部位进行检查，对不合格部位进行及时处理。

14）工位整理

贴膜技师将所有工具设备按规定摆放到指定位置。

15）终检

按照验收标准进行检查，对没达到标准的施工部位进行返工。

任务实施

本任务联合上汽通用五菱汽车股份有限公司，以五菱宏光 MINIEV 汽车为原车型，进行太阳膜具体施工技巧的阐述。

一、准备工作

确认太阳膜的施工工具、清洁工具、辅助工具完好。确认派工单，再三确认车辆的施工部位和顾客施工要求。车辆检查表格如图 2-4-9 所示。

车辆检查表格						
					编号	
车主姓名	联系方式		日期			
车牌号	品牌车型		所住小区			
车况检查记录		油表		里程	公里	
贵重物品是否已移走		是○	否○	其他标签已移走	是○	否○
座椅皮/布料		完好○	损伤○	电动车窗	完好○	损伤○
前车灯		完好○	损伤○	后车灯	完好○	损伤○
刹车灯		完好○	损伤○	电热丝	完好○	损伤○
ETC		完好○	损伤○	前挡风玻璃	完好○	损伤○
后挡风玻璃		完好○	损伤○	小角玻璃	完好○	损伤○
左侧窗玻璃		完好○	损伤○	右侧窗玻璃	完好○	损伤○

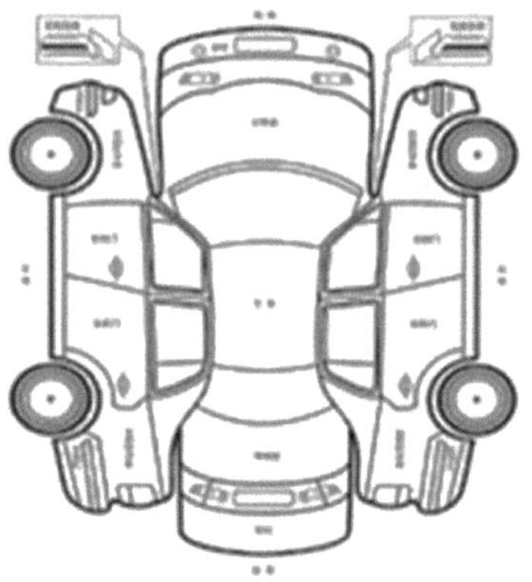

漆面检查		
褪色○	氧化○	
虫尸○	树脂○	
铁粉○	太阳纹○	
漆面粗糙○	飞漆或涂料○	
水痕○	腐蚀○	
沥青○	水泥○	
划痕○	暗淡无光○	
其他○		
内饰检查		
座椅材质	皮革○	布料○
内饰	掉皮○	褪色○
顶棚	污渍○	
内饰门板材质	皮质○	布料○
仪表材质	塑料○	
玻璃检查		
玻璃上油膜○	玻璃上颗粒○	
玻璃上油污○	玻璃上划痕○	
发动机检查		
漏油油污○	隔音棉太脏○	电线老化○
灰尘覆盖○	油污过厚○	异味○
隔热膜检查		
翘边○	起泡○	划伤○
前挡红外线穿透检查		
大于800瓦/平方米○	500~800瓦/平方米○	
200~300瓦/平方米○	小于200瓦/平方米○	

预计完成时间		上午/下午	
顾客签字		施工人员签字	

图 2-4-9　车辆检查表格

检查车辆，完成车辆贴膜前的清洗工作，减少施工过程中的灰尘。

将车辆驶入贴膜车间，并进行室内降尘，减少空气中粉尘颗粒。选择太阳膜的型号及参数，如图 2-4-10 所示。

太阳膜型号及参数			
型号　　　参数	透光率	隔热率	隔紫外线
AVS70(赢领70)	73%	58%	99%
ELT80(畅悦80)	78%	43%	99%
LDR70 (智选70)	70%	40%	99%
RTL35(畅悦35)	39%	50%	99%
RTS15(智选15X)	50%	15%	99%
LDR35 (智选35G)	37%	52%	99%

图 2-4-10　太阳膜的型号及参数

二、五菱宏光 MINIEV 汽车太阳膜的施工方法和技巧

每款车型的太阳膜都有不同的施工方法和技巧，重要的是确定太阳膜的操作原则和施工方法。下面以五菱宏光 MINIEV 汽车的前挡风玻璃为例来阐述太阳膜的施工方法和技巧。

第一步：车辆外部清洗。

将车辆的前挡风玻璃进行清洗，彻底去除缝隙处的脏污和杂质，如图 2-4-11 所示。

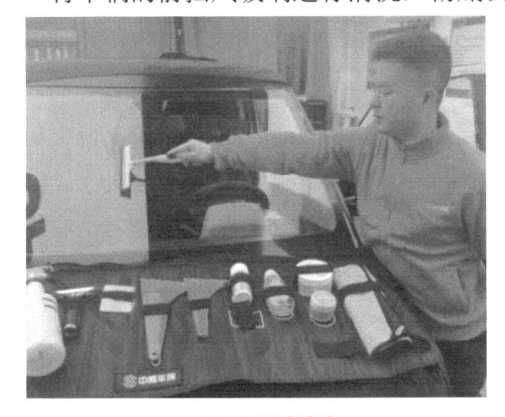

（a）右侧刮水清洗　　　　　　　　　　　　（b）左侧刮水清洗

图 2-4-11　清洗前挡风玻璃

第二步：吹干前挡风玻璃。

将玻璃进行烘干，并保持玻璃清洁干净，为后续铺粉定位做准备，如图 2-4-12 所示。

（a）吹干前挡风玻璃中部位置　　　　　　　（b）吹干前挡风玻璃边角位置

图 2-4-12　吹干前挡风玻璃

第三步：铺粉定位。

首先将爽身粉薄薄一层涂在五菱宏光 MINIEV 汽车前挡风玻璃上，如图 2-4-13 所示，然后用小毛巾进行 H 形定位，如图 2-4-14 所示。

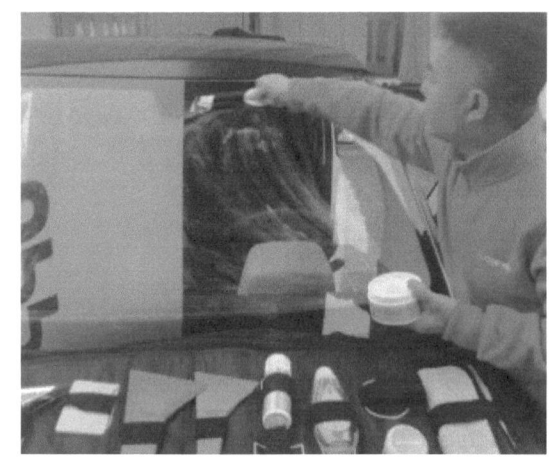

图 2-4-13　在前挡风玻璃上铺粉　　　　　　图 2-4-14　用小毛巾进行 H 形定位

第四步：烤膜定型。

将膜贴在前挡风玻璃上进行粗裁，周围留出 2~3cm 的膜；烤膜，烤枪垂直于膜，温度根据膜的材质不同调节（230~320℃），风速调至三挡，手拿着烤枪慢慢转圈，每秒 2~3 圈，使得受热面积控制在直径 4cm 的圆形区域内，由中间开始左右移动进行加热，使气泡收缩，膜片弧度收缩至与玻璃弧度一致，如图 2-4-15 所示。

图 2-4-15　烤膜定型

第五步：玻璃清洁。

首先向前挡风玻璃喷沐浴露混合液体，使得膜能够完全贴合前挡风玻璃，如图 2-4-16 所示。然后用清洗工具、硅胶水刮进行刮水清洗，如图 2-4-17 所示。

第六步：湿烤定型，边缘精裁，撕膜卷膜。

喷洒清洗液清洗玻璃，用硅胶水刮直接清洁。在玻璃上喷水，两人架起膜，保护膜朝上，放在玻璃上，上下移动，把膜放正。用手将气泡分出来，上下分均匀，用刮板把气泡中间的水刮一下，气泡呈直线。注意，刮的时候不要刮到气泡上，以防把膜刮折。开始烤膜，烤枪要垂直于膜，烤枪与膜的间距为 3cm，将膜的气泡烤制呈 S 形，用刮板向下刮平，在最边缘时烤枪可以多停留几秒，也可以进行灌风烤膜，使边缘收缩完整，如图 2-4-18 所示。确定定型后，进行精裁，以不漏光为准，如图 2-4-19 所示。在主驾驶位将保护膜揭开一半，均匀喷水，再在副驾驶位将剩余保护膜揭开，喷水，从右往左将膜卷起放在指定的位置，如图 2-4-20 和图 2-4-21 所示。

图 2-4-16　向挡风玻璃喷沐浴露混合液体 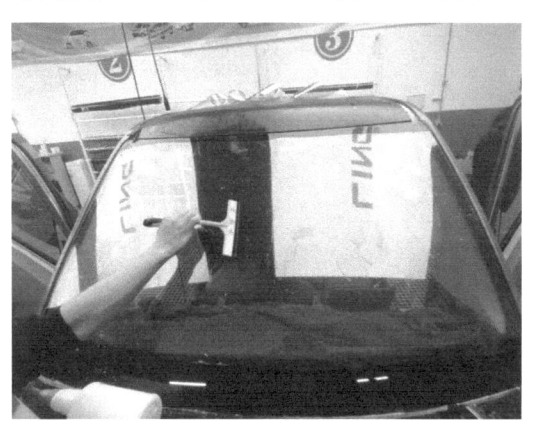　　　　图 2-4-17　用硅胶水刮进行刮水清洗

（a）用刮板驱赶分散气泡　　　　　　　　　（b）用刮板赶出气泡
图 2-4-18　湿烤定型封边处理

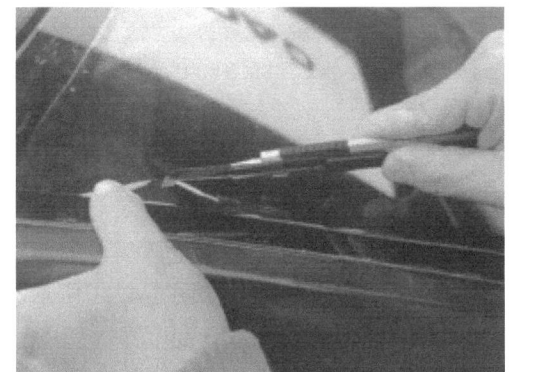

图 2-4-19　边缘精裁 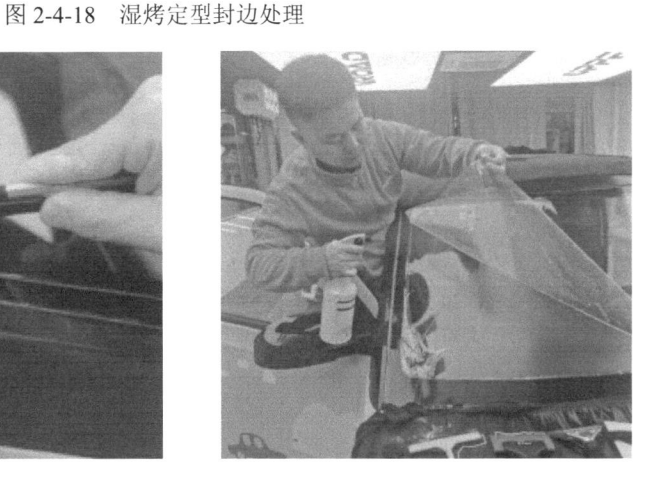　　　　　　　　图 2-4-20　撕膜

· 155 ·

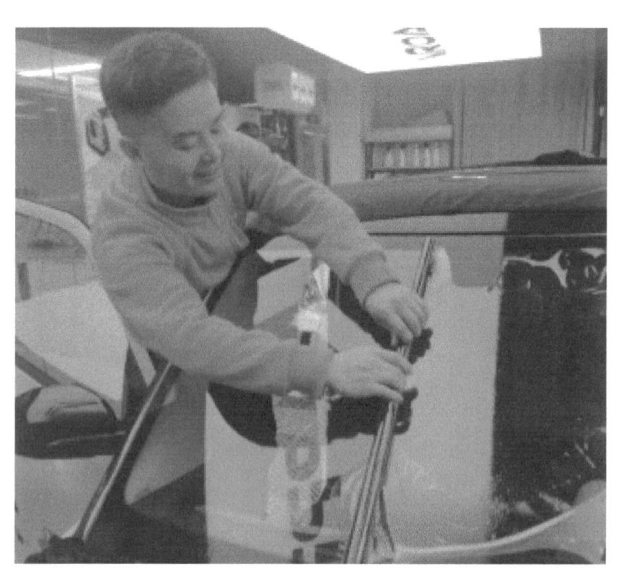

图 2-4-21　卷膜

第七步：内部清洗。

用湿毛巾将玻璃四周灰尘擦干净，在玻璃上均匀地喷洒少许水，用塑料刮板将玻璃上的污垢去除干净后，再次向玻璃上均匀地喷水，用牛筋水刮将玻璃表面刮洗干净，至少清洗两遍，如图 2-4-22 所示。

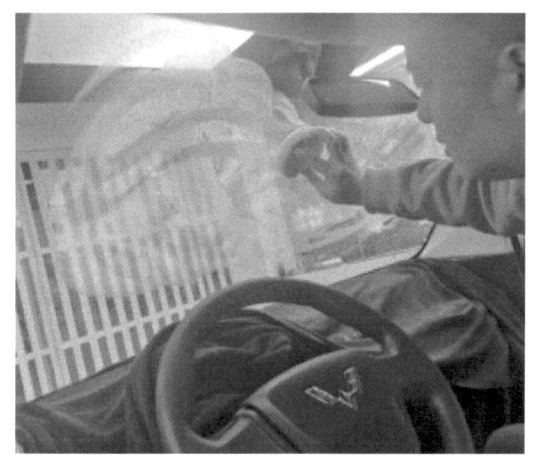

（a）用塑料刮板将玻璃上的污垢去除干净 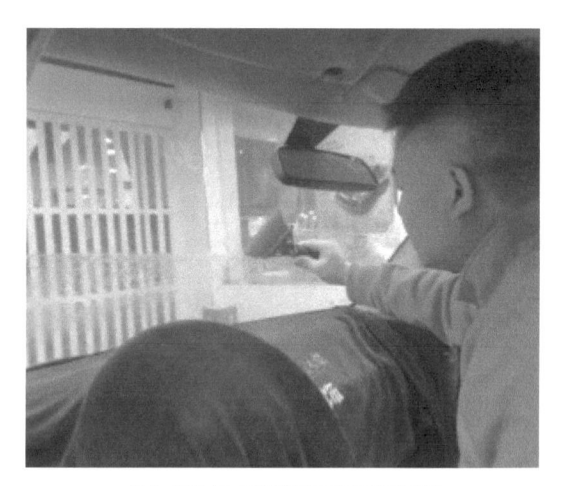　　　　　　　（b）用牛筋水刮将玻璃表面刮洗干净

图 2-4-22　内部清洗

第八步：单人上膜，赶水定型。

从主驾驶位至副驾驶位先将保护膜揭三分之一，将太阳膜覆在玻璃上，简单固定。然后将剩余保护膜缓慢揭开，此时膜可以调动，把膜调整至不漏光为准，如图 2-4-23 所示。用牛筋水刮板在太阳膜中间以十字形固定后，以先左后右的顺序彻底把水分刮干净，如图 2-4-24 所示。

(a)将保护膜揭三分之一,将太阳膜覆在玻璃上 　　　　　(b)调动膜至不漏光为准

图 2-4-23　单人上膜

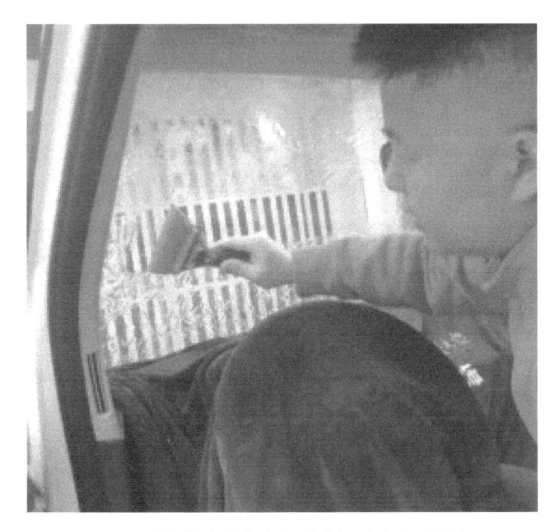

(a)用牛筋水刮在太阳膜中间以十字形固定 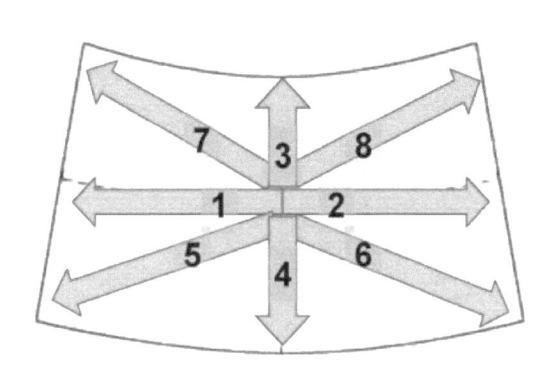　　　　　(b)彻底刮干净水分的操作顺序

图 2-4-24　赶水操作处理

第九步:气泡处理。

首先用黄色软刮的 90°角边,将大的气泡分成若干小气泡,然后用烤枪加热,将小气泡压实,如图 2-4-25 所示。

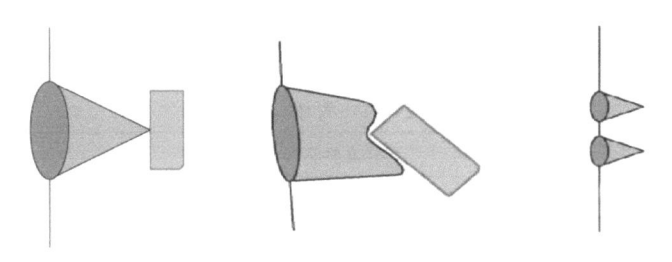

图 2-4-25　气泡处理

第十步：边缘收尾。

用中硬的黄色刮板，套着无纺布，对边缘部位进行彻底赶水、收边。注意，用力的方向朝向边缘处向外，不能在边缘处横着赶水，如图 2-4-26 所示，以免划伤膜。

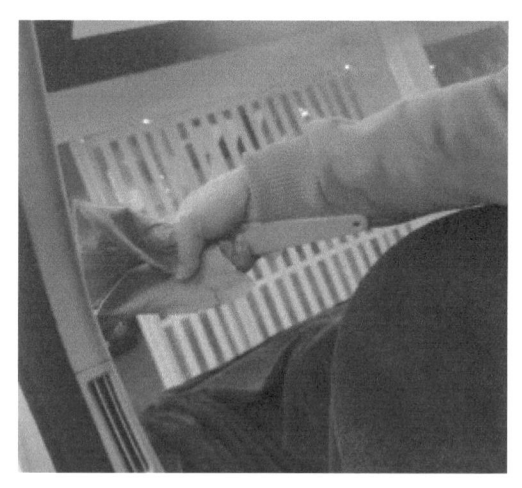

（a）用中硬的黄色刮板，套着无纺布　　　　　　（b）对边缘部位进行彻底赶水、收边

图 2-4-26　边缘收尾

第十一步：检查修复。

用黄色软刮的 90°角边检查膜的边角位置有无出现翘边的情况，如图 2-4-27 所示。

（a）黄色软刮的 90°角边　　　　　　　　　　（b）处理翘边的情况

图 2-4-27　检查修复

任务考评

本任务内容的考核与评分如表 2-4-1 所示。

表 2-4-1　考核与评分表

项目	标准要求		分值	得分
车辆质检（8分）	1. 检车单，或顾客签字或销售员签字的工单	是 4 分	4	
	2. 是否接到施工服务单并确认产品型号	是 4 分	4	

续表

项目	标准要求		分值	得分
玻璃清洗（8分）	1. 是否铺吸水布及保护车辆	是2分	2	
	2. 玻璃表面浮尘的处理	合理2分	2	
	3. 玻璃表面硬质脏污的处理方式	合理2分	2	
	4. 玻璃清洗动作规范熟练	熟练2分	2	
裁膜下料（8分）	1. 是否浪费	节省2分	2	
	2. 是否整齐、干净	是1分	1	
	3. 膜片裁后的处理及放置是否合理	是2分	2	
	4. 刀具的使用是否合理	是3分	3	
烤膜（15分）	1. 烤枪的使用是否合理、安全	是3分	3	
	2. 膜片烤完后有无折损	无3分	3	
	3. 烤膜是否熟练快捷	熟练5分，一般1分	5	
	4. 烤膜质量是否合格	是4分，否1分	4	
贴膜（22分）	1. 膜片粘贴前的修整是否恰当	是2分	2	
	2. 工具放置与使用是否恰当	是2分	2	
	3. 贴膜前的撕衬动作是否熟练	熟练3分	3	
	4. 贴膜是否熟练	熟练3分，生疏1分	3	
	5. 侧窗两条竖边是否可直接看到棉条	是2分	2	
	6. 侧窗玻璃上方顶端与膜顶端距离是否大于7mm	是2分	2	
	7. 赶水是否均匀	是2分	2	
	8. 是否有气泡、水泡	很少3分	3	
	9. 是否有中间层杂质	很少3分	3	
贴膜时间（烤/贴）（27分）	1. 前挡风玻璃	普通膜	时间≤60min 6分，60min<时间≤90min 3分，90min<时间≤120min 1分	6	
		威固膜	时间≤90min 6分，90min<时间≤120min 3分，120min<时间≤150min 1分	6	
	2. 4门玻璃	普通膜	时间≤90min 6分，90min<时间≤120min 3分，120min<时间≤150min 1分	6	
		威固膜	时间≤150min 6分，150min<时间≤180min 3分，180min<时间≤210min 1分	6	
	3. 无意外发生的情况下是否在预测时间内完工	是3分	3	
贴膜后的清洁（12分）	1. 贴膜后的清洁工作	干净2分，一般1分	2	
	2. 安装后是否自检	是2分	2	
	3. 是否贴门卡	是2分	2	
	4. 是否清点工具	是2分	2	
	5. 工具是否放在指定位置	是2分	2	
	6. 是否告知车主注意事项	是2分	2	
合计			100	

任务 5　微型新能源汽车改色膜施工

📖 学习目标

1. 了解改色膜的发展历程和制造工艺。
2. 了解改色膜的优点。
3. 了解改色膜的种类及类别。
4. 学会改色膜的销售技能。
5. 掌握改色膜的施工技巧。

📖 任务分析

统计数据显示，2021 年全球汽车平均拥有量为 1∶6.75，而在美国，这个比例为 1∶1.3；在法国、日本和英国，这个比例约为 1∶1.7；在中国，这个比例约为 1∶17.2。随着社会财富的快速积累，收入差距的不断扩大，中国成为全球奢侈品消费增长速度最快的国家已是不争的事实，汽车贴膜改色就是汽车美容范围内的奢侈品消费，同样，它的快速增长也不可遏制。熟悉改色膜的种类、优点及制造工艺，准确讲出改色膜的种类和优点，掌握改色膜销售的三大技巧，熟练掌握改色膜的施工技巧的这类技能型人才将会在后市场成为百变"膜"法师。

📖 任务准备

一、改色膜的发展历程

汽车改色膜实际上在欧洲市场有着悠久的历史，最早的车身贴纸源于 1887 年 4 月在巴黎举办的第一场世界赛车比赛。为了区别赛车手们的赛车，需要在车身贴上赛车号码，这就是车贴的雏形。

经过长达百年的汽车及摩托车比赛的推广，许多赛车赞助商涌入赛车行业进行宣传，赛车车身出现了赞助商性质的广告车贴，如著名的法拉利车队赞助商万宝路车贴等，目前我们称这样的车贴为改装车贴和标志贴。显然，车贴最早用于赛车运动，而车贴的进一步发展则源于欧美和日本，随着汽车行业的日益兴起和大规模的普及，加之购车人群的年轻化和家庭个性化，突出年轻人的性格特点和炫酷风格的影响，车贴大行其道，逐渐风靡全世界。

二、改色膜的制造工艺

车辆检测登记站对汽车改色膜的要求，一般是修改的颜色面积不能超过车身面积的 30%，色彩不超过三种，若超过相应的标准，则应立即上报变动情况。改色膜并不容易产生危害和影响事后的车辆检测。虽然高质量的改色膜对车辆漆面并不一定会没有任何危害，但是最重要的是方便撕下更换，不会伤车漆而且没有胶水残留。

目前，隐形车衣发展依然迅速，对于汽车改色膜而言，因其专属的特性而受到很多车主的青睐。汽车改色膜能够占据市场份额的 3/4，足以可见汽车改色膜市场的欢迎程度。改色膜的价格千差万别，这取决于膜本身的材质和生产工艺。

改色膜的原材料大多都是 PVC，也有 PET。根据工艺分类，改色膜可以分为两大类：一类是压延级工艺，即将原材料 PVC 通过"挤压拉伸"后生产，可近似为"拉面"。这种工艺最大的特点是便宜，适合那些经常改变汽车颜色的人使用，缺点是膜本身相对较厚，表面光滑度稍差，易脱胶，易褪色。另一类是铸造级工艺，即将原材料混合在一起，采用超透明的工艺铸造模纸，通过专用设备刮原材料，从而生产出变色的膜，可近似为"摊煎饼"。铸造级改色膜添加了链塑化剂、高温稳定剂、抗紫外剂等原材料，并且没有经过"拉伸"环节，因此这种膜具有良好的抗紫外线、耐老化、抗收缩性能，产品延展性较好，容易施工。

三、改色膜的优点

（1）不仅能改变车身的颜色，还能保护原厂漆。汽车贴膜直接在车外表粘贴即可，而喷漆则需要将原厂漆剔除。此外，原厂漆是经过严格的工序与特殊的施工条件喷涂的，而后喷的漆都是"修补漆"，不适合全车应用。

（2）无须大量拆件和重装。如果喷漆，则需要拆解很多零件，遇到不靠谱的汽修厂很容易把零件拆坏。此外，车身上有些零件是一次性的，拆了就需要重新买；如果不拆，漆很可能会喷溅到车零件上面，贴膜与此相比要保险得多。

（3）贴膜改色有利于汽车保值。喷漆改色在喷漆前，要把原厂漆磨掉，将来卖车时，别人会以为出过大事故，会贬值很多。

（4）贴膜改色不易上当受骗。有的汽修厂不诚信，用低档的漆冒充好漆给客户喷涂，贻害无穷，过了一段时间后就会起皮、脱落，不如贴膜货真价实，保证完美的效果。

（5）贴膜改色不会有色差问题。喷漆的车辆出事故（发生碰撞）后，事故（损伤）部分重新喷漆，会产生色差；贴膜的车辆在事故（损伤）部分重贴后不会有色差。

（6）贴膜改色可以反复改色。如果三四年就想换一种颜色，那么还是贴膜比喷漆更合适。因为喷漆比较适合局部修补，全车改色则需要较高的工艺和合格的漆料。

（7）贴膜改色的亚光效果比喷漆更好。想把车身改成亚光的效果，相比喷漆，贴膜施工起来更稳妥、效果也更好。

（8）在改色膜上绘制喷枪画对原厂漆无影响。如果直接在车漆上绘制喷枪画，原厂漆将无法复原，可以先在车身贴膜，再在膜上喷漆，这样就能够在不伤原厂漆的基础上绘制喷枪画。

（9）贴膜改色便于车体喷绘。车体喷绘打印机虽然可以在车体上打印图案，但是要把打印的部位拆下来，在原厂漆上打印后再装上去，不如先打印在膜上效果好，而且也不会在拆装与打印过程中对漆面和其他配件造成损害。直接在原厂漆上喷绘就不能恢复原样了。

（10）贴膜改色杜绝后患。只要不是原厂喷的漆，一般都不会经过严格的高温烤漆工序，一段时间后质感容易迅速衰退，发生局部老化、脱落、风蚀、裂纹、跳壳的现象。贴膜可以避免日后面临这些问题。

（11）贴膜改色工时更短。全车贴膜的施工时间短，需要 3~4 天，全车喷漆需要 5~7 天。

（12）贴膜改色环保无污染。贴膜是完全环保的施工，而喷漆会产生环境污染。

（13）贴膜改色可以恢复汽车原貌。喷漆后，如果对实际效果不满意，将无法复原，贴膜则不同，随时可以恢复原貌。

四、改色膜的种类及类别

汽车开了几年，颜色看久了看腻了，汽车贴膜改色就成了不错的选择，改色膜色卡色系丰富，可以根据车主的个性喜好，以整体覆盖粘贴的方式改变全车或局部外观。相对于以往喷漆改色的方式，汽车贴膜改色更加方便快捷，深受很多年轻人的喜爱，成为当下颇为流行的一种改色方式。改色膜主要细分为以下几种：高亮膜、电光膜、亚光膜、超亮金属膜、镭射膜、碳纤维膜、珠光膜、幻彩膜、白变膜等。

1. 高亮膜

高亮膜色彩明艳鲜亮，不仔细看无法分辨出是贴膜改色，十分青春活力，可以给稳重车型添加一份活力感，如图 2-5-1 所示。

图 2-5-1　高亮系列（扫码见彩图）

2. 电光膜

电光膜表面看着十分光亮，十分有质感，让汽车的线条感更明显，而且日常清洁打理也很方便，能体现个人品位，如图 2-5-2 所示。

图 2-5-2　电光系列（扫码见彩图）

3. 亚光膜

亚光膜的表面是雾状的，具有磨砂般的亚光表面。亚光膜能够降低光线反射，并且自带低调质感，如图 2-5-3 所示。

4. 超亮金属膜

超亮金属膜星光点点闪耀，还带有珍珠般的柔滑细腻，如图 2-5-4 所示。

(a)消光系列

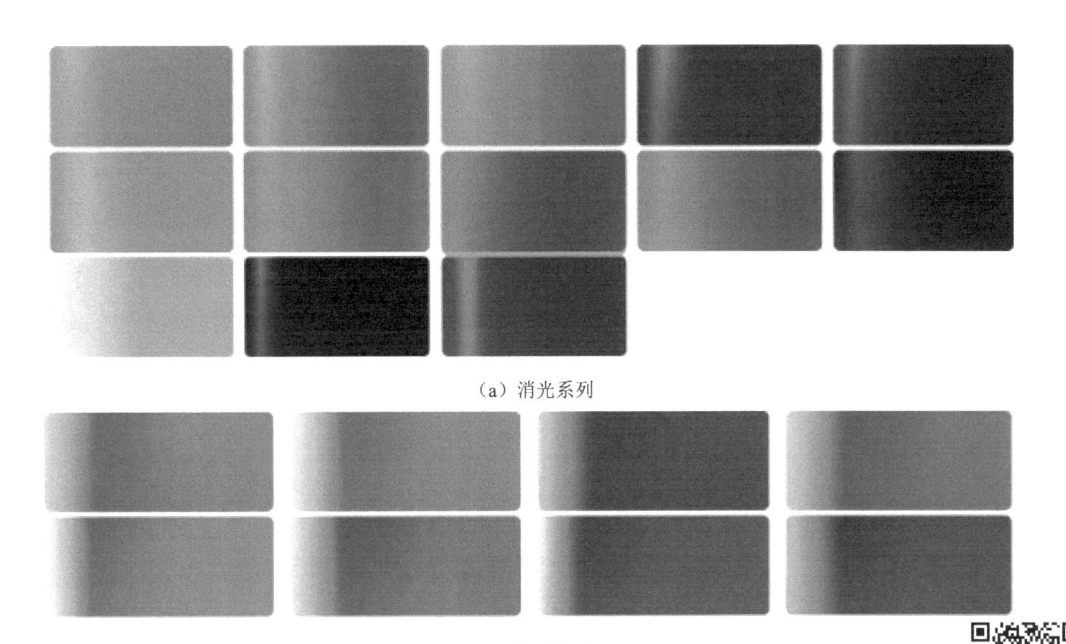

(b)奶油系列

图 2-5-3　亚光系列（扫码见彩图）

图 2-5-4　超亮金属系列（扫码见彩图）

5. 镭射膜

镭射膜的视觉效果直观明显，金属感明显，表面颗粒显眼，如图 2-5-5 所示。

图 2-5-5　镭射系列（扫码见彩图）

6. 碳纤维膜

碳纤维膜具有碳纤质感、亚光表面，立体感是其主要特色，颜色以黑色、白色、灰色为主，适合稳重车型，如图 2-5-6 所示。

图 2-5-6　碳纤维系列（扫码见彩图）

7. 珠光膜

珠光膜含有闪亮金粉，但是贴膜表面光滑细致、靓丽奢华，是汽车个性改色的优选，如图 2-5-7 所示。

（a）钻系列

（b）珠光系列

图 2-5-7　珠光膜（扫码见彩图）

8. 幻彩膜

幻彩膜具有独特的幻彩效果，灼灼耀眼，还具有独特的增光层，十足酷炫，如同糖果般好看，如图 2-5-8 所示。

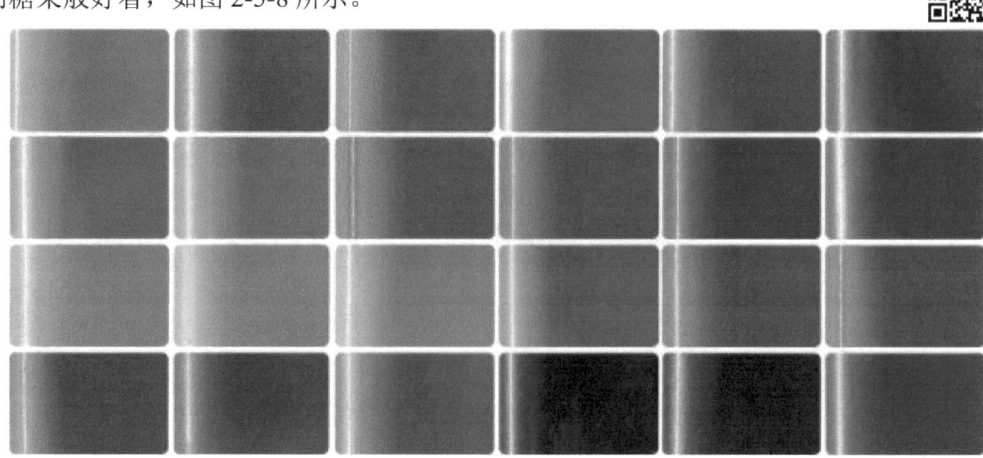

图 2-5-8　幻彩系列（扫码见彩图）

9. 白变膜

变来变去还是白色,但是此白非彼白,这样的白变膜就不用去车管所改颜色了,如图2-5-9所示。

图 2-5-9　白变系列(扫码见彩图)

五、改色膜的销售技能

根据改色膜本身的优点进行销售,可以从以下三个方面对改色膜进行销售:①改色膜可以美容车辆;②改色膜类似于给车身喷漆;③改色膜类似于车衣,可以保护车身。

可将改色膜当作汽车美容进行销售。第一,当作防护层,车身改色膜贴在汽车漆面上,完全覆盖,隔绝外界环境,保护汽车漆面不受酸雨、紫外线及鸟粪树脂的腐蚀,也可以阻挡空气中的沙粒石子对车身的划伤磨损。第二,保护原厂漆,车身在改色膜的覆盖下,完整封存不受外界环境伤害,几年后撕掉改色膜原厂漆依旧亮丽如新,是汽车保值的不二之选。第三,免养护,车身贴上改色膜后,再也不用频繁地花钱打蜡、封釉,只需平时简单清洗即可达到保养的目的,一劳永逸地解决汽车车漆保养的难题。第四,防护划痕,原厂漆意外损伤,不必抛光,不必补漆,直接覆盖车身改色膜,即可完美包装缺陷,补过的车漆贴过改色膜,依然如新。

可将改色膜当作喷漆进行销售。第一,随个性改,相比于喷漆,改色膜施工更加方便、安全、无污染,充分地减少了客户的等待时间,且不会出现飞漆的情况,对车主的爱车更加有保障。第二,保护原厂漆,相比于喷漆,改色膜无须损坏原厂漆,可直接张贴,为爱车保值。第三,多种选择,相比于喷漆,改色膜有更多的颜色供车主选择,比如以黑色来举例,包含高亮黑、亚光黑、电光金属黑、镭射黑、电镀黑等,多种多样。第四,无颜色差别,相比于喷漆,改色膜颜色全部为同色,无色差。喷漆在调漆的过程中,可能会产生色差,在后期补漆时,肯定会出现色差。

可将改色膜当作车衣进行销售。第一,产品性能更具稳定性,相比于车衣,改色膜材质虽然为PVC,但它不是透明的,所以塑化剂添加量相对较少,后期膜将更稳定,变黄、龟裂的可能性较小。第二,多种选择,相比于车衣,改色膜颜色有更多选择,如果是白色的车,车衣贴完之后只能是原色,但是改色膜选择的颜色更多,在不改变主色的情况下,不需要备案。第三,产品不易掉胶,改色膜使用的胶水无须考虑透明美观性,所以胶水会更加稳定,相比于车衣,改色膜掉胶的可能性直线下降。第四,改色膜可以作为车衣的替代品,建议车主如果想贴便宜的车衣,不如贴改色膜,价格相近,但更稳定、更多样。

六、改色膜的施工

1. 施工工具及施工环境要求

改色膜施工工具比较多,包括贴膜手套、粉色修边刮、弯嘴镊子、直嘴镊子、长条修边器、排气笔、羊毛贴片、大功率烤枪、除胶铲刀、定位器、30°美工刀、30°美工刀片、内饰刮、斜口牛筋刮、弧面门碗刮、笔形裁膜刀、三角刮、鱼尾刮、废旧刀片收纳盒、10m卷尺、梯形超薄刮、黑色四方软刮、黑色四方硬刮、橡胶刮板、牛筋刮板、替换胶条、麂皮贴片、金色四方刮、短柄特硬牛筋刮、硅胶水刮等,如图2-5-10所示。

· 165 ·

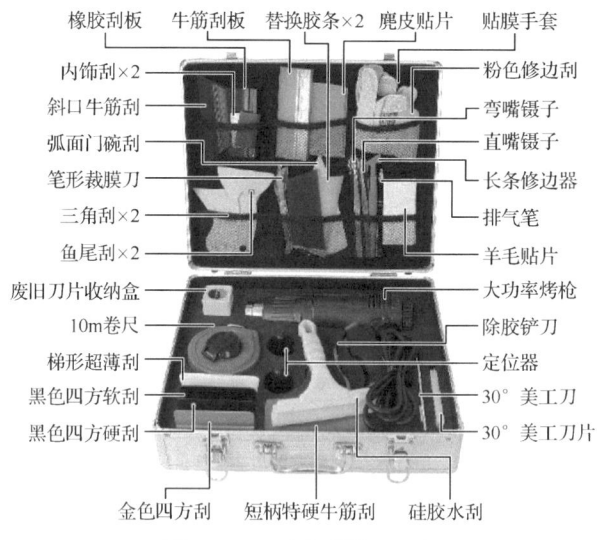

图 2-5-10 改色膜施工工具

施工环境要求：①施工场所：无尘车间；②温度：16～32℃；③空间密闭：防止外来灰尘掉落在车身或改色膜表面；④配备降尘设备：防止空气中的颗粒悬浮物、衣物纤维因静电效应附着到车漆和改色膜上；⑤人员穿着：不能穿起绒类衣物。改色膜的施工环境如图 2-5-11 所示。

图 2-5-11 改色膜的施工环境

2．标准流程

改色膜的施工标准流程如图 2-5-12 所示。

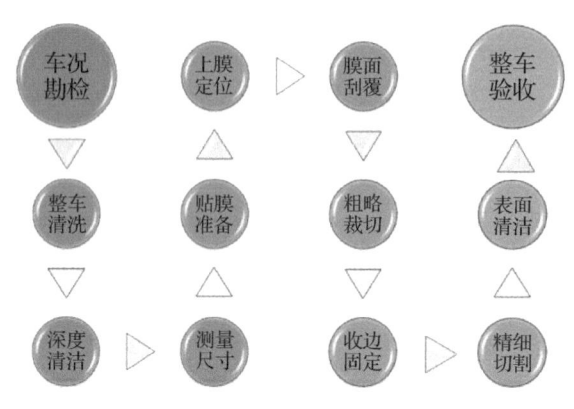

图 2-5-12 改色膜的施工标准流程

· 166 ·

1）车况勘检

询问客户漆面是否做过修补，若有非专业修补漆面，则改色膜在粘贴过程中很有可能会对漆面造成损伤；告知客户可能的风险，还要告知客户车漆表面存在的缺陷并记录，若较为严重，则建议客户进行漆面处理，车况勘检如图2-5-13所示。

图2-5-13　车况勘检

2）整车清洗

用高压水枪冲洗整车表面，去除灰尘、泥土、鸟粪、油污等表面污染物，如图2-5-14（a）所示；用毛巾擦干车身表面及车窗残水，清洁内饰条，如图2-5-14（b）所示。

（a）用高压水枪冲洗整车表面　　　　　　（b）用毛巾擦干车身表面及车窗残水，清洁内饰条

图2-5-14　整车清洗

3）深度清洁

用洗车泥清洁漆面，去除油漆表面氧化层及附着力较强的污渍；用通用除胶剂去除车身表面残胶；用酒精溶液清洗漆面，去除漆面残留的油渍及蜡质；手工清洁门边、钣金件间缝隙及反面等不易清洁部位，如图2-5-15所示。

4）测量尺寸

测量时选取长宽最大处，为减少浪费和充分利用材料，可在裁剪前对要贴膜的表面进行打版。根据实际测量情况打版，在裁膜台裁取合适的膜长宽，如图2-5-16所示。

(a)酒精溶液清洗 　　　　　　　　　　　　　(b)洗车泥清洗

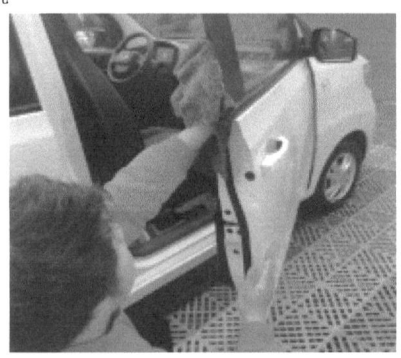

(c)反面清洗

图 2-5-15　深度清洁

(a)测量车辆尺寸 　　　　　　　　　　　　　(b)改色膜打版

图 2-5-16　测量车辆尺寸和改色膜打版

5）贴膜准备

贴膜前的准备工具如图 2-5-17 所示。刮板：用于刮覆改色膜表面，鹅毛绒刮板较软，塑料刮板较硬；滚轮：用于弧度较大处膜面的贴合；烤枪：用于烘烤消除轻微折痕和收边。可以适当拆卸钣金件，并再次清洁漆面。因为拆除必要的钣金件等有助于大大提高贴膜工作效率，以及最终呈现的效果。

图 2-5-17　贴膜前的准备工具

张贴金属拉丝系列产品时，注意改色膜的纹理，保证车身贴膜的整体效果。

6）上膜定位

揭膜时从上往下，使膜面自然下垂，保持改色膜不动，顺势揭除表面保护膜，防止产生折痕。上膜时按照贴膜部位的尺寸，轻轻放下，两人配合向四角拉伸平铺于漆面，用刮板外八字刮平膜，去除大部分气泡，固定边角位置如图 2-5-18 所示。

（a）揭膜时从上往下，使膜面自然下垂 　　　　（b）两人配合向四角拉伸平铺于漆面

（c）用刮板外八字刮平膜，去除大部分气泡 　　　（d）固定角边位置

图 2-5-18　上膜定位

7）膜面刮覆

选取合适的部位进行定位。以机舱盖为例，通常先中间赶覆定位，再自然向左右两侧定位，如图 2-5-19 所示。

· 169 ·

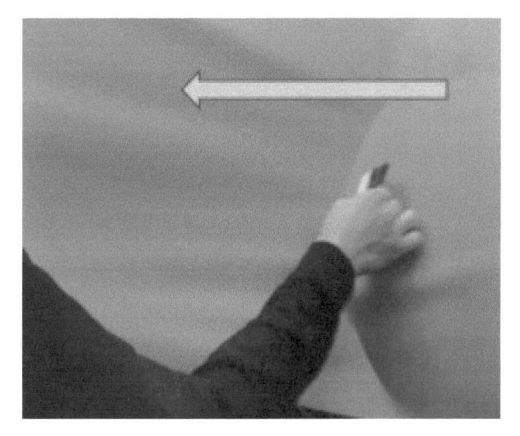

（a）中间赶覆定位　　　　　　　　　　（b）自然向左右两侧定位

图 2-5-19　膜面刮覆

8）粗略裁切，收边固定

将边角多余的改色膜剪切至 3～5cm，使其能更好地包覆钣金件的反面；使用无纺布蘸取少量 94 底涂剂，涂至钣金件内侧或者弧度较大难以黏附的边角位置；静静等待 2～3min，底涂剂干燥后，将多余的改色膜部分贴在有底涂剂区域，用烤枪（100～150℃）烘烤已经黏附的边角，使其更好地贴合弧度部位，如图 2-5-20 所示。

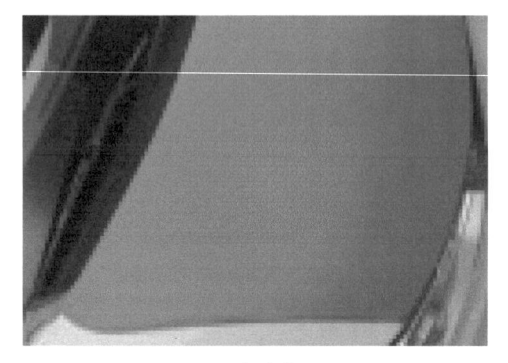

（a）粗略裁切　　　　　　　　　　（b）蘸取 94 底涂剂

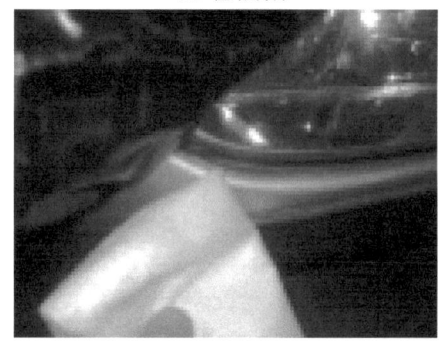

（c）用底涂剂涂抹边缘　　　　　　　　　　（d）用烤枪烘烤

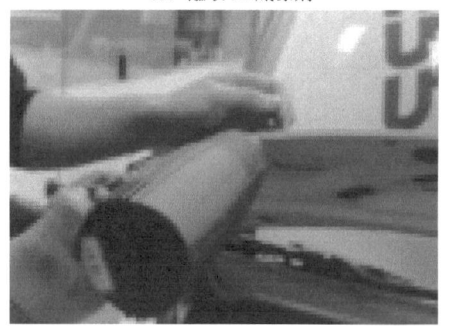

图 2-5-20　粗略裁切，收边固定

注意，94 底涂剂可以增加膜与漆面或者塑料件的黏性，因此可以有效避免起边问题。

9）精细切割，表面清洁，整车验收

精细切割钣金件背面的膜，确保平整的裁剪效果，如图2-5-21所示。清洁膜表面残留的手指印、灰尘等，恢复膜表面完美光泽，达到完美交车效果，如图2-5-22所示。检查整车贴膜部位，消除缺陷，同时确保所有拆卸部件已经复位。

图2-5-21 精细切割 　　　　图2-5-22 表面清洁

注意，所有可能发生的翘边、气泡等问题都会在12h内出现，建议车辆完成施工后，在店内放置12h以上，以检查并解决可能出现的贴装问题。

📖 任务实施

本任务联合上汽通用五菱汽车股份有限公司，以五菱宏光MINIEV汽车为原车型，进行改色膜具体施工技巧的阐述。

一、准备工作

（1）拆掉前后牌照、门把手等小件，清洗车辆，特别是边缝。
（2）如果漆面有凸起颗粒，用洗车泥打磨。
（3）贴膜前打一层蜡（适用于凸起面），减小初始附着力，便于施工。
（4）按照车辆轮廓或按照长×宽，预留10～15cm，裁剪贴膜纸。准备工作操作如图2-5-23所示。

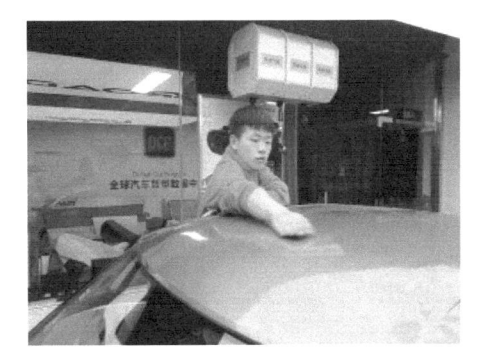

（a）边缝清洁　　　　（b）凸起颗粒打磨

图2-5-23 准备工作操作

（c）打蜡　　　　　　　　　　　　　　（d）打版剪裁

图 2-5-23　准备工作操作（续）

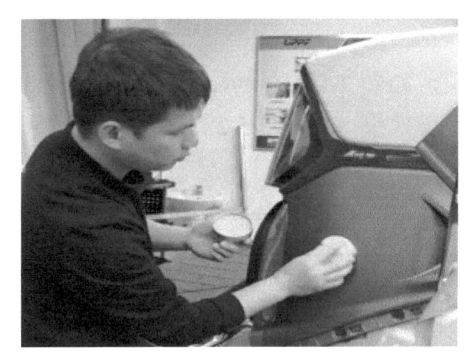

二、五菱宏光 MINIEV 汽车的改色膜部位

如图 2-5-24 所示，改色膜部位涵盖机舱盖、前保险杠、后保险杠、前翼子板、后翼子板、车门、门把手、车顶棚、A 柱等。根据车辆定制个性化、差异化的不同需求，以及相关费用的不同要求，可以选择性地选取部件贴改色膜。

1—机舱盖；2—前保险杠；3—前车牌；
4—前翼子板；5—A柱；6—车门框

（a）改色膜部位a

1—车顶棚；2—车门；3—后翼子板；4—门把手

（b）改色膜部位b

1—后尾翼；2—后门饰板；3—后保险杠；4—后车牌

（c）改色膜部位c

图 2-5-24　改色膜部位

三、五菱宏光 MINIEV 汽车改色膜的施工方法和技巧

每款车型的改色膜都有不同的施工方法和技巧，重要的是确定改色膜的操作原则和施工方法。下面我们针对五菱宏光 MINIEV 汽车改色膜的以下两个方面来进行阐述。

1．操作原则

施工前要观测汽车各个零部件的形状和边角，改色膜难点在于边角的包裹，简要地说是包边角。按照 4S 原则，某个零部件的施工，不能导致另一个零部件的脏污和损坏。因此，施工采取的顺序原则上是自上而下，从中间至两边。改色膜施工顺序如图 2-5-25 所示。

1—车顶棚、机舱盖、A 柱；2—左右车门、左右车门框；3—前后翼子板；4—前后保险杠

注意：对前后保险杠施工前需要对车牌处单独进行拼接处理

图 2-5-25　改色膜施工顺序

2．主要部件的施工方法和技巧

1）车顶棚的施工

（1）施工人员及材料工具要求：技师 2～4 人，烤枪 1 把，刮板 1 个，美工刀 2 把，剪刀 1 把，酒精 1 瓶，除尘布 1 块，A4 纸 1 张，小刮板及其他工具视具体情况而定。

（2）施工方法和技巧：由于五菱宏光 MINIEV 汽车的车顶棚弯曲度比较小，故采取整合一次成型的方法。施工前将两个挡水槽拆下，确保包角完美。车顶棚施工顺序如图 2-5-26 所示，施工步骤如下。

① 剪取与车顶棚大小相似的长方形贴膜，长宽边距预留 5～10cm。注意，裁剪多余膜料时，预留的宽度要适当，动作不宜过大，易引起灰尘。

② 处理 1 位置区域，采用 A4 纸对折，裁剪出天线的底座形状，在长方形膜对应的位置画好标记并挖出空洞。

③ 扯下背膜，但不要全部扯完，从空洞处套入长方形膜，3 人合力，中间的人负责拿烤枪及贴膜，另外两个人拿着边角将膜扯平。

④ 以天线为中心，先将 1 位置区域刮平，两人扯平，中间的人向两边依次刮平。

⑤ 从 1 位置区域向 2 位置区域刮平，两人扯平，中间的人向两边依次刮平。

⑥ 从 2 位置区域向 3 位置区域刮平，两人扯平，中间的人向两边依次刮平。

⑦ 待车顶棚完全刮平整后，先进行收边处理，边距预留 5～10mm，再进行裁剪，边角处要多预留，以便收包角。

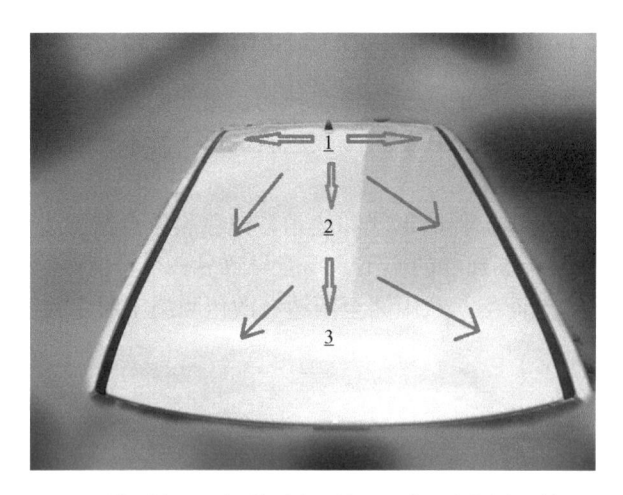

1—天线区域；2—车顶棚中间区域；3—挡风玻璃上方区域

图 2-5-26　车顶棚施工顺序

在施工过程中，如果膜出现褶皱，则拉起膜用烤枪烤平，不要用太大力，否则容易使膜变形过大，不易施工。

车顶棚收包角操作示意图如图 2-5-27 所示。

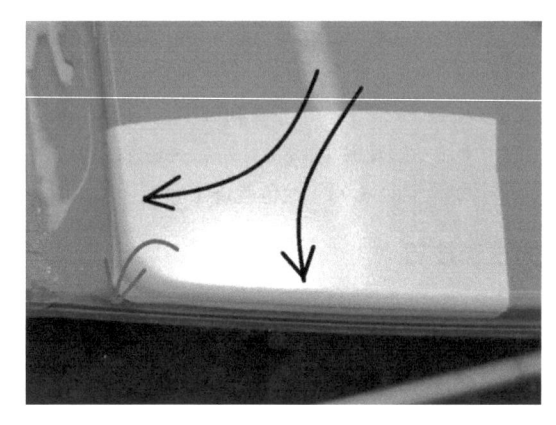

图 2-5-27　车顶棚收包角操作示意图

车顶棚收包角操作方法如下。

① 将膜拉起，用烤枪加热，等待膜冷却，注意烤膜时禁忌拉伸，否则膜因过度拉伸而变色。

② 按照图 2-5-27 中黑色箭头方向，进行外八字拉伸，再按照灰色箭头方向下扣，此时角两边会出现拉筋褶皱，用烤枪加热两边，会出现自吸现象。

③ 收边处理，注意边距不要剪取过多，也不要剪取过少，否则会出现露底或边角有褶皱现象。

注意，4 个边角的操作方法相同。

2）机舱盖的施工

（1）施工人员及材料工具要求：技师 2 人，烤枪 1 把，刮板 1 个，美工刀 2 把。

（2）施工方法和技巧：五菱宏光 MINIEV 汽车的机舱盖弯曲度比较小，其施工步骤和车顶棚有些类似，故在施工时，按划分区域依次施工。机舱盖施工顺序如图 2-5-28 所示，施工步骤如下。

图 2-5-28 机舱盖施工顺序

① 剪取和机舱盖大小相似的膜，四边留有 5～10cm 为宜，注意，裁剪多余膜料时，预留的宽度要适当，动作不宜过大，易引起灰尘。

② 采用先定中间位置再向两边拉膜的施工方法，如图 2-5-28 的 1 位置箭头指向所示，一人拿烤枪戴手套负责施工，另一人外八字拉膜，注意不要太用力，将膜烤平后，缓慢放下膜，并用毛边刮板刮平。

③ 刮平 2 位置区域，再向 3 位置区域和 4 位置区域，外八字拉膜，用烤枪烤平膜，缓慢放下膜，并用毛边刮板刮平。

④ 用同样方法实施另一边，注意边角要进行额外处理。

⑤ 待机舱盖完全刮平整后，先进行收边处理，边距预留 5～10mm，再进行裁剪，边角处要多预留，以便收包角。

机舱盖收包角操作示意图如图 2-5-29 所示。

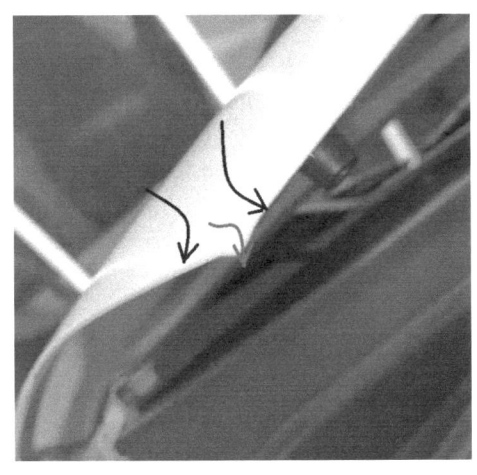

（a）机舱盖前角收包角　　　　　　　　　　（b）机舱盖后角收包角

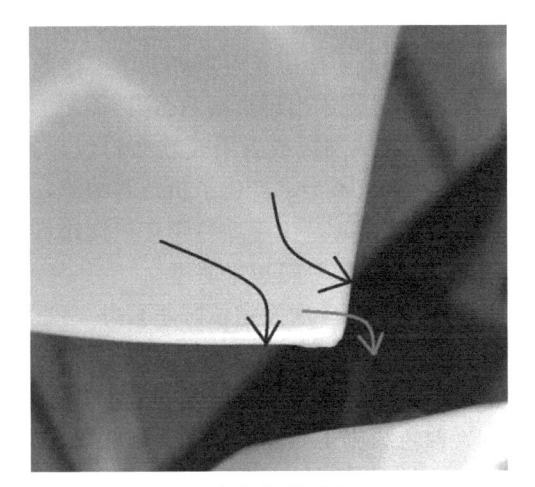

图 2-5-29　机舱盖收包角操作示意图

机舱盖收包角的操作步骤如下。

① 对于图 2-5-28 中 5、6 边角的处理，机舱盖打开，将膜拉起，用烤枪加热，等待膜冷却，注意烤膜时禁忌拉伸，否则膜因过度拉伸而变色。

② 按照图 2-5-29 中黑色箭头方向进行外八字拉伸,再按照灰色箭头方向下扣,此时角两边会出现拉筋褶皱,用烤枪加热两边,会出现自吸现象。

③ 对于图 2-5-28 中 7、8 边角的处理,需要将膜拉起,并烤平,等待膜稍微冷却,立即压紧,此时角两边会出现拉筋褶皱,用烤枪加热两边,会出现自吸现象。

④ 用烤枪将 4 个周边烤平,压紧收边,需要保证周边处于自吸的状态,这样能确保不易起边。

⑤ 剪取并收包角,在保证自吸的状态下,注意 4 个角的膜不易留太多,否则容易出现褶皱,造成边角不光滑。

四、改色膜保养及注意事项

(1) 避免硬物刮擦膜和用力擦洗膜表面,刮擦和磨损的痕迹会影响膜的整体效果。
(2) 清洗车辆时,避免使用刷子和腐蚀性化学物质。
(3) 停车时避免停在灌木丛或者其他容易刮擦到漆面的地方附近。
(4) 使用无磨料、不含强溶剂且 pH 值为 3～11 的清洁剂擦拭。
(5) 清洁后使用清水冲洗,并用干净、柔软的布料或者橡胶刮板擦干,防止水渍残留。
(6) 不建议在膜面打蜡或者抛光。如果膜表面残留蜡斑,可使用清水清洁。
(7) 洗车时避免用高压水枪对膜边缘进行冲洗。
(8) 贴膜后一周内避免洗车,以保证胶和漆面产生最大的结合力。

五、汽车贴膜的常见问题及解答

1. 赶膜过程中出现气泡该怎么处理

用刮板赶膜时,建议刮板覆盖 30%～50%的膜料,以尽可能避免因赶膜过程中的遗漏造成的气泡。对于较大的气泡,建议揭开重新赶膜;对于相对较小的气泡,可使用手指轻轻挤压,使气泡分散,由于 3M 改色膜具有先进的 Comply™ 导气槽技术,可以使气泡通过导气槽导出,大大降低了施工难度,提高了工作效率。

2. 赶膜过程中出现折痕怎么办

使用鹅毛绒刮板或者用较软布料包起来的塑料刮板可尽量避免改色膜表面折痕等的产生。若由于施工不当,产生了折痕等缺陷,可使用烤枪对有折痕区域进行烘烤,温度控制在 100～150℃。同时,由于改色膜在烘烤过程中会变软,请勿在该过程中对膜进行拉伸,容易破坏胶层,仅需要轻轻拉平即可。

3. 贴膜时第一次没定位好怎么办

改色膜采用双层铸造级贴膜结构、TM 肯特黏胶及导气槽技术,这种独特的技术保证了改色膜能再次揭起并重新定位,降低了施工难度,提高了效率,节约了材料。

4. 改色膜施工时需要拆卸装饰件吗

建议拆卸,为了达到完美的贴膜效果,施工前应尽可能地把车身门把手、装饰条、装饰件等可以拆除的部件进行拆卸。一方面可以将钣金面整体包覆,使车身表面无明显粘贴痕迹,保证更好的整体效果;另一方面这些部件的拆除可以大大降低施工难度。

5. 改色膜贴完后,时间久了会起边吗

改色膜采用铸造级贴膜,收缩率非常低,配合 94 底涂剂封边,如果在贴装 12h 内无起边问题,即可排除因为清洁不到位、拉伸过度等引起的起边问题。在后面的使用中完全可以避

免起边问题的困扰。

六、施工检验标准

（1）贴装中需要拼接或修补车膜时，接缝应与周围环境相协调，两片膜之间应无可视色差，接缝间无漏色。

（2）常见缺陷验收标准如表 2-5-1 所示。

表 2-5-1　常见缺陷验收标准

缺陷名称	说明	合格
点状缺陷（尘点、胶斑、气泡等）	直径<1mm	不允许集中
	1mm≤直径≤1.5mm 每平方米允许个数	中部不允许集中 四周：不多于 5 个
	1.5mm≤直径≤2.5mm 每平方米允许个数	四周：不多于 3 个 中部：不多于 1 个
	直径>2.5mm	不允许
膜表面破损或漏色	由于膜破损而可以看到油漆颜色	不允许
膜表面褶皱	长度>3mm	不允许
线状缺陷	2.5mm≤长度≤10mm 每平方米允许个数	不多于 1 个
表面划伤	0.1mm≤宽度≤0.3mm 每平方米允许个数	长度≤50mm：不多于 4 个
	宽度>0.3mm 每平方米允许个数	0.3mm<宽度<0.8mm 且长度≤100mm：不多于 2 个

任务考评

本任务内容的考核与评分如表 2-5-2 所示。

表 2-5-2　考核与评分表

项目	标准要求	分值	得分
准备工作（10 分）	1. 工具准备　检查工具是否齐全	1	
	2. 车辆普洗　车辆洗净，擦干净	1	
	3. 车辆检查　看车辆是否有故障	1	
	4. 车辆公里数　公里数记录填写	1	
	5. 车漆检查　车漆是否有划痕等	1	
	6. 客户确认并签字　与客户及时沟通检查情况（如做过油漆），需提前沟通并签字确认	1	
	7. 车辆精洗　针对边缝进行清洗，确认无油渍、漆点、柏油等	2	
	8. 核对膜型号（确认施工单）　施工技术员与销售人员核对型号，做到见单裁膜	2	
	9. 其他备注：		
拆卸工作（10 分）	1. 门把手拆卸　施工前拆卸门把手，放到指定物品盒内	2	
	2. 前后保险杠拆卸（松）　施工前应把前后保险杠拆松，让缝隙更大点	2	
	3. 门边亮条拆卸　使用专业刮板把门缝顶大一些或拆除门边亮条，放到指定物品盒内	2	

续表

项目	标准要求		分值	得分
拆卸工作（10分）	4. 车标拆卸	拆卸时应先对好位置，拍照记录位置并放到指定物品盒内	2	
	5. 车牌拆卸	施工前应先拆卸车牌并放到指定物品盒内	2	
	6. 其他拆除请记录			
保护工作（10分）	1. 工装的整洁	干净整洁	1	
	2. 轮毂保护	专用轮胎保护套遮罩	1	
	3. 前座椅套保护	专用座椅套遮罩	1	
	4. 后座椅套保护	专用座椅套遮罩	1	
	5. 方向盘保护	专用方向盘遮罩	1	
	6. 门槛条保护	专用毛巾遮蔽	1	
	7. 裁膜位置保护	用纸胶带全部遮蔽，防止车漆被划伤	2	
	8. 工具摆放	刀具、烤枪不能放在车内或车顶	2	
施工过程（30分）	1. 打版裁膜	施工前使用打版纸裁出施工部位形状	3	
	2. 撕膜定位	固定一个位置便于后续的施工，两人操作可撑开固定	3	
	3. 烤膜软膜	有时需要使用烤枪进行加热，使膜变软	4	
	4. 刮板定位	施工时应整面膜一边压一边刮平，从内到外，尽可能不要漏泡	4	
	5. 包边包角	漏出漆面将极大影响美观，包边角时必须全部包住	4	
	6. 刀片精裁	包边后把余料裁切，裁切时应预留2~5mm用于塞到边缝	4	
	7. 塞边缝	使用刮板把膜塞到边缝	4	
	8. 烤枪收边	使用烤枪加热施工部分边缘、边缝	4	
施工后（10分）	1. 各种遮蔽工具撤除		2	
	2. 将车辆部件完整还原		2	
	3. 对照照片把车标完美复原		2	
	4. 施工后对膜进行自检并处理，同时膜表面清洁干净		2	
	5. 打扫施工现场环境卫生与工具的归位		2	
	备注：施工人员应主动告诉客户施工后的注意事项。7天内不能清洗车辆，7天后回店复检一次			
整体效果、质量验收标准（30分）	1. 折痕	折痕一处扣1分，最多3分	3	
	2. 划痕	划痕一处扣1分，最多3分	3	
	3. 漏边	漏边一处扣1分，最多3分	3	
	4. 脏点	脏点一处扣1分，最多3分	3	
	5. 包边有折痕	折痕一处扣1分，最多3分	3	
	6. 包角有折痕	折痕一处扣1分，最多3分	3	
	7. 变色	变色处酌情扣分，最多3分	3	
	8. 气泡	气泡一处扣1分，最多3分	3	
	9. 内外清洁	车内无遗留工具、物品、边角料等	2	
	10. 车辆完好	施工完成，车辆内外未出现新划痕或破损等	2	
	11. 施工时间	时间较长者酌情扣分	2	
安全事故	发生重大安全事故直接0分			
合计			100	

任务 6　微型新能源汽车电路改装

学习目标

1. 能描述行车记录仪的种类。
2. 能描述产品结构特点。
3. 会正确安装行车记录仪。
4. 了解行车记录仪的注意事项。

任务分析

现在不少消费者愿意买低配的车型为自己的爱车加装需要的电子设备，行车记录仪就是人们加装的首选，行车记录仪是记录车辆行驶途中的影像及声音等相关信息的仪器。行车记录仪能够记录汽车行驶全过程的视频图像和声音，可为交通事故提供证据。喜欢自驾游的人，还可以用它来记录征服艰难险阻的过程。开车时边走边录像，同时把时间、速度、所在位置都记录在录像中，相当于"黑匣子"。行车记录仪也可在家用作 DV 来拍摄生活乐趣，或者作为家用监控使用，平时还可以用于停车监控。

任务准备

一、行车记录仪的种类

目前市面上的行车记录仪种类很多，价格也千差万别。目前市面上行车记录仪的种类大致有以下三种。

（1）没有屏幕，只有一个摄像头的行车记录仪。

行车记录仪从功能角度来讲，一个摄像头加一张存储卡即可。因此这种没有屏幕，只有一个摄像头的行车记录仪，可以隐藏在中央后视镜背面。这类行车记录仪具有隐蔽性好、安装方便、可拆卸更换、成本低、使用简单等特点。

（2）自带一个小屏幕的行车记录仪。

这种自带一个小屏幕的行车记录仪，会在我们启动车辆的时候点亮屏幕并录像。因此它的第一个好处就是车主能够判断出行车记录仪是否在工作。第二个好处就是不用连接手机，也能通过这个小屏幕调取已经录好的影像，方便第一时间确认事故责任人。第三个好处就是由于体积变大了，可以加入更多传感器，有些厂商加入了 ADAS 车道偏离预警的功能，所以功能上更丰富了。

（3）代替后视镜，可以实现倒车影像，还可以联网的行车记录仪。

这种行车记录仪支持前后双镜头，这样就可以实现对前后两个方向的录影功能；还可以套在后视镜上，替代后视镜功能，内饰的整体性没有被破坏，如果后视镜不支持防眩目功能，这种行车记录仪是可以防眩目的。此外，这种体积更大的行车记录仪，功能也更多，甚至可以内置流量卡，实现连接网络、在线听歌的一些娱乐功能。

二、产品结构

行车记录仪结构如图 2-6-1 所示，各结构名称如表 2-6-1 所示。

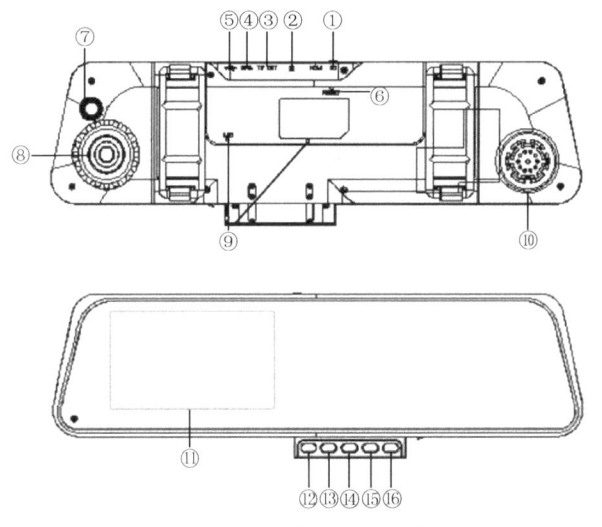

图 2-6-1 行车记录仪结构

表 2-6-1 行车记录仪结构名称

1：电源键	2：AV IN 接口	3：TF 卡插槽	4：GPS/AV OUT 接口
5：USB 接口	6：复位键	7：红外灯	8：镜头
9：MIC 接口	10：扬声器	11：LCD 屏	12：上翻键
13：下翻键	14：MENU 键	15：MODE 键	16：OK 键

三、按键功能

（1）电源键：长按此键可执行开/关操作；在待机和摄像状态下，短按此键可打开/关闭红外灯。

（2）MENU 键：短按此键可以调出功能设置菜单；连续短按此键可以在各个设置间相互切换，录像中长按 MENU 键可用来选择打开或者关闭麦克风。

（3）MODE 键：在待机时，按此键进行录像、拍照；在回放录像时，按此键用于加锁。

（4）OK 键：在录像和拍照时，按此键用于开始/停止；在菜单状态下，按此键用于确认菜单设置。

（5）上翻键：在双路摄像时，按此键进行前后视切换；在菜单状态下，按此键用于菜单选择；在回放状态下，按此键用于浏览图片时进行快进操作；在录像中长按此键可打开/关闭红外灯。

（6）下翻键：在双路摄像时，按此键进行前后大小图切换；在菜单状态下，按此键用于菜单选择；在回放状态下，按此键用于浏览图片时进行快退操作。

四、行车记录仪的使用注意事项

（1）必须将固定座贴在后视镜右侧，且保证贴附区域的干燥和清洁。

（2）拔出后的熔断器必须插在线束的对应处。

（3）禁止使用发动机控制模块、安全气囊和刹车等有关安全的熔断器。
（4）线束需做好固定措施，不允许线束外露。
（5）不同车型安装步骤不同，应根据说明书进行操作。
（6）适用车型对应熔断器安装位置请参考说明书。
（7）如果原车熔断器为迷你型，请自行更换同规格的普通型熔断器。

任务实施

一、器材准备

微型新能源整车、撬棒、牵引棒、行车记录仪套装、套装工具等。

二、实施步骤

1. 任务分析

根据微型新能源汽车配置情况，需对整车加装行车记录仪。首先清点加装设备是否齐全，对加装设备进行测试，初步设定加装位置及走线路径，实施过程要严格按照说明书执行。

2. 实施过程

1）三线 ACC 降压线接法说明

以五菱宏光 MINIEV 汽车加装行车记录仪+倒车影像为例，三线 ACC 降压线如图 2-6-2 所示，红色线为 ACC 线，连接到点火开关在"ON"时才能通电的保险，黄色线为 BAT+线（停车监控线），接在常电的保险盒上，黑色线为搭铁线，接在车身螺钉上。保险盒如图 2-6-3 所示。

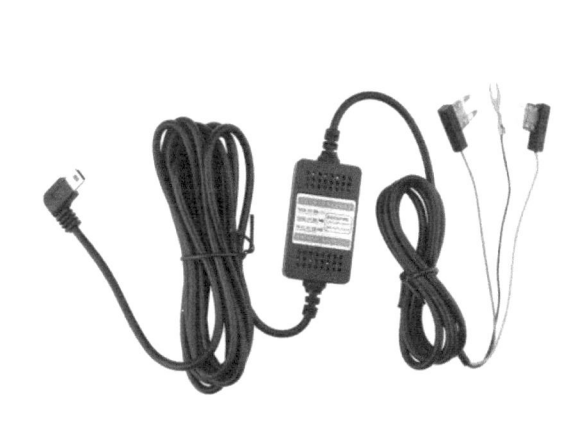

图 2-6-2　三线 ACC 降压线　　　　　　　　图 2-6-3　保险盒

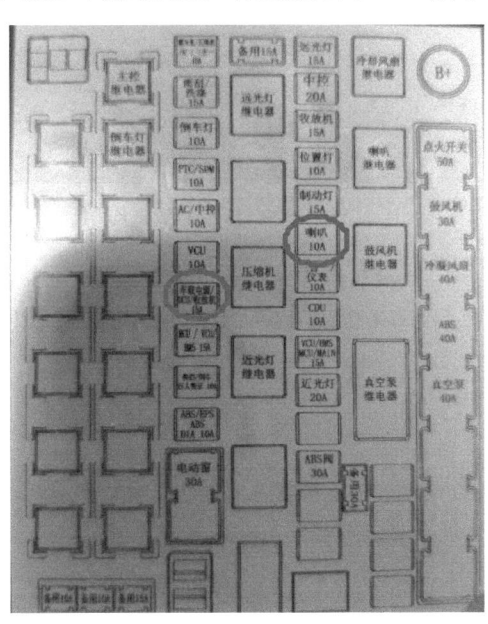

2）行车记录仪走线

行车记录仪走线如图 2-6-4 所示，黄色线为行车记录仪线路径，红色线为电源线（三线 ACC 降压线）路径，蓝色线为倒车镜头线路径。

注意，不同的行车记录仪的接法要按照车型和操作手册实施。

图 2-6-4　行车记录仪走线（扫码见彩图）

3）倒车影像走线

倒车影像走线如图 2-6-5 和图 2-6-6 所示，从副驾驶安全带位置汇合原车线束直到牌照灯所在位置。

图 2-6-5　倒车影像走线 1　　　　　　　　图 2-6-6　倒车影像走线 2

4）倒车影像线接法

倒车影像线从右后组合灯线束的孔穿出，如图 2-6-7 所示，接到白色倒车灯线上，如图 2-6-8 所示。

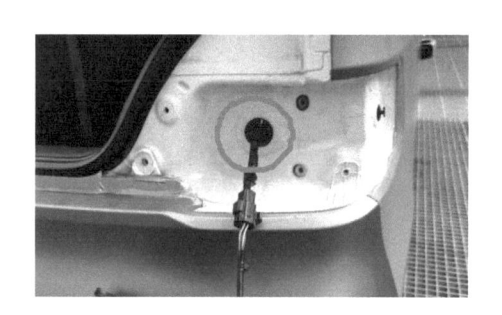

图 2-6-7　倒车影像线穿出位置　　　　　　图 2-6-8　白色倒车灯线

5）安装调试

将主机与行车记录仪线束连接后，将主机安装在固定座上，并把行车记录仪线束嵌入车顶棚，沿 A 柱往下撬开与车内保险盒同方位的 A 柱饰板和仪表台侧饰板，扯开门框密封条将倒车影像线塞进去，如图 2-6-9 所示，在牌照灯旁边固定好摄像头，如图 2-6-10 所示。最后调试完成。

图 2-6-9　扯开门框密封条　　　　　图 2-6-10　摄像头安装位置

任务考评

本任务内容的考核与评分如表 2-6-2 所示。

表 2-6-2　考核与评分表

考核内容	考核要求	评分标准	配分	得分 自评	互评	教师评
1. 车辆基本检查	（1）正确放置车轮挡块； （2）正确安装座椅套、方向盘套、手刹套、脚垫； （3）正确检查蓄电池电压	错误一处扣 5 分	20			
2. 车辆基本信息检查	准确记录车辆基本信息	错误一处扣 5 分	10			
3. 行车记录仪的种类及结构特点	正确描述行车记录仪的种类及结构特点	错误一处扣 5 分	10			
4. 安装行车记录仪	（1）正确读取布局排线路径； （2）正确安装各部件； （3）正确调试； （4）正确填写作业记录表； （5）正确回收工具	错误一处扣 5 分	50			
5. 职业素养	（1）学习态度：积极主动参与学习； （2）团队合作：与小组成员一起分工合作，不影响学习进度； （3）现场管理：服从工位安排、执行实训室管理规定	不足之处扣 3 分	10			
6. 安全文明生产	自觉遵守安全文明生产规程	违反一项规定扣 5 分				
合计	—	—	100			
操作时间	开始时间：	结束时间：	实际用时：			

职业教育产教融合一体化精品教材

新能源汽车
维修与定制化改装
工作手册

主编 ◇ 殷振波 杨永贵 董志辉

中国工信出版集团 电子工业出版社
PUBLISHING HOUSE OF ELECTRONICS INDUSTRY

目　　录

项目 1　微型新能源汽车维修 ·· 1

　　任务 1　微型新能源汽车维修高压防护与救助 ·· 1

　　任务 2　动力电池检测与维修 ·· 6

　　任务 3　车载充电系统检测与维修 ··· 12

　　任务 4　电机驱动系统检测与维修 ··· 17

　　任务 5　高压配电系统检测与维修 ··· 23

　　任务 6　高压互锁系统检测与维修 ··· 27

　　任务 7　空调系统检测与维修 ··· 30

项目 2　微型新能源汽车定制化改装 ·· 39

　　任务 1　微型新能源汽车部件拆装 ··· 39

　　任务 2　微型新能源汽车内饰加装 ··· 42

　　任务 3　微型新能源汽车车衣施工 ··· 46

　　任务 4　微型新能源汽车太阳膜（窗膜）施工 ·· 50

　　任务 5　微型新能源汽车改色膜施工 ··· 53

　　任务 6　微型新能源汽车电路改装 ··· 56

项目 1　微型新能源汽车维修

任务 1　微型新能源汽车维修高压防护与救助

专业		班级		姓名	
学号		日期		教室	
任务描述	一辆微型新能源汽车需要进站进行维护和修理，在工作过程中需要对高压部件进行拆装、检查、测量等操作，这些高压部件由于工作电压较高会对作业人员造成一定的伤害，为此作业人员需要根据作业要求做好高压防护工作				
任务要求	1. 能描述电对人体造成的伤害的类型。 2. 能描述人体各部位的电阻。 3. 会正确穿戴绝缘帽、护目镜、绝缘服、绝缘手套和绝缘鞋。 4. 会使用绝缘工具和安全用具。 5. 能识别新能源汽车高压部件				

📖 任务准备

1. 电流对人体造成的伤害，有_____、_____和_____三种类型。

2. 影响电击对人体伤害程度的因素有：_____、_____、_____、_____、_____。

3. 电流的大小是造成电击伤害的直接因素。一般来说，流过人体_____的工频电流会使人有不舒服的感觉；当流过人体的电流超过_____时，称为"触电"，这时人会感到有些发麻，但还能够摆脱电流导体；当流过人体的电流为_____时，人就会有生命危险。另外，交流电压的频率越_____，危险性越高。

4. 电伤是指电流的_____、_____和_____对人体造成的伤害，主要有_____、_____、_____、_____、_____等。

5. 电磁场生理伤害是指在高频磁场的作用下，人会出现_____、_____、_____、_____、_____等症状。

6. 引起电器火灾的原因有_____、_____、_____、_____等。

7. 人体电阻随着条件的不同在很大范围内变化，但是一般不低于_____。

8. 在新能源汽车电压等级标准中，高压是指直流电压大于_____，交流电压大于_____。

9. 交流高压主要分布在_____与_____之间，以及_____与_____之间。

10. 新能源汽车高压存在时间分为_____、_____和

_____三种状态。

11. 新能源汽车高压部件有_____、_____、_____、_____、_____、_____、_____。

12. _____是新能源汽车的高压动力系统，不但可以作为_____使用，而且可以作为_____使用，常见的类型有_____、_____和_____三种。

13. _____是新能源汽车的储能部件，目前主要使用的是_____。

14. _____插座用来连接车载充电机与220V家用电源，为新能源汽车提供_____充电；_____插座用来连接动力电池与直流充电桩，为新能源汽车提供_____充电。

15. 三合一控制器由_____、_____和_____组成。

16. 向新能源汽车车厢内部提供冷风的是_____，向新能源汽车车厢内部提供暖风的是_____。

17. 高压系统的所有部件均设有_____，正负极均采用_____，高压系统采用_____，并且采取_____，高压系统的通断由_____触发和控制。

18. 电池箱体的防护等级为_____，可以在撞击、涉水等状况下防止高压电泄漏，保证乘车人员的安全。

任务实施

一、检查与穿戴绝缘安全防护用具

1. 检查绝缘安全防护用具是否齐备

根据图1-1-1检查绝缘安全防护用具种类，在配备的相应防护用具图示后面画"√"

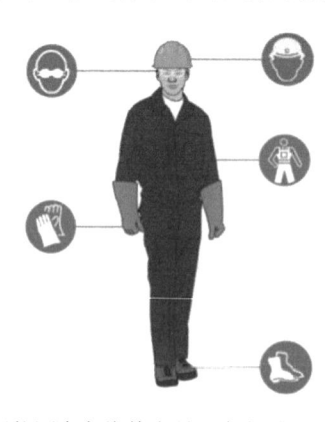

图1-1-1 新能源汽车维修人员配备的绝缘安全防护用具

2. 检查绝缘安全防护用具是否合格

根据表1-1-1提示对绝缘安全防护用具进行检查，并用"√"将检查结果填写在表内。

表 1-1-1　检查绝缘安全防护用具

用具名称	检查项目	检查结果 是	否
绝缘帽	是否结构完整、外观无明显裂纹、无明显破洞、无污渍		
	绳带松紧度是否合适		
护目镜	大小是否合适		
	镜面是否干净		
	镜架螺钉是否松动		
绝缘服	外观是否无破损		
	绝缘等级是否符合当前作业需要		
	表面和内里是否干燥		
	尺码是否合适		
绝缘手套	绝缘电压值是否符合作业要求		
	表面是否存在污物		
	尺寸是否匹配		
	充气检验是否漏气		
	绝缘性能是否正常		
绝缘鞋	绝缘等级是否符合作业条件		
	绝缘鞋是否受潮		
	鞋子是否有明显破损		
	是否有断线、脱胶、泛盐霜等不正常现象		

3．穿戴绝缘安全防护用具

按照绝缘安全防护用具的使用要求穿戴绝缘安全防护用具，使用完毕后按要求放置绝缘安全防护用具。

二、检查绝缘工具

根据表 1-1-2 提示对绝缘工具进行检查，并用"√"将检查结果填写在表内。

表 1-1-2　检查绝缘工具

用具名称	检查项目	检查结果 是	否
手摇兆欧表	手摇兆欧表连接线的绝缘层是否完好、有无破损		
	手摇兆欧表固定接线柱有无滑牙		
	电压等级是否合适		
	开路试验时，指针是否指向无穷大		
	短路试验时，指针是否迅速指向零		
绝缘测试仪	外表是否洁净		
	内置电池电量是否充足		
	显示屏有无破损、脏污、裂纹		
	按钮开关按压是否正常		

续表

用具名称	检查项目	检查结果 是	检查结果 否
绝缘测试仪	旋转开关旋转是否正常		
	指示灯功能是否正常		
	测试笔线是否正常		
绝缘拆装工具	绝缘拆装工具绝缘层是否完整		
	绝缘拆装工具数量是否齐备		

三、检查与使用新能源汽车高压作业安全用具

根据表 1-1-3 提示对新能源汽车高压作业安全用具进行检查，完成后用"√"填在"完成情况"那一栏内。

表 1-1-3 检查与使用新能源汽车高压作业安全用具

用具名称	操作步骤	完成情况
高压绝缘救援钩	检查外观有无破损，两人一组进行高压绝缘救援钩使用练习	
高压绝缘垫	在教师指定的位置铺设高压绝缘垫并确认高压绝缘垫无破损、无油渍、铺贴良好	
高压安全防护栏	根据作业场地情况安装高压安全防护栏	
安全标示牌	根据作业内容选择并安放安全标示牌	

四、识别新能源汽车高压部件

根据表 1-1-4 提示识别新能源汽车高压部件，找到相应部件后将数量填在相应的空格内。

表 1-1-4 识别新能源汽车高压部件

高压部件	数量	高压部件	数量
高压警示标志		动力电池	
驱动电机		电机控制器	
充电插座		三合一控制器	
电动压缩机		PTC 加热器	

任务小结

按要求完成新能源汽车维修高压防护与救助的学习与作业，并将学习与作业过程记录至表 1-1-5。

表 1-1-5 任务小结表

项目	内容	要求	学习情况记录 差	学习情况记录 一般	学习情况记录 良好	改进建议
职业素养	小组合作	和谐有序				
	沟通讨论	积极、主动、有效				
	设备运行	安全、有序、高效				
	现场 6S	是否遵循				

续表

项目	内容	要求	学习情况记录			改进建议
			差	一般	良好	
任务准备	电对人体造成的伤害	准确描述电击对人体伤害的程度				
		准确描述电伤种类与伤害机理				
		准确描述电磁场生理伤害的症状				
		能描述引发电器火灾的原因				
	新能源汽车高压电的类型	能描述新能源汽车高压电的类型与标准				
		能描述新能源汽车高压存在时间				
	新能源汽车高压系统	能描述驱动电机的功能与类型				
		能描述电机控制器的功能				
		能描述动力电池的功能与类型				
		能描述充电插座的功能				
		能描述三合一控制器的结构与功能				
		能描述电动压缩机的功能				
		能描述PTC加热器的功能				
	新能源汽车的安全措施	能识别高压警示标志、高压电缆				
		能描述电气隔离的意义、继动控制、分断装置、绝缘监测、高压互锁系统、电池箱体防护				
		能描述转矩管理的功能				
		能描述充电管理的内容				
	触电急救措施	能描述脱离电源的方法				
		能描述拨打急救电话的要求				
		能描述现场施救的措施				
任务实施	检查与穿戴绝缘安全防护用具	会检查绝缘安全防护用具是否齐备				
		会检查与佩戴绝缘帽				
		会检查与佩戴护目镜				
		会检查与穿着绝缘服				
		会检查与穿着绝缘鞋				
	检查绝缘工具	会检查手摇兆欧表				
		会检查绝缘测试仪				
		会检查绝缘拆装工具				
	高压部件识别	能识别高压警示标志				
		能识别驱动电机				
		能识别电机控制器				
		能识别充电插座				
		能识别动力电池				
		能识别电动压缩机				
		能识别三合一控制器				
		能识别PTC加热器				

任务 2　动力电池检测与维修

专业		班级		姓名	
学号		日期		教室	
任务描述	一辆微型新能源汽车因动力电池故障需要进站进行维修，维修人员在工作过程中需要对动力电池进行检查、测量、拆装等操作。因此，维修人员应能准确地描述动力电池的类型、结构，正确地识别动力电池的各部件，精准地进行动力电池的基本检查、维护与检测，规范地拆装动力电池，以恢复与保持动力电池的性能					
任务要求	1．能描述动力电池的组成与功能。 2．能描述动力电池的要求与类型。 3．能描述动力电池的常用术语与技术参数。 4．能检测动力电池的绝缘性能。 5．能拆装动力电池					

📖 任务准备

1．动力电池由_____、_____、_____、_____、_____、_____等组成。其中，输出和存储电能的是_____，密封和保护动力电池内部元器件的是_____，使动力电池工作在最佳工作温度的是_____。

2．动力电池直接为_____供电，通过高压配电盒给_____、_____、_____供电。

3．微型新能源汽车对动力电池的要求有：_____、_____、_____、_____等。

4．化学电池是将_____直接转换为电能的装置，主要由_____、_____和_____组成。

5．_____是直接将化学能转换为电能的基本装置和基本单元，包括_____、_____、_____和_____等。

6．电池模组由一个以上的_____并联或串联而成，并封装在一个物理上独立的_____内，具有独立的_____和_____输出，可能包含_____与_____。

7．电位较高的电极为_____，电位较低的电极为_____；放电时，外电路电流从_____流经负载流入_____，在电池内部电流从负极_____流入_____。

8．电动势又称为_____或_____，是电池_____正负极间的电位差。_____是当有电流流动时，电池正极与负极之间的电位差。电池没有负荷时，即未充放电时正负极两端的端电压是_____。

9．电池的容量包括_____、_____和_____等。其中，表示最高理论值的是_____，表示实际放出的电量的是_____，按国家或有关部门颁布的标准，保证电流在一定的放电条件下，应该放出的最小限度的电量的是_____。

10．电池内阻不是常数，其值_____越好，内阻大小主要受_____、_____

_____、_____等因素影响。内阻包括_____和_____。欧姆内阻由_____、_____、_____、_____及_____组成。

11．电池的_____是评价动力电池是否满足预定续驶里程的重要指标，有_____和_____之分，_____是指 1kg 电池反应物质完全放电时理论上所能输出的能量；_____是指 1kg 电池反应物质所能输出的实际能量。

12．荷电状态（SOC）是指电池在一定放电倍率下，_____与_____的比值。SOC=_____表示电池为充满状态。一般电池放电高效率区为_____SOC。

13．放电倍率是表示放电快慢的一种量度，根据放电倍率的大小，可分为_____（<0.5C）、_____（0.5～3.5C）、_____（3.5～7C）、_____（>7C）。

14．动力电池充电时，_____转换_____。充电时_____随时间变化的曲线称为充电曲线。过充电是指超过_____而继续充电的过程。

15．动力电池的使用寿命是指电池在规定条件下的有效寿命期限。_____是指电池在没有负荷的一定条件下进行放置使性能劣化到规定程度时所能放置的时间；_____是指在一定条件下，将电池进行反复充放电，当容量等电池性能达到规定的要求以下时所能发生的充放电次数；_____是指电池在使用及搁置条件下使性能劣化到规定程度时所需要的时间。

16．根据正极材料的不同，新能源汽车用锂离子电池可分为_____、_____、_____、_____和_____。

17．根据外壳材料和外形的不同，新能源汽车用锂离子电池可分为圆柱形硬壳锂离子电池、方形硬壳锂离子电池、方形软包锂离子电池，请根据各种类型的锂离子电池的性能填写表 1-2-1。

表 1-2-1　各种类型的锂离子电池的性能比较

项目	圆柱形硬壳锂离子电池	方形硬壳锂离子电池	方形软包锂离子电池
一致性			
散热能力			
倍率特性			
组装难度			
回收再利用			
优点			
缺点			

18．锂离子电池正极材料要求_____、_____、_____、_____、_____等。

19．简述锂离子电池充放电过程。

20．动力电池的规格中，如 6P8S 代表_____
_____。五菱宏光 MINIEV 汽车的电池单体组成方式有两种：满足 120km 续
驶里程的电池规格为_____，总电量为_____；满足 170km 续驶里程的电池规
格为_____，总电量为_____。

21．电池管理系统的功能有_____、_____、_____、_____
_____、_____、_____、_____，以及_____等。

22．电池状态监测一般是指对_____、_____、_____三种物理量的监测，采集的数据
有_____、_____、_____，以及_____
_____等。

23．电池状态分析包括_____及_____两部分。
电池安全保护功能有_____、_____、_____等。

24．简述电池管理系统的组成与工作原理。

25．电池的温度传感器的传感元件一般采用_____，当温度发生变化时，其_____
____会发生变化，温度传感器信号线的_____就会发生变化。

26．请简述五菱宏光 MINIEV 汽车动力电池的工作原理。

任务实施

一、检查与修理前的准备

1．防护用具的准备

按图 1-2-1 检查各项防护用具是否准备，若已准备，则在下方的"（ ）"内画"√"。

（　）　　（　）　　（　）　　（　）　　（　）　　（　）

(　　)　　　　(　　)　　　　(　　)　　　　(　　)　　　　(　　)

图 1-2-1　防护用具的准备

2．防护用具的穿戴与安装
（1）铺设绝缘垫。
（2）安装防护栏。
（3）放置警示牌。
（4）戴绝缘手套、穿绝缘鞋、戴绝缘帽。

二、动力电池检查

1．动力电池的初始检查
根据表 1-2-2 完成动力电池的初始检查。

表 1-2-2　动力电池的初始检查

序号	检查项目	检查结果
1	使用诊断仪检查是否存在与动力电池相关的故障代码	
2	检查动力电池壳体或托盘上是否有裂纹	
3	检查动力电池壳体托盘是否变形	
4	检查动力电池壳体是否存在由于温度作用导致的颜色变化和外壳的退火色	
5	检查是否存在电解液溢出	
6	检查信息和警告标签是否存在且清晰	
7	检查动力电池是否有锈蚀损坏	

2．动力电池的断电检查
根据表 1-2-3 完成动力电池的断电检查。

表 1-2-3　动力电池的断电检查

序号	检查项目	检查结果
1	确认点火开关处于"LOCK"状态	
2	确认 12V 蓄电池负极电缆断开	
3	使用验电笔，确认车身金属部位不带电	
4	拆除与动力电池连接的高压连接器，观察高压连接器端子是否损坏	
5	使用绝缘胶带封电池接口并确认是否封好	
6	使用万用表确认与电池连接的高压线束正负极之间无电压	
7	检测动力电池高压正负两个输出端对车身电阻是否小于 1MΩ	正极　　1MΩ 负极　　1MΩ

三、动力电池故障检测与维修

教师准备一台有动力电池上电故障的五菱宏光 MINIEV 汽车,学生按照本任务所学内容进行故障检测,并将相应检测结果填至表 1-2-4。

表 1-2-4　五菱宏光 MINIEV 汽车动力电池故障检修作业记录表

故障现象：
检测流程：
故障原因：
维修措施：

四、动力电池拆装

1．动力电池拆卸

使用动力电池举升机拆卸动力电池,并在下面空白处写出动力电池拆卸步骤。

2．动力电池安装

使用动力电池举升机安装动力电池,并在下面空白处写出动力电池安装步骤。

任务考评

按既定要求完成动力电池故障检测与维修的学习与作业,并将学习与作业过程记录至表 1-2-5。

表 1-2-5　任务小结表

项目	内容	要求	学习情况记录			改进建议
			差	一般	良好	
职业素养	小组合作	和谐有序				
	沟通讨论	积极、主动、有效				
	设备运行	安全、有序、高效				
	现场 6S	是否遵循				
任务准备	动力电池的组成、功能与要求	准确描述动力电池的组成				
		准确描述各部件的作用				
		准确描述动力电池的功能				
		准确描述微型新能源汽车对动力电池的要求				
	动力电池的分类	能描述化学电池的类型				
		能描述物理电池的类型				
	动力电池的常用术语与技术参数	准确解释动力电池的常用术语				
		准确解释动力电池的技术参数				
	锂离子电池	准确描述锂离子电池的种类并能描述各种类型锂离子电池的优缺点				
		准确描述锂离子电池的组成				
		准确描述不同正极材料锂离子电池的特点				
		准确描述锂离子电池的工作原理				
		准确描述锂离子电池的连接方式				
	电池管理系统	准确描述电池管理系统的功能				
		准确描述电池管理系统的组成				
		准确描述电池管理系统的输入信号元件的组成与工作原理				
		准确描述电池管理系统的控制模块的功能与结构				
		准确描述电池管理系统的执行元件的组成与工作原理				
任务实施	检查与穿戴绝缘安全防护用具	会检查绝缘安全防护用具是否齐备				
		会检查与佩戴绝缘帽				
		会检查与佩戴护目镜				
		会检查与穿着绝缘服				
		会检查与穿着绝缘鞋				
	动力电池的检查	能完成动力电池的初始检查				
		能完成动力电池的断电检查				
	动力电池故障检修	正确描述故障现象				
		正确使用工量具				
		合理安排检测步骤				
		准确记录测量结果				
		精准发现故障部位				
		正确更换动力电池				

任务 3　车载充电系统检测与维修

专业		班级		姓名	
学号		日期		教室	
任务描述	一辆微型新能源汽车因无法充电需要进站进行维修，维修人员在工作过程中需要对充电系统进行检查、测量、部件拆装等操作。因此，维修人员应能准确地描述充电系统的类型、结构，准确地识别充电系统的部件，精准地进行充电系统的基本检查、维护与检测，以恢复和保证车载充电系统的工作能力				
任务要求	1．能描述新能源汽车的电能补充模式与新能源汽车充电系统常见术语。 2．能描述新能源汽车的充电场景。 3．能描述交流充电系统的组成与工作过程。 4．能描述直流充电系统的组成与工作过程。 5．能描述车载充电机的要求、工作原理与控制策略。 6．能检查与维护五菱宏光MINIEV汽车充电系统。 7．能检测与维修五菱宏光MINIEV汽车充电系统				

📖 任务准备

1．新能源汽车的电能补充模式可以分为_____和_____两种。其中，发生能量转换的是_____，它是把_____转换为_____，连接动力电池的电源是_____，其目的是_____；称为机械充电的是_____，它通过_____来达到补充电能的目的，其过程不超过_____。

2．动力电池充电时，其正极与充电电源_____相连，其负极与充电电源_____相连，充电电源电压必须_____动力电池电压。按照充电方式的不同，充电模式可分为_____和_____两种。

3．慢充系统使用交流_____电，通过_____，将_____变换为_____给动力电池充电。它的主要部件有_____、_____、_____、_____、_____，一般充电时间为_____。

4．快充系统使用_____通过功率变换后，将_____通过高压动力电缆直接向_____充电，在快充过程中电流显示值通常为_____。快充系统主要部件有_____、_____、_____及_____等。

5．连接方式A是在_____上安装插座，车辆通过_____连接到电网（电源），现在已很少采用。连接方式B是在_____上安装插座，车辆通过_____连接到电网（电源）。连接方式C是在_____安装插座，车辆通过_____连接到电网（电源）。

6．充电模式1是采用_____、_____和_____把汽车直接连接到_____。充电模式2是采用_____、_____和_____把汽车直接连接到_____。充电模式3是采用_____，把汽车直接连接到_____。充电模式4是采用_____，把汽车连接到_____。

·12·

7．居家充电时，若没有充电桩，可采用_____充电方式，即车辆通过_____与_____连接，采用_____。使用带充电线的交流充电桩充电时，采用的是_____充电方式，即车辆通过_____与_____连接，充电控制引导电路集成在_____。使用不带充电线的交流充电桩充电时，采用的是_____充电方式，充电控制引导电路集成在_____。使用直流充电桩充电时，采用的是_____充电方式，充电控制引导电路集成在_____。

8．交流充电系统工作时，交流电通过_____和_____，进入_____把交流电转换为直流电后，给_____充电。_____和_____固定在车辆上，_____固定在停车场。

9．根据交流充电插座各端子的功能，完成表 1-3-1 的填写。

表 1-3-1　交流充电插座接口信息表

接口标识	名称	作用

10．便携式充电枪由_____、_____，以及_____组成，其有 4 个标识，"🔌"表示_____，"⚡"表示_____，"🔧"表示_____，"✔"表示_____。

11．交流充电桩具有_____、_____的功能。根据安装位置的不同，交流充电桩可分为_____和_____，供电电压有_____和_____两种。

12．根据直流充电插座各端子的功能，完成表 1-3-2 的填写。

表 1-3-2　直流充电插座接口信息表

接口标识	名称	作用

13．简述交流充电系统的控制策略。

14．简述直流充电系统的控制策略。

15．简述车载充电机的工作过程。

📖 任务实施

一、检查与修理前的准备

1．防护用具的准备
按图 1-3-1 检查各项防护用具是否准备，若已准备，则在下方的"（ ）"内画"√"。

( )　　　( )　　　( )　　　( )　　　( )

( )　　　( )　　　( )　　　( )　　　( )

图 1-3-1　防护用具的准备

2. 防护用具的穿戴与安装
（1）铺设绝缘垫。
（2）安装防护栏。
（3）放置警示牌。
（4）戴绝缘手套、穿绝缘鞋、戴绝缘帽。

二、五菱宏光 MINIEV 汽车充电系统的检查与维护

根据表 1-3-3，完成五菱宏光 MINIEV 汽车充电系统的检查与维护。

表 1-3-3　充电系统的检查与维护

序号	检查项目	检查结果	检查结论
1	按压充电口盖右端，观察充电口盖是否正常弹出；合上充电口盖，观察其是否正常闭合		
2	观察充电口是否出现异物、裂纹、老化、变形、腐蚀等现象		
3	使用绝缘电阻测试仪检测端子 L1 与车身之间的绝缘电阻		
4	使用绝缘电阻测试仪检测端子 L2 与车身之间的绝缘电阻		
5	使用绝缘电阻测试仪检测端子 L3 与车身之间的绝缘电阻		
6	使用绝缘电阻测试仪检测端子 N 与车身之间的绝缘电阻		
7	将便携式充电枪连接充电口并锁上车门后，拔便携式充电枪		
8	解锁车门后，再拔便携式充电枪		
9	在不解锁车门的情况下，拉动解锁拉绳，拔便携式充电枪		
10	检查充电线外观有无裂纹、破损等情况		
11	检查充电插头有无裂纹、破损等情况		
12	检测充电线各端口之间的绝缘电阻		
13	使用便携式充电枪进行充电测试		

三、五菱宏光 MINIEV 汽车充电系统的故障检测与维修

教师准备一台车载充电系统有故障的五菱宏光 MINIEV 汽车，学生按照本任务所学内容

进行故障检测，并将相应检测结果填至表 1-3-4。

表 1-3-4　五菱宏光 MINIEV 汽车充电系统故障检修作业记录表

故障现象：
检测流程：
故障原因：
维修措施：

任务考评

按既定要求完成充电系统检测与维修的学习与作业，并将学习与作业过程记录至表 1-3-5。

表 1-3-5　任务小结表

项目	内容	要求	学习情况记录			改进建议
^	^	^	差	一般	良好	^
职业素养	小组合作	和谐有序				
^	沟通讨论	积极、主动、有效				
^	设备运行	安全、有序、高效				
^	现场 6S	是否遵循				
任务准备	新能源汽车的电能补充模式与新能源汽车充电系统常见术语	准确描述新能源汽车的电能补充模式				
^	^	准确解释新能源汽车充电系统常见术语				
^	新能源汽车的充电场景	准确描述新能源汽车接入电网的方式				
^	^	准确描述新能源汽车充电模式				
^	交流充电系统	准确描述交流充电系统的组成				
^	^	能分析交流充电系统的控制引导电路				
^	^	能描述交流充电系统的控制策略				
^	直流充电系统	准确描述直流充电系统的组成				
^	^	能分析直流充电系统的控制引导电路				
^	^	准确描述直流充电系统的控制策略				

续表

项目	内容	要求	学习情况记录			改进建议
			差	一般	良好	
任务准备	车载充电机	能描述车载充电机的要求				
		准确描述车载充电机的工作过程				
		准确描述车载充电机的工作原理				
		准确描述车载充电机的控制策略				
任务实施	检查与穿戴绝缘安全防护用具	会检查绝缘安全防护用具是否齐备				
		会检查与佩戴绝缘帽				
		会检查与佩戴护目镜				
		会检查与穿着绝缘服				
		会检查与穿着绝缘鞋				
	充电系统的检查与维护	能完成充电口盖开关状态检查				
		能完成充电口检查				
		能完成电子锁检查				
		能完成充电线及充电插头检查				
		能完成充电测试				
	充电系统故障检修	正确描述故障现象				
		正确使用工量具				
		合理安排检测步骤				
		准确记录测量结果				
		精准发现故障部位				
		正确更换动力电池				

任务4　电机驱动系统检测与维修

专业		班级		姓名	
学号		日期		教室	
任务描述	一辆微型新能源汽车因驱动电机不工作需要进站进行维修，维修人员在工作过程中需要对电机驱动系统进行检查、测量、部件拆装等操作。因此，维修人员应能准确地描述电机驱动系统的类型、结构，准确地识别电机驱动系统的部件，精准地进行电机驱动系统的基本检查、维护与检测，规范地拆装电机驱动系统，以恢复和保证电机驱动系统的工作能力				
任务要求	1. 能描述新能源汽车驱动系统的组成部件与作用。 2. 能描述新能源汽车驱动系统的工作原理。 3. 能描述驱动电机的类型、性能要求及技术参数。 4. 能描述直流电机、交流感应电机、永磁同步电机和开关磁阻电机的结构、工作原理及特点。 5. 能简述电机传感器的工作原理。 6. 能描述电机控制器的工作原理。 7. 能检查、维护与维修电机驱动系统				

📖 任务准备

1．电机驱动系统的主要作用是把动力电池的_____转换为_____，产生_____，驱动车辆行驶并实现车辆的_____、_____、_____、_____等功能。

2．电机驱动系统主要由_____、_____、_____、_____、_____、_____、_____等构成。

3．新能源汽车驱动系统的核心部件是_____，它直接影响车辆_____、_____和_____。它可以将动力电池系统的_____转换为_____驱动新能源汽车行驶，也可以将_____转换为_____。它由_____、_____和_____组成。

4．整车控制器根据_____、_____、_____等信号通过_____向电机控制器发送指令，实时调节驱动电机的_____，以实现整车的_____、_____、_____等功能。

5．电机控制器能对_____、_____、_____进行实时监测，并把相关信息传递给_____，进而调节_____和_____工作，使驱动电机保持在理想温度下工作。

6．_____检测电机转子位置，经过_____解码后，电机控制器可获知电机_____，从而控制相应的_____导通，按顺序给定子的三个线圈通电，驱动电机旋转。

7．驾驶员选择 D 或 R 挡位并踩下加速踏板后，_____把驾驶员的操作意图通过_____传递给_____后，_____变换为驱动电机的_____，使驱动电机产生力矩，并通过传动装置将驱动电机的旋转运动传递给车轮，驱动汽车行驶。

8．当车辆在制动、缓慢减速时，_____向_____发出相应指令，驱动电机利用_____发电，通过电机控制器将_____整流成_____，回收能量并存入动力电池内。

9．目前，新能源汽车在用或开发的驱动电机的类型主要有_____、_____、_____、_____、_____。

10．微型新能源汽车对驱动电机基本性能的要求：_____、_____、_____、_____、_____、_____等。

11．IP67 是指_____。

12．直流电机是指可以把_____转换为_____或将_____转换为_____的旋转电机，由_____、_____、_____、_____、_____、_____、_____等部件组成。

13．简述直流电机的特点。

14．交流感应电机主要由_____、_____、_____、_____、_____等组成。

15．简述交流感应电机的特点。

16．永磁同步电机主要由_____、_____、_____、_____等部件组成，_____和_____之间存在气隙，防止转子转动时产生干涉。_____用于产生旋转磁场。

17．简述永磁同步电机的特点。

18．开关磁阻电机依靠_____产生转矩，其定子和转子的_____，转子齿数一般比定子_____。

19．简述开关磁阻电机的特点。

20．旋变传感器安装在_____，用来检测电机输出轴的_____和_____。电机控制器利用旋变传感器产生的信号精确地控制电机的_____和_____。

21．传感器本体有_____、_____和_____三个绕组，可以产生_____、_____变化的感应电压。

22．电机控制器以_____为核心，其功能有：_____、_____、_____、_____。

23．驱动电机的冷却方式有_____、_____和_____三种，结构最简单的是_____，冷却效果最好的是_____，

任务实施

一、检查与修理前的准备

1．防护用具的准备

按图 1-4-1 检查各项防护用具是否准备，若已准备，则在下方的"（）"内画"√"。

（　）　（　）　（　）　（　）　（　）　（　）

（　）　（　）　（　）　（　）　（　）

图 1-4-1　防护用具的准备

2．防护用具的穿戴与安装

（1）铺设绝缘垫。
（2）安装防护栏。
（3）放置警示牌。
（4）戴绝缘手套、穿绝缘鞋、戴绝缘帽。

二、五菱宏光 MINIEV 汽车电机驱动系统的维护

1．更换后桥润滑油

（1）五菱宏光 MINIEV 汽车后桥使用的润滑油规格是：_____，润滑油更换周期为：_____。

（2）检查五菱宏光 MINIEV 汽车后桥润滑油油量，检查结果：_____。

(3）更换后桥润滑油并将更换步骤写在空白处。

2．驱动电机的检查与维护
（1）驱动电机型号：_____。
（2）驱动电机维护。
根据表 1-4-1，完成五菱宏光 MINIEV 汽车驱动电机的检查与维护。

表 1-4-1　驱动电机的检查与维护

序号	检查项目	检查结果	检查结论
1	检查驱动电机与电机控制器外壳表面有无明显积尘、渗漏或裂纹		
2	检查驱动电机与电机控制器外壳表面是否清洁、干燥		
3	检查高压线束有无破损和老化现象，接线柱有无氧化腐蚀现象		
4	检查连接线束是否清洁、干燥且线路布设无干涉		
5	检查驱动电机与电机控制器紧固力矩是否符合车辆维修保养手册的规定		
6	检查高压线束、接线柱等连接是否固定可靠、无松脱，紧固力矩是否符合车辆维修保养手册的规定		

三、电机驱动系统的检测与维修

教师准备一台电机驱动系统出现故障的五菱宏光 MINIEV 汽车，学生按照本任务所学内容进行故障检测，并将相应检测结果填至表 1-4-2。

表 1-4-2　五菱宏光 MINIEV 汽车电机驱动系统故障检修作业记录表

故障现象：
检测流程：
故障原因：
维修措施：

任务考评

按既定要求完成电机驱动系统检测与维修的学习与作业,并将学习与作业过程记录至表 1-4-3。

表 1-4-3 任务小结表

项目	内容	要求	学习情况记录 差	学习情况记录 一般	学习情况记录 良好	改进建议
职业素养	小组合作	和谐有序				
职业素养	沟通讨论	积极、主动、有效				
职业素养	设备运行	安全、有序、高效				
职业素养	现场 6S	是否遵循				
任务准备	新能源汽车驱动系统的组成、功能与要求	准确描述新能源汽车驱动系统的组成				
任务准备	新能源汽车驱动系统的组成、功能与要求	准确描述各部件的作用				
任务准备	新能源汽车驱动系统的组成、功能与要求	准确描述微型新能源汽车对电机驱动系统的要求				
任务准备	新能源汽车驱动系统的工作原理	能描述驱动车辆行驶的工作原理				
任务准备	新能源汽车驱动系统的工作原理	能描述能量回收的工作原理				
任务准备	新能源汽车驱动系统的工作原理	能描述热量管理与保护的工作原理				
任务准备	驱动电机	能说出驱动电机的类型				
任务准备	驱动电机	能描述微型新能源汽车对驱动电机基本性能的要求				
任务准备	驱动电机	能描述驱动电机的技术参数				
任务准备	直流电机	准确描述直流电机的结构				
任务准备	直流电机	准确描述直流电机的工作原理				
任务准备	直流电机	准确描述直流电机的特点				
任务准备	交流感应电机	准确描述交流感应电机的结构				
任务准备	交流感应电机	准确描述交流感应电机的工作原理				
任务准备	交流感应电机	准确描述交流感应电机的特点				
任务准备	永磁同步电机	准确描述永磁同步电机的结构				
任务准备	永磁同步电机	准确描述永磁同步电机的特点				
任务准备	开关磁阻电机	准确描述开关磁阻电机的结构				
任务准备	开关磁阻电机	准确描述开关磁阻电机的工作原理				
任务准备	开关磁阻电机	准确描述开关磁阻电机的特点				
任务准备	电机传感器	准确描述电机温度传感器的作用与工作原理				
任务准备	电机传感器	准确描述旋变传感器的结构与工作原理				
任务准备	电机控制器	准确描述电机控制器的结构				
任务准备	电机控制器	准确描述电机控制器的功能				
任务准备	电机控制器	准确描述电机控制器的工作原理				
任务准备	驱动电机冷却方式	准确描述驱动电机冷却方式的类型				
任务准备	驱动电机冷却方式	准确描述驱动电机各种冷却方式的优缺点				

续表

项目	内容	要求	学习情况记录			改进建议
			差	一般	良好	
任务实施	检查与穿戴绝缘安全防护用具	会检查绝缘安全防护用具是否齐备				
		会检查与佩戴绝缘帽				
		会检查与佩戴护目镜				
		会检查与穿着绝缘服				
		会检查与穿着绝缘鞋				
	电机驱动系统维护	能完成后桥润滑油的检查				
		能完成后桥润滑油的更换				
		能准确识别驱动电机与电机控制器的型号				
		能完成驱动电机的一、二级维护				
	电机驱动系统检测与维修	正确描述故障现象				
		正确使用工量具				
		合理安排检测步骤				
		准确记录测量结果				
		精准发现故障部位				
		正确更换驱动电机				

任务 5　高压配电系统检测与维修

专业		班级		姓名	
学号		日期		教室	
任务描述	一辆微型新能源汽车因低压蓄电池亏电需要进站进行维修，维修人员在工作过程中需要对高压配电系统进行检查、测量、部件拆装等操作。因此，维修人员应能准确地描述高压配电系统的类型、结构，准确地识别高压配电系统的部件，精准地进行高压配电系统的基本检查、维护与检测，规范地拆装高压配电系统，以恢复和保证高压配电系统的工作能力					
任务要求	1．能描述高压配电系统的作用与组成。 2．能描述高压配电盒的部件与功用。 3．能描述低压蓄电池充电系统的组成与工作原理。 4．能描述 DC/AC 系统的组成与工作原理。 5．能检测与维修高压配电系统故障					

任务准备

1．高压配电盒，简称_____，其主要作用是将动力电池的高压电分配给_____、_____、_____、_____等高压用电设备，形成高压配电系统。

2．CDU 是将_____、_____和_____三者集成在一起，其高压配电部件主要有_____、_____、_____等。

3．高压熔断器的类型有：_____、_____、_____、_____

_____。一般小于 100A 的推荐采用_____，大于 100A 的推荐采用_____，在手动维修开关中大量使用的是_____。

4．熔断器工作分为_____+_____两个过程，_____与电流有关系，_____与电压有关系。

5．高压继电器主要由_____和_____两部分组成，其关键特性有_____、_____、_____、_____、_____、_____、_____。

6．简述高压继电器的工作原理。

7．铜排具有较强的_____，良好的_____、_____，优良的_____、_____、_____，美观的_____及良好的_____等特点。

8．低压蓄电池充电系统的功能是为_____供电，同时为_____充电。在高压上电之前，纯电动汽车的用电设备由_____供电。它主要由_____、高压_____、_____、_____组成。

9．DC/DC 转换器也称为_____，其作用是将动力电池的高压直流电转换为_____的低压直流电。首先_____把高压直流电逆变为_____，然后经过变压器转换为_____，最后经过二极管整流转换为_____低压直流电。

10．DC/AC 系统的作用是将动力电池高压直流电转换为_____，通过_____输出。它主要包含_____、_____、_____、_____。

11．简述 DC/AC 系统的工作原理。

📖 任务实施

一、检查与修理前的准备

1．防护用具的准备

按图 1-5-1 检查各项防护用具是否准备，若已准备，则在下方的"（ ）"内画"√"。

（ ）　　（ ）　　（ ）　　（ ）　　（ ）　　（ ）

( ) ( ) ( ) ( ) ( )

图 1-5-1 防护用具的准备

2．防护用具的穿戴与安装
（1）铺设绝缘垫。
（2）安装防护栏。
（3）放置警示牌。
（4）戴绝缘手套、穿绝缘鞋、戴绝缘帽。

二、五菱宏光 MINIEV 汽车高压配电系统检测与维修

1．五菱宏光 MINIEV 汽车高压配电系统电路绘制

根据五菱宏光 MINIEV 汽车高压配电系统，在空白处绘制电路。

2．高压配电系统故障检测与维修

教师准备一台高压配电系统有故障的五菱宏光 MINIEV 汽车，学生按照本任务所学内容进行故障检测，并将相应检测结果填至表 1-5-1。

表 1-5-1 五菱宏光 MINIEV 汽车高压配电系统故障检修作业记录表

故障现象：
检测流程：
故障原因：
维修措施：

任务考评

按既定要求完成高压配电系统检测与维修的学习与作业,并将学习与作业过程记录至表 1-5-2。

表 1-5-2 任务小结表

项目	内容	要求	学习情况记录 差	学习情况记录 一般	学习情况记录 良好	改进建议
职业素养	小组合作	和谐有序				
	沟通讨论	积极、主动、有效				
	设备运行	安全、有序、高效				
	现场 6S	是否遵循				
任务准备	高压配电系统	准确描述新能源汽车高压配电系统的组成				
		准确描述高压配电系统的作用				
		准确描述 CDU 的作用				
	高压配电盒的组成	能描述高压熔断器的分类与适用范围				
		准确描述高压继电器的结构与工作原理				
		能解释高压继电器的关键特性				
		能描述铜排的特点				
	低压蓄电池充电系统	准确描述低压蓄电池充电系统的功能				
		准确描述低压蓄电池充电系统的组成				
		准确描述低压蓄电池充电系统的工作原理				
	DC/AC 系统	准确描述 DC/AC 系统的组成与功能				
		准确描述 DC/AC 系统的工作原理				
任务实施	检查与穿戴绝缘安全防护用具	会检查绝缘安全防护用具是否齐备				
		会检查与佩戴绝缘帽				
		会检查与佩戴护目镜				
		会检查与穿着绝缘服				
		会检查与穿着绝缘鞋				
	高压配电系统故障检修	正确描述故障现象				
		正确使用工量具				
		合理安排检测步骤				
		准确记录测量结果				
		精准发现故障部位				
		正确更换动力电池				

任务 6　高压互锁系统检测与维修

专业		班级		姓名	
学号		日期		教室	
任务描述	一辆微型新能源汽车因出现不上电故障需要进站进行维修，维修人员经初步检查后判定为高压互锁故障，在工作过程中需要对高压互锁系统进行检查、测量、部件拆装等操作。因此，维修人员应能准确地描述高压互锁系统的类型、结构，准确地识别高压互锁系统的部件，精准地进行高压互锁系统的基本检查、维护与检测，规范地拆装高压互锁系统，以恢复和保证高压互锁系统的工作能力					
任务要求	1．能描述高压互锁回路设计目的与高压互锁系统的类型。 2．能描述高压互锁的作用与控制策略。 3．能叙述高压互锁系统的组成。 4．能描述高压连接器互锁监测的工作原理。 5．能检测与维修五菱宏光 MINIEV 汽车高压互锁系统故障				

任务准备

1．高压互锁系统是用_____监测_____的一种安全设计方法。它通过使用_____的信号来监测_____的电气完整性（连续性）。低压监测回路比高压_____，_____，中间保持_____，时间长短可以根据车型具体策略确定。

2．简述高压互锁回路设计目的。

3．简述高压互锁的作用。

4．高压互锁的控制策略有：_____、_____和_____。

5．互锁信号回路包括两个部分：一部分用于监测_____，另一部分用于监测_____。

6．互锁监测器分为两类：一类用于监测_____，其工作原理是：在动力母线拔出时，互锁监测器也会随之_____，高压互锁回路就会触发__

_____，从而保障用户的操作安全；另一类用于监测_____
_____，其结构类似于高压连接器，一端安装在_____，另一端安装在_____。

7．具备高压互锁功能的高压连接器，一般由_____、_____、_____、_____、_____组成。在连接时，先连接_____，再连接_____；在断开时，先断开_____，再断开_____。

8．简述电阻法排除高压互锁系统故障的操作要点。

9．简述电压法排除高压互锁系统故障的操作要点。

10．简述隔离法排除高压互锁系统故障的操作要点。

任务实施

一、检查与修理前的准备

1．防护用具的准备

按图1-6-1检查各项防护用具是否准备，若已准备，则在下方的"（ ）"内画"√"。

（ ）　（ ）　（ ）　（ ）　（ ）　（ ）

（ ）　（ ）　（ ）　（ ）　（ ）

图1-6-1　防护用具的准备

2. 防护用具的穿戴与安装

（1）铺设绝缘垫。
（2）安装防护栏。
（3）放置警示牌。
（4）戴绝缘手套、穿绝缘鞋、戴绝缘帽。

二、五菱宏光 MINIEV 汽车高压互锁回路识别

1. 动力电池高压互锁回路识别

请在下面空白处画出五菱宏光 MINIEV 汽车动力电池高压互锁回路。

2. 整车控制器-电动压缩机-充配电模块高压互锁回路识别

请在下面空白处画出整车控制器-电动压缩机-充配电模块高压互锁回路。

三、五菱宏光 MINIEV 汽车高压互锁回路故障检测与维修

教师准备一台有高压互锁回路故障的五菱宏光 MINIEV 汽车，学生按照本任务所学内容进行故障检测，并将相应检测结果填至表 1-6-1。

表 1-6-1 五菱宏光 MINIEV 汽车高压互锁回路故障检修作业记录表

故障现象：
检测流程：
故障原因：
维修措施：

任务考评

按既定要求完高压互锁系统检测与维修的学习与作业，并将学习与作业过程记录至表1-6-2。

表1-6-2 任务小结表

项目	内容	要求	学习情况记录			改进建议
			差	一般	良好	
职业素养	小组合作	和谐有序				
	沟通讨论	积极、主动、有效				
	设备运行	安全、有序、高效				
	现场6S	是否遵循				
任务准备	高压互锁回路设计目的与高压互锁系统的类型	准确描述高压互锁回路设计目的				
		准确描述高压互锁系统的类型				
	高压互锁的作用与控制策略	能描述高压互锁的作用				
		能描述高压互锁的控制策略				
	高压互锁系统的组成	准确描述互锁信号回路的组成				
		准确识别互锁监测器				
		准确描述自动断路器的工作原理				
任务实施	检查与穿戴绝缘安全防护用具	会检查绝缘安全防护用具是否齐备				
		会检查与佩戴绝缘帽				
		会检查与佩戴护目镜				
		会检查与穿着绝缘服				
		会检查与穿着绝缘鞋				
	高压互锁回路识别	能识别动力电池高压互锁回路				
		能识别整车控制器-电动压缩机-充配电模块高压互锁回路				
	高压互锁回路故障检修	正确描述故障现象				
		正确使用工量具				
		合理安排检测步骤				
		准确记录测量结果				
		精准发现故障部位				
		正确更换动力电池				

任务7 空调系统检测与维修

专业		班级		姓名	
学号		日期		教室	
任务描述	一辆微型新能源汽车因空调不制冷需要进站进行维修，维修人员在工作过程中需要对空调系统进行检查、测量、部件拆装等操作。因此，维修人员应能准确地描述空调系统的类型、结构，准确地识别空调系统的部件，精准地进行空调系统的基本检查、维护与检测，规范地拆装空调系统的部件，以恢复和保证空调系统的工作能力					

续表

任务要求	1. 能描述新能源汽车空调系统的组成与类型。 2. 能描述新能源汽车制冷系统的组成与工作原理。 3. 能描述新能源汽车送风系统与制热系统的组成与工作原理。 4. 能检查与维护五菱宏光 MINIEV 汽车制冷系统与制热系统。 5. 能检测与维修五菱宏光 MINIEV 汽车制冷系统的故障。 6. 能检测与维修五菱宏光 MINIEV 汽车制热系统的故障

任务准备

1．新能源汽车热管理系统主要包括_____、_____、_____。其中，最主要的是_____与_____。

2．新能源汽车空调系统具有_____、_____、_____、_____的功能。其_____与传统燃油汽车的大致相同，但其_____与传统燃油汽车相比有了很大的不同。

3．新能源汽车制冷系统主要由_____、_____、_____、_____、_____和_____组成。低压管路从_____到_____，部件有_____、_____和_____。高压管路从_____到_____，部件有_____、_____、_____、_____和_____。

4．新能源汽车空调系统中，会产生排气排放物污染的是_____制热系统，完全不会影响续驶里程的是_____制热系统，成本最高的是_____制热系统，与燃油汽车通用性最好的是_____制热系统，系统效率最高的是_____制热系统，升温速度最快的是_____制热系统，用电量最大的是_____制热系统，安全性最差的是_____制热系统，不需要改变传统燃油汽车结构的是_____制热系统。

5．PTC 是_____（写中文）的缩写，泛指_____半导体材料或元件，当超过一定温度时，它的电阻值随着温度的升高而_____。PTC 加热器具有_____、_____、_____等优点。

6．PTC 风暖制热系统是由_____、_____、_____、_____、_____等组成的。

7．PTC 水暖制热系统是由_____、_____、_____、_____、_____、_____、_____等组成的。

8．简述 PTC 水暖制热系统的工作原理。

9. 目前热泵空调使用的冷媒主要包括_____、_____和_____。
10. 简述新能源汽车制冷系统的工作原理。

11. 电动压缩机是新能源汽车制冷系统的心脏，起着_____和输送_____的作用，新能源汽车采用_____压缩机，主体由_____、_____和_____三部分组成。用来将直流电转换为三相交流电的是_____，用来带动电动压缩机旋转的是_____，用来压缩气态制冷剂的是_____。
12. 简述电动压缩机的工作原理。

13. 电动压缩机每次排出制冷剂的气量较小，为_____，但由于动涡盘转速高，可以达到_____，所以总排量足够大，能满足车辆空调制冷的需求。
14. 冷凝器是用于将制冷剂所含热量_____，并将制冷剂由_____转变成_____的热交换器。冷凝器安装在车辆的_____。
15. 膨胀阀的作用是使从冷凝器过来的_____制冷剂通过膨胀阀_____成为容易蒸发的_____制冷剂进入_____，即分开了制冷剂的_____和_____。膨胀阀可以根据制冷负荷的改变和电动压缩机转速的变化，_____制冷剂进入蒸发器的_____以满足制冷循环的需要。
16. 蒸发器是一个热交换器，减压后的制冷剂以_____进入蒸发器。在蒸发器出口处，制冷剂为_____。另外，在蒸发器处安装蒸发器温度传感器来测量蒸发器温度。当蒸发器温度低于一定温度时，空调_____，防止蒸发器_____、_____。
17. 新能源汽车送风系统的作用是将经过_____或_____的空气通过特定的_____送到车厢内相应的_____。送风系统主要由_____、_____、_____和_____等组成。
18. 采用PTC陶瓷发热体制造的暖风机具有_____、_____、_____，以及_____等优点。PTC加热器的输出功率会随着环境温度的升高而明显_____。室温越低，PTC输出功率_____，加热也就越_____。随着室温_____，PTC输出功率_____，升温速度_____。

📖 任务实施

一、检查与修理前的准备

1. 防护用具的准备

按图1-7-1检查各项防护用具是否准备,若已准备,则在下方的"( )"内画"√"。

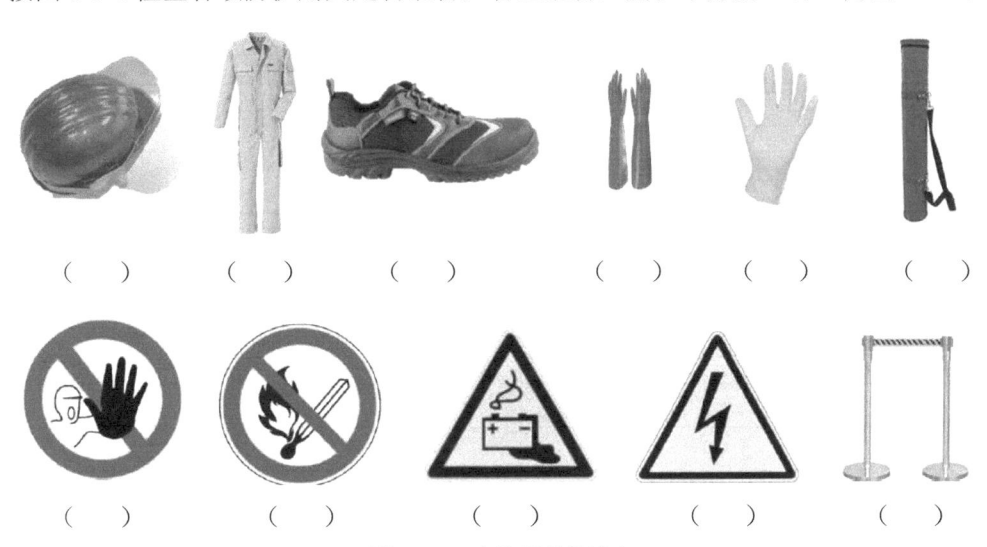

( )　( )　( )　( )　( )　( )

( )　( )　( )　( )　( )

图 1-7-1　防护用具的准备

2. 防护用具的穿戴与安装

(1) 铺设绝缘垫。
(2) 安装防护栏。
(3) 放置警示牌。
(4) 戴绝缘手套、穿绝缘鞋、戴绝缘帽。

二、五菱宏光 MINIEV 汽车空调系统检查与维护

1. 送风系统检查与维护

1) 送风模式与出风口检查

根据表1-7-1完成空调送风模式与出风口检查。

表1-7-1　空调送风模式与出风口检查

送风模式	鼓风机挡位	主驾驶左出风口风速/(m/s)		主驾驶右出风口风速/(m/s)		副驾驶左出风口风速/(m/s)		副驾驶右出风口风速/(m/s)		挡风玻璃出风口风速/(m/s)	
		外循环	内循环	外循环	内循环	外循环	内循环	外循环	内循环	外循环	内循环
面部送风	0										
	1										
	2										
	3										
	4										

续表

送风模式	鼓风机挡位	主驾驶左出风口风速/(m/s)		主驾驶右出风口风速/(m/s)		副驾驶左出风口风速/(m/s)		副驾驶右出风口风速/(m/s)		挡风玻璃出风口风速/(m/s)	
		外循环	内循环	外循环	内循环	外循环	内循环	外循环	内循环	外循环	内循环
脚部送风	0										
	1										
	2										
	3										
	4										
面部＋脚部送风	0										
	1										
	2										
	3										
	4										
除霜	0										
	1										
	2										
	3										
	4										
脚部送风＋除霜	0										
	1										
	2										
	3										
	4										

2）空调滤清器检查与更换

根据表1-7-2完成空调滤清器检查与更换。

表1-7-2 空调滤清器检查与更换

序号	操作	检查结果	采取措施
1	拆卸空调滤清器盖板，取出空调滤清器		
2	检查空调滤清器是否脏污、变形和损坏		
3	安装空调滤清器，注意空调滤清器箭头朝内		
4	安装空调滤清器盖板		

3）清洗送风管道

（1）拆卸空调滤清器盖板，取出空调滤清器。

（2）启动发动机，打开鼓风机开关并调至最高挡，选择面部送风模式。

（3）将各出风口用湿毛巾盖住，以防泡沫喷出。

注意，湿毛巾质量大，不容易被吹开。

（4）将汽车空调清洗剂摇匀后对准空调滤清器安装口喷射，观察出风口有无泡沫流出。

(5)如果鼓风机不能使出风口出来泡沫,则拿开毛巾,并关掉鼓风机,从出风口喷入泡沫。

(6)待 10~15min 后,让清洁剂把送风管道中的脏污泡软并从空调出水口流到地下。

注意,可事先在车下放置接污水的油盆或将车辆停在排污管道旁边,以免污染地面环境。

(7)将温度调节旋钮调至最大制热位置,轮流变换送风模式,利用热风将各管道吹干。

注意,如果还有异味,则可再使用清洁剂清洁一次;如果还不行,则需要拆开仪表台进行手工清洁。

(8)安装空气滤清器。

2.制冷系统和制热系统检查与维护

1)目视检查制冷系统

目视检查制冷系统的各部件,将检查结果和采取措施填至表 1-7-3。

表 1-7-3 制冷系统外观检查表

序号	部件	检查标准	检查结果	采取措施
1	冷凝器	表面是否清洁,叶片是否阻塞或损坏		
2	连接部件	是否有污渍,是否有明显的泄漏		
3	软管	有无老化、鼓包、碰擦、割伤、磨损、裂纹和渗漏		
4	调温门	改变气流分配的方向,观察其流量是否正常;改变气流温度,观察混合情况是否正常		
5	低压回路	表面结霜		
6	蒸发器	制冷装置运行约 8min 后,是否有水从汽车空调出水口流出		

2)检测制冷系统

(1)静态测量。

使用干湿温度计,在离发动机至少 2m 的距离测量环境温度与湿度。经测量,环境温度为_____℃,环境湿度为_____%。

清洁并拧下高、低压检修阀防尘帽。用歧管压力表,分别确认手动高、低压阀和高、低压管路快速接头处于关闭状态。连接高、低压管路快速接头,红色连高压,蓝色连低压,并确认连接可靠。打开高、低压管路快速接头,观察高、低压压力表数值。经观察,高压侧压力为_____kPa,低压侧压力为_____kPa。

(2)测量空调出风口温度与湿度。

将温度调节旋钮调至最大制冷位置,将风速设置为最大,将送风模式设置为面部送风模式,将进气模式设置为外循环模式。在电动压缩机工作正常后,等待空调工作 5min 后读取歧管压力表的计数。经观察,高压侧压力为_____kPa,低压侧压力为_____kPa。

(3)使用干湿温度计红外线测试功能测量各部件表面温度,并将测量数值填至表 1-7-4。

表 1-7-4 制冷系统各部件表面温度测量表

序号	检测部位	实测温度/℃	检查结论
1	电动压缩机入口		
2	电动压缩机出口		
3	冷凝器入口		

续表

序号	检测部位	实测温度/℃	检查结论
4	冷凝器出口		
5	储液干燥器		
6	膨胀阀入口		
7	膨胀阀出口		
8	蒸发器入口		
9	蒸发器出口		
10	出风口		

3）维护制冷系统

根据情况对制冷系统进行维护并填写表1-7-5。

表1-7-5 汽车空调检查与保养表

部件	检查内容与标准	检查结果	保养措施
电动压缩机			
冷凝器与冷凝器风扇			
蒸发器			
储液干燥器			
膨胀阀			

4）制热系统检查

（1）测量环境温度与湿度。

使用干湿温度计，在离发动机至少2m的距离测量环境温度与湿度。经测量，环境温度为_____，环境湿度为_____。

（2）制热系统测量。

将空调工作模式设置为采暖模式，将空调风源设置为外循环，将送风模式设置为面部送风模式，将风速设置为最大。将干湿温度计放置在空调相应中央出风口处，读取空调出风口温度与湿度数值。出风口温度为_____，出风口湿度为_____。

三、五菱宏光MINIEV汽车空调系统故障检测与维修

教师准备一台送风、制冷或制热系统有故障的五菱宏光MINIEV汽车，学生按照本任务

所学内容进行故障检测，并将相应检测结果填至表 1-7-6。

表 1-7-6　五菱宏光 MINIEV 汽车空调系统故障检修作业记录表

故障现象：
检测流程：
故障原因：
维修措施：

任务考评

按既定要求完成空调系统故障检测与维修的学习与作业，并将学习与作业过程记录至表 1-7-7。

表 1-7-7　任务小结表

项目	内容	要求	学习情况记录 差	学习情况记录 一般	学习情况记录 良好	改进建议
职业素养	小组合作	和谐有序				
职业素养	沟通讨论	积极、主动、有效				
职业素养	设备运行	安全、有序、高效				
职业素养	现场 6S	是否遵循				
任务准备	新能源汽车空调系统的组成与类型	准确描述制冷系统的组成				
任务准备	新能源汽车空调系统的组成与类型	准确描述制热系统的组成与类型				
任务准备	新能源汽车制冷系统	准确描述新能源汽车制冷系统的工作原理				
任务准备	新能源汽车制冷系统	准确描述电动压缩机的结构与工作原理				
任务准备	新能源汽车制冷系统	准确描述冷凝器、膨胀阀和蒸发器的功能				
任务准备	新能源汽车送风系统	准确描述新能源汽车送风系统的组成				
任务准备	PTC 加热器	准确描述 PTC 加热器的特点				
任务准备	PTC 加热器	准确描述 PTC 加热器的分类				

续表

项目	内容	要求	学习情况记录			改进建议
			差	一般	良好	
任务实施	检查与穿戴绝缘安全防护用具	会检查绝缘安全防护用具是否齐备				
		会检查与佩戴绝缘帽				
		会检查与佩戴护目镜				
		会检查与穿着绝缘服				
		会检查与穿着绝缘鞋				
	五菱宏光MINIEV汽车空调系统检查与维护	会检查与维护送风系统				
		会检查与维护制冷系统				
		会检查与维护制热系统				
	五菱宏光MINIEV汽车空调系统故障检测与维修	正确描述故障现象				
		正确使用工量具				
		合理安排检测步骤				
		准确记录测量结果				
		精准发现故障部位				
		正确更换动力电池				

项目 2　微型新能源汽车定制化改装

任务 1　微型新能源汽车部件拆装

专业		班级		姓名	
学号		日期		教室	
任务描述	一辆微型新能源汽车进站进行改装及维修，维修人员需准备所需设备并对该车部件进行拆卸，从而进行改装或维修作业					
任务要求	1. 认识常用拆装工具，掌握其正确使用方法。 2. 能正确拆装车内外部件				

📖 任务准备

一、车身常见紧固件

_____

_____

_____

二、常见拆装工具

写出表 2-1-1 中常见拆装工具的功能。

表 2-1-1　常见拆装工具的功能

工具	功能
开口扳手	
梅花扳手	
内六角扳手	
套筒	
螺钉旋具	
尖嘴钳	
卡扣起子	
塑料撬板	

三、车身部件认识

写出表 2-1-2 中车身部件的功能。

表 2-1-2　车身部件的功能

车身部件	功能
前、后保险杠	
翼子板	
车顶	
机舱盖	
车门	

四、拆装部件注意事项

_____
_____
_____
_____
_____

任务实施

一、内饰拆装

对微型新能源汽车的内饰进行拆装,将操作流程填至表 2-1-3。

表 2-1-3　内饰拆装记录表

项目	作业图示	操作流程
车顶内衬的更换		
仪表板总成的更换		

二、车外部件拆装

对微型新能源汽车的车外部件进行拆装,将操作流程填至表 2-1-4。

表 2-1-4　车外部件拆装记录表

项目	作业图示	操作流程
保险杠的更换		
前翼子板的更换		
前侧门外把手的更换		
后视镜的更换		
机舱盖的更换		

📖 任务考评

按既定要求完成微型新能源汽车部件拆装的学习与作业,并将学习与作业过程记录至表 2-1-5。

表 2-1-5 任务反馈表

项目	内容	要求	学习情况记录			改进建议
			差	一般	良好	
职业素养	小组合作	和谐有序				
	沟通讨论	积极、主动、有效				
	设备运行	安全、有序、高效				
	现场 6S	是否遵循				
任务准备	紧固件	认识常见紧固件				
	常用拆装工具	认识拆装工具,掌握其正确使用方法				
	车身部件	准确描述车身部件的作用				
	部件拆装注意事项	准确描述部件拆装注意事项				
任务实施	工作准备与使用	正确使用紧固件				
		正确使用拆装工具				
	内饰拆装	正确拆装车顶内衬				
		正确拆装仪表板总成				
	车外部件拆装	正确拆装前、后保险杠				
		正确拆装前、后翼子板				
		正确拆装前侧门外把手				
		正确拆装后视镜				
		正确拆装机舱盖				
	安装部件调节及检查	正确调节及检查部件安装到位情况				

任务 2 微型新能源汽车内饰加装

专业		班级		姓名	
学号		日期		教室	
任务描述	对于微型新能源汽车的内饰加装,在工作过程中需要对相关加装部件进行拆装、检查等操作,了解内饰产品的设计理念,以及内饰产品的选型、分类及注意事项,掌握内饰加装的施工技巧					
任务要求	1. 能够了解内饰产品的设计理念和选型。 2. 掌握内饰产品的分类及注意事项。 3. 掌握内饰加装的施工技巧					

任务准备

1. 内饰产品的加装部位一般有_____、_____、_____、_____、_____等。加装的面套材料主要有_____和_____。
2. 卷料主要为以下几种：①织物：_____、_____；②牛皮：_____、_____；③人造革：_____、_____。
3. 五菱宏光 MINIEV 汽车内饰的加装一般采用 PU 皮革材质，主要面料是_____和_____。
4. 五菱宏光 MINIEV 汽车的座椅垫版型分为两种：一种是_____；另一种是_____。
5. 五菱宏光 MINIEV 汽车的脚垫版型编号是_____，仪表台版型编号是_____。
6. 五菱宏光 MINIEV 汽车内饰加装项目包括：_____（成品数量6件）、_____（成品数量4件）、_____（成品数量2件）、_____（成品数量1件）、_____（成品数量1件）等。

任务实施

一、检查五菱宏光 MINIEV 汽车内饰加装项目产品及施工工具

1. 检查五菱宏光 MINIEV 汽车内饰加装项目产品

根据表 2-2-1 提示检查五菱宏光 MINIEV 汽车内饰加装项目产品，在配备的相应产品图示后面画"√"。

表 2-2-1　五菱宏光 MINIEV 汽车内饰加装项目产品

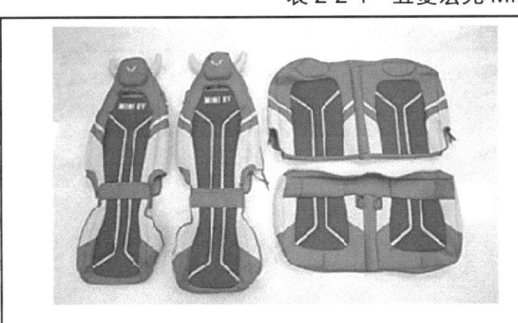 座椅垫：产品数量 6 件	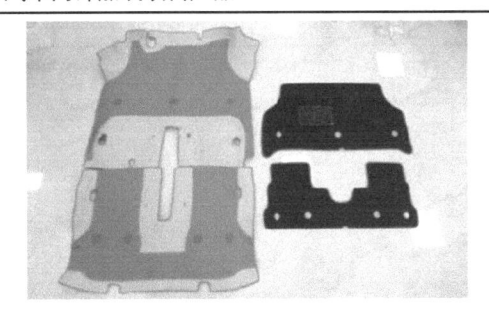 脚垫：产品数量 4 件
 门板扶手：产品数量 2 件	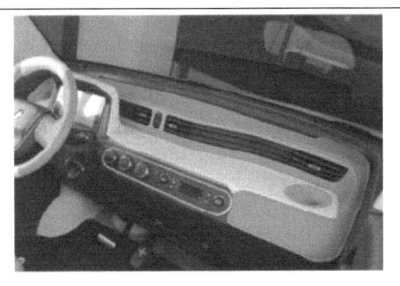 仪表台垫：产品数量 1 件

续表

 方向盘套：产品数量1件	

2．检查内饰加装施工工具

根据表 2-2-2 提示检查内饰加装施工工具，在配备的相应内饰加装施工工具图示后面画"√"。

表2-2-2 检查内饰加装施工工具

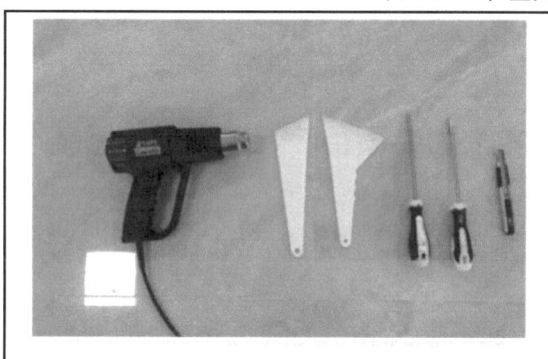 烤枪、塑料刮板、一字与十字螺钉旋具、戒刀	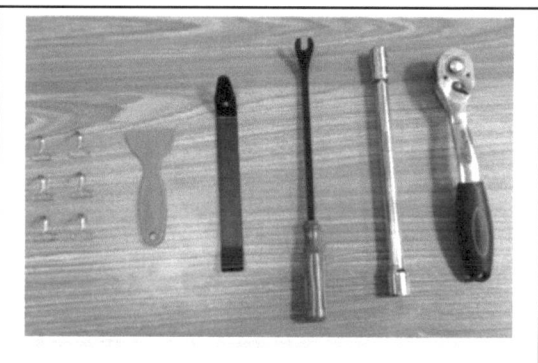 16套筒、塑料塞板、脚垫专用塞边器
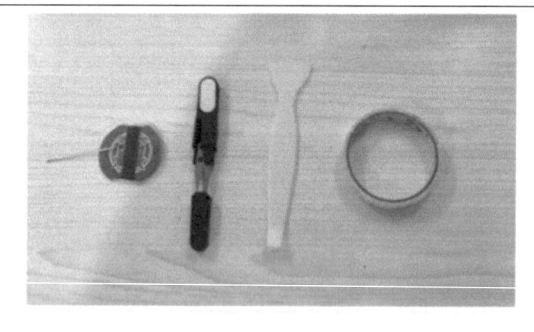 针线、剪线刀、塑料刮板、双面胶	

二、内饰加装的施工步骤及要求

根据表2-2-3提示检查内饰加装的施工情况，并用"√"将检查结果填写在表内。

表 2-2-3　内饰加装的施工步骤

施工步骤	项目施工要求	检查结果 是	检查结果 否
仪表台垫的安装	检查仪表台垫的版型是否合适，检查四周位置是否足够，确认版型无问题		
	确认产品的边缘位置，对准轮廓，按压贴合边缘		
	确认撕下离型膜的过程是否正确		
	四周位置确认无误后，用烤枪烘烤，激活胶层		
	检查四周边缘是否出现翘边的情况		
门板拆卸与替换	门板的拆卸顺序是否正确		
	替换门板是否安装良好		
方向盘套的施工技巧	确认方向盘套的方向，确定三点和九点的位置		
	将双面胶贴合在方向盘上，确认皮革交接缝的位置，以及接缝处是否压紧		
	确认拼接口对齐，确认皮革交接缝在方向盘套中间		
	确认裁剪线的长度是缝制距离的 3 倍		
	检查线和皮边是否塞进方向盘缝隙里面		
脚垫的安装技巧	正确拆下座椅，并将螺钉取下来，将座椅抬出来		
	原车线条与原车底盘弧度一致，需要对好原车位置进行安装		
	用塞边专用工具将脚垫底层塞进门板边		
定制座椅垫的安装技巧	对准原车座椅线，将包边塞进座椅塑料壳内，将挡皮从缝隙中塞进去，把底座拍平整		
	将魔术贴在座椅底下拉直，并相互黏合以固定座椅座		
	对于前排靠背的安装，检查内外侧安装是否正确，对准原车座椅线，将边缘包边塞进座椅塑料壳内		
	对于后排座椅垫的安装，将原车座椅线对准，向反面翻过去，将座椅反置，将后排座椅垫的活结绳拉紧		

任务小结

按既定要求完成微型新能源汽车内饰加装的学习与作业，并将学习与作业过程记录至表 2-2-4。

表 2-2-4　任务小结表

项目	内容	要求	学习情况记录 差	学习情况记录 一般	学习情况记录 良好	改进建议
职业素养	小组合作	和谐有序				
	沟通讨论	积极、主动、有效				
	设备运行	安全、有序、高效				
	现场 6S	是否遵循				

续表

项目	内容	要求	学习情况记录			改进建议
			差	一般	良好	
任务准备	内饰产品的简介及设计	准确描述内饰产品加装部位				
		准确描述加装的面套材质				
		准确判断内饰产品的材质				
	内饰产品的选型	能描述马卡龙"女神"款的优缺点				
		能描述"国潮牛"款的优缺点				
	内饰产品的分类及注意事项	能描述座椅垫版型及版型编号				
		能描述脚垫与仪表台垫版型及版型编号				
		能描述内饰加装项目产品清单				
任务实施	内饰加装施工部位	能检查内饰加装施工部位完成程度是否正常				
	内饰加装施工工具	会检查五菱宏光MINIEV汽车内饰加装施工工具				
	内饰加装的施工技巧	能完成仪表台垫的施工安装				
		能规范操作门板拆卸与替换				
		能学会方向盘套的施工技巧				
		能学会脚垫的施工技巧				
		能学会定制座椅垫的施工技巧				

任务3 微型新能源汽车车衣施工

专业		班级		姓名	
学号		日期		教室	
任务描述	贴隐形车衣具有防止车漆被划伤、隔离有害漆面的损伤、细微划痕修复、漆面划痕遮盖、隔热保温节能、阻隔钥匙类恶意划伤等功能;通过该任务,学生能够了解车衣的功能和产品,学会车衣施工工具的使用,掌握车衣施工技巧					
任务要求	1. 了解车衣的简介。 2. 掌握车衣施工工具的使用方法。 3. 掌握车衣施工操作技巧					

📖 任务准备

1. 隐形车衣具有_____、_____、_____、_____、_____等功能。

2. 隐形车衣的结构包括PET高透保护膜、COATING聚氨酯涂层、_____、_____、_____。

3. 车衣的施工液体包括_____、_____、_____、沐浴露等。

4. 车衣的施工工具包括:_____、_____、_____等。

5. 车衣的施工步骤：环境准备→施工人员准备→检查施工工具→车辆预洗→车辆检查→填写施工服务单，确认施工方式→_____、_____、_____→车辆保护→检查膜型号和品质→撕膜→_____、_____、_____→检查气泡、尘点→_____→_____→施工结束。

6. 检查车辆后，按照车检情况填写_____；确认_____；确认车辆施工方式（手工裁膜/电脑裁膜）。

7. 进行车衣施工时，全车贴膜顺序为_____、_____、_____→后翼子板→前翼子板→门→前后保险杠→侧裙→附属件。

8. 刮膜排水的施工技巧：在薄膜的表面喷上安装液，用排水刮板，从车顶的_____，从里往外依次将水排出，每一下压_____，要求不能有漏水现象。

任务实施

一、检查五菱宏光 MINIEV 汽车车衣的施工工具

根据表 2-3-1 提示检查五菱宏光 MINIEV 汽车车衣的施工工具，在配备的相应工具图示后面画"√"。

表 2-3-1 五菱宏光 MINIEV 汽车车衣的施工工具

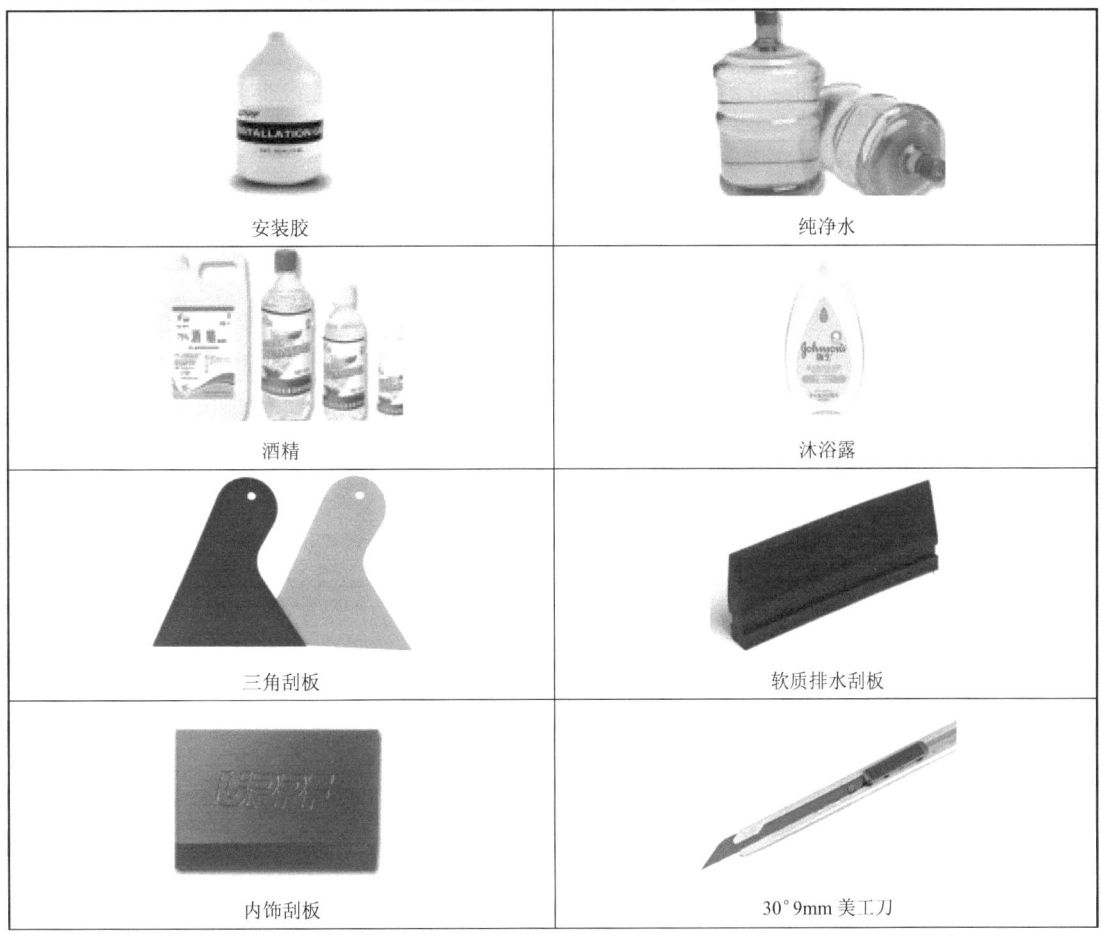

安装胶	纯净水
酒精	沐浴露
三角刮板	软质排水刮板
内饰刮板	30°9mm 美工刀

续表

45°6mm 美工刀	压力喷壶
洗车泥	专用清洁剂
柏油清洁剂	铁粉清洁剂
细节毛刷	施工手套
刀片盒	工具箱
施工包	保护罩

	续表
烤枪	

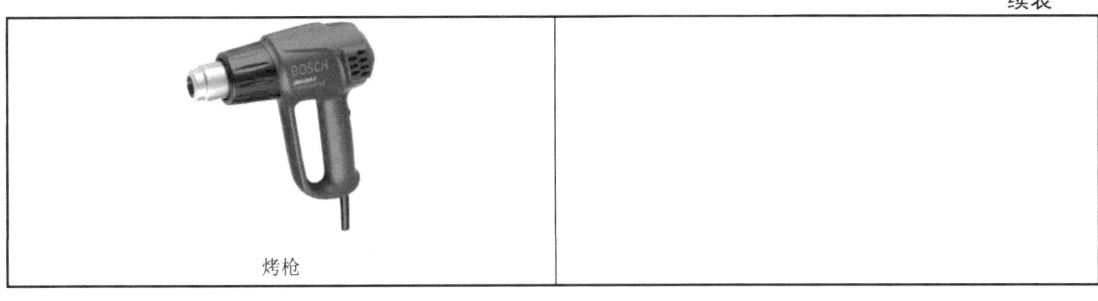

二、车衣的施工步骤及要求

根据表 2-3-2 提示检查车衣的施工情况，并用"√"将完成情况填写在表内。

表 2-3-2 车衣施工步骤

施工步骤	项目施工要求	完成情况	
		是	否
施工前准备 1	透明膜标准施工车间：拥有封闭的降尘车间，整洁的施工工位，明亮的灯光，恒温恒湿，充分的施工空间		
	施工人员应注重外在形象的整洁和统一着装，干净整洁，不穿奇装异服，发型平头短发无染色		
	将工具摆放整齐，并检查是否有损坏，若损坏，则应及时更换，以免影响施工效果		
	车辆普洗，为车辆检查做好准备		
	检查内容包括：车身有无划痕、掉漆、腐蚀、氧化等；车身是否需要做深度的漆面处理，如镀晶过后需要脱脂处理；车身是否有凹陷；大灯是否有损伤；仪表台的真皮、电器开关、指示灯、桃木件等是否开裂		
施工前准备 2	检查车辆后，按照车检情况填写施工服务单；确认车辆施工膜型号；确认车辆施工方式（手工裁膜/电脑裁膜）；确认施工价格；确认交车时间；客户签字		
	室内降尘，减少室内的扬尘，降低漆面施工过程中出现尘点的概率，提升施工质量和品质		
施工前准备 3	拆掉车身上的字标，将其整理放置在储物箱内。拆卸字标时应注意固定字标的原来位置，拆卸之前拍好照片		
	车辆精洗，除去车漆表面的氧化层、柏油、铁粉等污渍，对边缝等部位做到彻底的清洁		
	开始贴膜之前，需要对车辆的非贴膜部位进行适当的保护，减少施工过程中可能出现的意外和风险		
检查膜型号和品质	裁切之前一定要仔细检查膜面是否有尘点、褶皱、压痕等问题，检查一定要在强光下进行		
撕膜	由于撕膜静电大，所以在撕开膜和底纸的时候需要喷上雾状安装液		
铺膜定位	根据不同部位，应采取不同的铺膜手法。在对大面积部位施工时，应采取多人配合的方式进行，以获得更好的施工效果		
刮膜排水	在薄膜的表面喷上安装液，用排水刮板，从车顶的中部向边缘，从里往外依次将水排出，每一下压 5cm，要求不能有漏水现象。重复排水 3 次，直至漆面和膜中间的水完全排出		
收边	用清水将边缘的泡沫冲洗干净，沿着边缘把多余的保护膜裁掉。用手将边缘平整包裹后，用烤枪对边缘进行加热收边		

续表

施工步骤	项目施工要求	完成情况	
		是	否
检查气泡	大小小于小拇指指甲盖的气泡不用处理可自行消除;大气泡用针孔注射器将水抽出		
检查尘点	用刮板用力挤压尘点处,将灰尘压到膜的胶层中,就跟外部灰尘一样不影响视线		

任务小结

按既定要求完成微型新能源汽车车衣施工的学习与作业,并将学习与作业过程记录至表 2-3-3。

表 2-3-3 任务小结表

项目	内容	要求	学习情况记录			改进建议
			差	一般	良好	
职业素养	小组合作	和谐有序				
	沟通讨论	积极、主动、有效				
	设备运行	安全、有序、高效				
	现场 6S	是否遵循				
任务准备	车衣的介绍	准确描述车衣的作用及优缺点				
		准确描述车衣的结构				
		准确判断车衣的材质				
	车衣施工工具	能描述车衣施工工具				
		能描述车衣施工用到的液体				
		能够清点车衣使用的所有工具				
任务实施	车衣施工操作	能检查施工环境是否合格				
		能够检查膜型号的正确性				
		能够注意交车前内外清洁				
	施工流程	能完成施工前的准备工作				
		能完成膜型号的再次检查和品质确认				
		能学会车衣施工技巧				
		能学会车衣的使用注意事项和保养				

任务 4 微型新能源汽车太阳膜(窗膜)施工

专业		班级		姓名	
学号		日期		教室	
任务描述	怎样实现太阳膜的销售和品牌塑造,是一门学问。太阳膜的产业链已经发展成为汽车后市场服务的主力,对于太阳膜的施工技能人才来说,了解太阳膜的简介、选型以及太阳膜的结构、种类及功能,熟练地掌握太阳膜的施工步骤和施工技巧,有助于成为汽车后市场服务的技能型人才					

续表

任务要求	1. 了解太阳膜的简介。 2. 了解太阳膜的选型。 3. 了解太阳膜的结构、种类及功能。 4. 掌握太阳膜的施工步骤。 5. 掌握太阳膜的施工技巧

任务准备

1. 太阳膜具有很强的＿＿＿＿及＿＿＿＿功能。太阳膜还具有＿＿＿＿。优质的太阳膜用＿＿＿＿作为基材，膜本身具有很强的韧性，并配合特殊的＿＿＿＿，当玻璃遇到意外碰撞破裂后被太阳膜粘牢不会＿＿＿＿。

2. 太阳膜的选型，一般有以下几方面可以遵循：＿＿＿＿、＿＿＿＿、＿＿＿＿、＿＿＿＿、＿＿＿＿。

3. 太阳膜的种类包括＿＿＿＿和＿＿＿＿，防爆膜结构主要包括＿＿＿＿、＿＿＿＿、＿＿＿＿、＿＿＿＿、＿＿＿＿、＿＿＿＿等。

4. 太阳膜的功能：＿＿。

5. 贴膜技师接到车辆以后，要核实＿＿＿＿。仔细检查车辆情况，如果有异常，则应及时与服务顾问沟通。

6. 打开车间喷淋对车间进行除尘作业，注意，除尘前必须＿＿＿＿、＿＿＿＿和＿＿＿＿。

7. 贴膜技师根据前后挡风玻璃尺寸裁膜，若前挡风玻璃超过＿＿＿＿，则进行打版裁膜或横向裁膜。注意，所裁的膜上下左右要大样板纸＿＿＿＿。

8. 对于侧窗玻璃，贴膜技师使用样板纸进行侧窗玻璃打版裁膜。注意，所裁的膜上下要大样板纸＿＿＿＿，左右要大样板纸＿＿＿＿。

任务实施

一、检查太阳膜的施工工具

根据表 2-4-1 提示检查太阳膜的施工工具，并用"√"将检查结果填写在表内。

表 2-4-1 检查太阳膜的施工工具

工具名称	检查项目	检查结果	
		是	否
烤枪	是否能够正常使用		
	是否能够正常调节温度		
短柄斜口牛筋刮和硅胶水刮	外观是否破损		
	刮棱是否有缺陷		
	是否干净		

续表

工具名称	检查项目	检查结果是	检查结果否
长柄特硬牛筋刮和牛筋水刮	外观是否破损		
	刮棱是否有缺陷		
	是否干净		
刀片	刀片是否生锈		
	刀片是否钝		
水壶	水壶中是否有水		
	水壶中的水量是否超过 1/4		
尺子	尺子是否生锈		
小毛巾	是否干净整洁		
大毛巾	是否干净整洁		

二、太阳膜的施工步骤

根据表 2-4-2 提示对太阳膜的施工步骤进行检查，完成后用"√"填在"完成情况"一栏内。

表 2-4-2 太阳膜的施工步骤

步骤	检查要求	完成情况
验车	核实派工单上的内容，仔细检查车辆情况，有无异常	
	检查玻璃有无划伤裂纹、车内电器及车内电器开关有无异常、车门饰板有无伤	
	判断施工车辆是否需要清除旧膜，如果需要，则应进行遮蔽保护，清除旧膜、除胶	
施工前准备	领取太阳膜，准备好贴膜所需的工具	
洗车	按照普通洗车施工流程进行操作	
车间除尘	除尘前必须关闭车间门窗、车辆门窗和车辆天窗	
施工保护	铺防水脚垫，加装贴膜防护套和门板遮蔽保护膜，在仪表台和后置物台上垫毛巾	
	分别在机舱盖、左车顶、右车顶、后备箱盖、门槛上垫毛巾	
打版裁膜	根据前后挡风玻璃尺寸裁膜，对侧窗玻璃打版裁膜，需注意相应的技术要求	
前后挡风玻璃烤膜定型	是否按照干烤定型步骤操作	
前后挡风玻璃内侧清洁	是否按照前后挡风玻璃内侧清洁步骤操作	
侧窗玻璃烤膜定型	是否按侧窗玻璃烤膜定型步骤操作	
侧窗玻璃粘贴	是否按侧窗玻璃粘贴步骤操作	
前后挡风玻璃粘贴	是否按前后挡风玻璃粘贴步骤操作	
去除作业保护	撤出防护，将遮蔽膜放入垃圾桶内；将玻璃、漆面、内饰板擦拭干净；在各车窗升降开关处粘贴提示卡	
自检	对施工部位进行检查，对不合格部位进行及时处理	
工位整理	将所有工具设备按规定摆放到指定位置	
终检	按照验收标准进行检查，对没达到标准的施工部位进行返工	

任务小结

按既定要求完成微型新能源汽车太阳膜施工的学习与作业，并将学习与作业过程记录至表 2-4-3。

表 2-4-3 任务小结表

项目	内容	要求	学习情况记录			改进建议
			差	一般	良好	
职业素养	小组合作	和谐有序				
	沟通讨论	积极、主动、有效				
	设备运行	安全、有序、高效				
	现场 6S	是否遵循				
任务准备	太阳膜的简介	准确描述太阳膜的基本知识				
		准确描述太阳膜的材质				
	太阳膜的选型	能掌握太阳膜选型的技巧				
	太阳膜的种类、结构及功能	能描述太阳膜的种类和结构				
		能描述太阳膜的功能				
	太阳膜的施工步骤	能掌握太阳膜施工工具的使用方法				
		能掌握太阳膜的施工步骤				
		能准确描述太阳膜的正确操作				
任务实施	准备工作	能检查太阳膜的施工工具是否齐备				
		会填写车辆检查表格				
		会选择太阳膜的型号和品质				
	五菱宏光 MINIEV 汽车太阳膜的施工方法和技巧	能够完成前后挡风玻璃及侧窗玻璃的清洗				
		能够完成前后挡风玻璃及侧窗玻璃的粘贴工序				
		能够完成前后挡风玻璃及侧窗玻璃的检查修复				
		能够完成前后挡风玻璃及侧窗玻璃的自检工序				

任务 5 微型新能源汽车改色膜施工

专业		班级		姓名	
学号		日期		教室	
任务描述	个性化汽车改色市场的崛起，将是未来的一种发展趋势，彰显个性的汽车贴膜改色项目也将受到新兴消费主体的青睐。通过本任务的学习，学生能够熟悉改色膜的种类、优点及制造工艺，准确讲出改色膜的种类和优点，掌握改色膜销售的三大技巧，熟练掌握改色膜的施工技巧					
任务要求	1. 了解改色膜的发展历程和制造工艺。 2. 了解改色膜的优点。 3. 了解改色膜的种类及类别。 4. 学会改色膜的销售技能。 5. 掌握改色膜的施工技巧				

任务准备

1. 改色膜的原材料大多都是 PVC，也有 PET。根据工艺分类，改色膜可以分为两大类：一类是_____，另一类是_____。

2. 改色膜的优点：_____、_____、_____、_____、_____、_____、_____、_____。

3. 可将改色膜当作汽车美容进行销售：第一，_____；第二，_____；第三，_____。

4. 可将改色膜当作喷漆进行销售：第一，_____；第二，_____；第三，_____。

5. 可将改色膜当作车衣进行销售：第一，_____；第二，_____；第三，_____。

6. 改色膜粘贴过程很有可能会对_____，告知客户可能的风险。还要告知客户车漆_____并记录，若较为严重，则建议客户进行漆面处理。

7. 用洗车泥清洁漆面，去除油漆表面氧化层及附着力较强的污渍；用_____去除车身表面残胶；_____清洗漆面，去除漆面残留的油渍及蜡质。

8. 粗略裁切，将边角多余的改色膜剪切至_____，使其能更好地包覆钣金件的反面；使用无纺布蘸取少量_____，涂至钣金件内侧或者弧度较大难以黏附的边角位置。

任务实施

一、检查改色膜的施工工具

根据表 2-5-1 提示检查改色膜的施工工具，并用"√"将检查结果填写在表内。

表 2-5-1　检查改色膜的施工工具

工具名称	检查项目	检查结果 是	检查结果 否
贴膜手套、弯嘴镊子、直嘴镊子	检查手套是否破损、脏污		
	检查镊子是否完好，有无弯折		
长条修边器、排气笔、大功率烤枪	检查长条修边器是否弯折损坏		
	检查排气笔是否锋利		
	检查大功率烤枪是否温控正常		
除胶铲刀、30°美工刀	检查刀片是否锈钝		
斜口牛筋刮、弧面门碗刮、笔形裁膜刀、三角刮、粉色修边刮、鱼尾刮、梯形超薄刮、黑色四方软刮、金色四方刮	检查刮片是否干净		
	检查刮片棱是否出现弯折		
	检查刮片棱是否出现缺口		
10m 卷尺	检查卷尺是否生锈或者尺面刻度磨损		

二、检查施工环境

根据表 2-5-2 提示检查施工环境,并用"√"将检查结果填写在表内。

表 2-5-2　检查施工环境

施工环境	检查项目	检查结果	
		是	否
施工场所	无尘车间		
温度	16~32℃		
空间密闭	防止外来灰尘掉落在车身或改色膜表面		
配备降尘设备	防止空气中的颗粒悬浮物、衣物纤维因静电效应附着到车漆和改色膜上		
人员穿着	不能穿起绒类衣物		

三、改色膜的施工步骤

根据表 2-5-3 提示检查改色膜的施工情况,完成后用"√"填在"完成情况"一栏内。

表 2-5-3　改色膜的施工步骤

项目	操作步骤	完成情况
车况勘检	询问客户漆面是否做过修补,若有非专业修补漆面,则改色膜粘贴过程很有可能会对漆面造成损伤,告知客户可能的风险	
整车清洗	用高压水枪冲洗整车表面,去除灰尘、泥土、鸟屎、油污等表面污染物;用毛巾擦干车身表面及车窗残水,清洁内饰条	
深度清洁	用洗车泥清洁漆面,去除油漆表面氧化层及附着力较强的污渍;用通用除胶剂去除车身表面残胶;用酒精溶液清洗漆面,去除漆面残留的油渍及蜡质	
测量尺寸	测量时选取长宽最大处,为减少浪费和充分利用材料,可在裁剪前对要贴膜的表面进行打版	
贴膜准备	刮板:用于刮覆改色膜表面,鹅毛绒刮板较软,塑料刮板较硬;滚轮:用于弧度较大处膜面的贴合;烤枪:用于烘烤消除轻微折痕和收边	
上膜定位	检查上膜定位的操作步骤	
膜面刮覆	检查膜面刮覆的质量	
粗略裁切,收边固定	将边角多余的改色膜剪切至 3~5cm,使其能更好地包覆钣金件的反面;使用无纺布蘸取少量 94 底涂剂,涂至钣金件内侧或者弧度较大难以黏附的边角位置	
精细切割,表面清洁	精细切割钣金件背面,确保平整的裁剪效果,清洁膜表面残留的手指印、灰尘等,恢复膜表面完美光泽,达到完美交车效果	
整车验收	检查整车贴膜部位,消除缺陷,同时确保所有拆卸部件已经复位	

任务小结

按既定要求完成微型新能源汽车改色膜施工的学习与作业,并将学习与作业过程记录至表 2-5-4。

表 2-5-4 任务小结表

项目	内容	要求	学习情况记录			改进建议
			差	一般	良好	
职业素养	小组合作	和谐有序				
	沟通讨论	积极、主动、有效				
	设备运行	安全、有序、高效				
	现场 6S	是否遵循				
任务准备	改色膜的发展历程和制造工艺	能描述改色膜的发展历程和制造工艺				
	改色膜的优点	能描述改色膜的优点				
	改色膜的种类及类别	能描述改色膜的种类及类别				
		能区别改色膜的品质				
	改色膜的销售技巧	能掌握改色膜的销售技巧				
	改色膜的施工	能描述施工工具的使用				
		能描述施工环境要求				
任务实施	标准施工流程	能熟练掌握施工流程				
		能掌握施工技巧				
	准备工作	能完成施工前的准备工作				
	五菱宏光 MINIEV 汽车的改色膜部位	能熟悉改色膜部位				
	五菱宏光 MINIEV 汽车的改色膜的施工方法和技巧	能熟练掌握操作原则				
		能熟练掌握车顶棚的施工技巧				
	改色膜保养及注意事项	能熟知改色膜保养及注意事项				
	汽车贴膜的常见问题及解答	能熟练解答汽车贴膜的常见问题				
	施工检验标准	能根据验收标准进行检测				

任务 6 微型新能源汽车电路改装

专业		班级		姓名	
学号		日期		教室	
任务描述	一辆微型新能源汽车进站进行改装，维修人员需要对该车进行改装方案设计，并根据设计方案对电路进行改装作业					
任务要求	1. 能准确描述行车记录仪的种类及结构特点。 2. 能正确安装行车记录仪和倒车影像					

任务准备

一、行车记录仪的种类

_____

_____

_____

_____

_____

_____

二、行车记录仪的结构

请根据图 2-6-1 把名称填写到表 2-6-1 中。

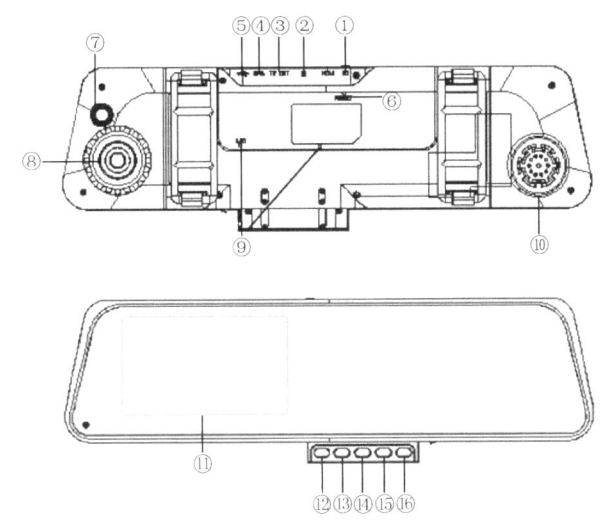

图 2-6-1　行车记录仪结构

表 2-6-1　行车记录仪结构名称

1		2		3	
4		5		6	
7		8		9	
10		11		12	
13		14		15	
16					

三、行车记录仪按键功能

写出表 2-6-2 中行车记录仪按键的功能。

表 2-6-2　行车记录仪按键功能表

按键	功能
电源键	
MENU 键	
MODE 键	
OK 键	
上翻键	
下翻键	

四、行车记录仪的使用注意事项

_____

_____

_____

_____

📖 任务实施

分析微型新能源汽车电路改装需求，对改装任务进行分析，设计方案，加工实施，验证调试，升级创新，填写表 2-6-3。

表 2-6-3　微型新能源汽车电路改装

任务分析	

续表

设计方案	
加工实施	
验证调试	
升级创新	

任务考评

按既定要求完成微型新能源汽车电路改装的学习与作业，并将学习与作业过程记录至表 2-6-4。

表 2-6-4 任务小结表

项目	内容	要求	学习情况记录			改进建议
			差	一般	良好	
职业素养	小组合作	和谐有序				
	沟通讨论	积极、主动、有效				
	设备运行	安全、有序、高效				
	现场 6S	是否遵循				
任务准备	行车记录仪的种类	准确描述行车记录仪的种类				
	行车记录仪的结构	准确描述行车记录仪的结构				
	行车记录仪的按键功能	准确描述行车记录仪的按键功能				
	行车记录仪的注意事项	准确描述行车记录仪的注意事项				
任务实施	工作准备与使用	正确使用万用表				
		正确使用测试灯				
		正确使用示波器				
	加装线路布局	正确布局电源线路				
		正确布局行车记录仪线路				
		正确布局倒车影像线路				
	连接电源线路	正确连接 ACC 供电线路				
		正确连接搭铁线路				
		正确连接常电源线路				
	安装部件	正确安装主机				
		正确安装前摄像头				
		正确安装后摄像头				
	调试	正确调试设备				

责任编辑：陈　虹
封面设计：创智时代

ISBN 978-7-121-48387-5

定价：49.50 元